羅光全書

冊卅二

牧廬文集（三）

臺灣學生書局印行

八十述往序

民國六十一年，幾位青年組織了先知出版社，要求我參加，以示鼓勵。我答應了，拿了錢出書，出版了《牧廬文集》。

那年，我滿了六十歲。六十爲一甲子，爲紀念一甲子的生命，把當時散佚的文章，收集起來，編輯了這部文集。文集分六冊；第一冊爲羅瑪四記，早已出版；第二冊爲台南五年，也已出版五年；下面四冊爲台北七年，又分爲述往，哲學，宗教，生活。文集出版不久，先知出版社因經營不良，即形倒閉。牧廬文集由我收藏，轉交學生書局，每冊改名出售，售書不多。

今年我滿了八十歲，在台北已住二十五年。二十五年內所寫的文章很多，或者是專書，或者編輯成集，都已陸續出版，祇有一些學術論文和演講稿，還存在莢子裡。到了八十，可以作一總結了；我把《牧廬文集》的原書重新編輯；前兩部仍舊，所改和所加不多；後面四冊完全改編，編爲兩冊，一冊爲牧靈編，追述在台北總教區的牧靈工作，一冊爲文化編，追述在輔仁大學的文化工作。前兩部記事，紀述羅瑪和台南的生活，文筆生動簡樸，頗能引人興趣，後兩部說理，則嫌枯燥。原本想摘錄台北二十五年的日記，然和全書體裁不合。每段又過短，故放棄不抄。但就幾項具有歷史價值的事，摘錄有關日記，不爲稱功，而是爲歷史保留資料。現在錄出有關日記，還有有關人士在世，可以作證，日記不能有僞。

我的八十年生活，分成三大段：衡陽十九年，羅瑪三十一年，台灣三十年。衡陽十九年，十二年在南鄉老家，七年在黃沙灣修院。羅瑪的三十一年，九年求學，廿五年教書，十八年在駐教廷使館任教務顧問。台灣的三十年，五年在台南任主教，十二年在台北任主教，十三年在輔仁大學任校長。八十以後的歲月，全在天主之中。

我在七十自述，獻身五十年，八十向天父自責自慶的三篇文章裡，通盤說出了我對生命的感想。在這篇序文，我不再重覆，因爲這三篇文章都收在本書的附錄裡，我現在要說的，是我的思想已經有定型，不會改變，在哲學裡，我的思想定型在生命哲學，宇宙爲天主所造，乃是一創生力，繼續進化，化生萬物，形成一生命洪流。在生活上，我的思想定型在基督結合一體，同基督負羞辱痛苦的十字架，補贖自身和人類罪惡，以崇拜天父的偉大，稱謝天父的慈愛，在這個思想的定型裡，我希望安渡餘年。

民國八十年三月十二日　　羅光序於天母牧盧

牧廬文集（三）

目錄

證道

台北總教區十二年（一九六六——一九七八年）

生 活

到台北就職

五月十五日（民國五十五年），整整忙了一天。上午九點一刻，赴臺南主教座堂拜聖母。轉赴車站，臺南市葉市長，成功大學羅雲平校長以及各界朋友、神父、修女、修士和教友共一千餘人，在車站送別，車過新營，劉博文縣長偕新營教區神父到站歡送。午後三點，車抵臺北站,成主教率神父和教友代表在站歡迎。赴站長室,換禮服,登汽車,由臺北後車站赴主教座堂,重慶北路和民生路兩旁俱是教友和學生,列隊迎接。車抵主教座堂前,下車,人群擁擠,不能舉步。四點,入堂行就職禮。五點半,臺北教區在中國飯店舉行酒會,張群秘書長,立法院黃院長,監察院李院長,司法院謝院長等到會。七點半,臺北聖員職在中國飯店聚餐歡宴。九點半,我往教務協進會宿眠過夜。

十點半,進聖堂,堂中僅祭壇側長明燈紅光微亮,我跪在祭壇前,默默地問耶穌說:

「一切都是主安排的,從去年正月十一日我在羅馬耐密畔接到田樞機的信,言已呈請教廷傳信部,調我到臺北任助理總主教,並為臺北總主教候補人,一年半,我心裡常是懸著不定。今天到臺北來了。不是候補而是正式的總主教,事情定了,心也定了,但是我該怎樣辦呢?」

「臺北不是臺南——耶穌也默默地在我心裡說——不能用一樣的辦法;但是你的精神要是一樣——做事認真。」

就職詞

耶穌說：他自己被聖父遣來人世，不是爲受人服侍，是爲服侍人，即是爲人服務。（瑪竇福音 第二十章第二十八節）

敝人被教宗委派來任臺北總主教，也就是受天主的使命而來。耶穌曾經向自己的宗徒說：「如同聖父怎樣遣派了我，我也遣派你們」（若望福音 第二十章第二十一節）敝人來臺北的使命，即是耶穌所負有的使命，便是來爲人服務。

在什麼事上爲人服務呢？耶穌說：「我來是爲使人有真正的生命，而且使人有豐富的真正生命。」（若望福音 第十章第十一節）

生命是最可寶貴的，生命是最可愛的。人人費心費力所求的，是爲保存自己的生命。文明社會所有的各種建業，是爲生命更舒服；科學絞盡心血所研究的，是爲使生命更發揚。但是人的生命所最要求的是什麼呢？乃是人生的快樂。人有衣有食，還不滿足，他要求生活快樂。人生的快樂，究竟在那裡，在美衣美食嗎？在高樓大廈嗎？在男女的情慾嗎？在高官厚爵嗎？一個人有了這一切，並不一定快樂。

孔子曾說：「未知生，焉知死。」（論語 先進）生活的糊塗，死也死的糊塗。生死都糊糊塗塗，一定不能有生命的快樂，耶穌的福音，乃是教人明白自己的生命，明白自己的死亡。耶穌的福音，乃是教人睜著眼睛去生活，明明白白地去生活。明白了人生的意義，就會知道人生快樂的所在，然後人生才可以有真正的快樂。

我來到了臺北便是爲臺北教區的同胞服務，使臺北教區的同胞，能有人生的真正快樂。

第一、我要爲臺北教區的神父服務。每個教區是一個家庭，主教是家長，神父彼此是手足，又是主教的重要助手。作家長的人，應爲家中的人謀幸福、謀工作。臺北教區的中國神父，雖然都不是生在臺北，但是他們選了臺北教區，作爲自己的教區。我今後的第一件事，便是使臺北教區的神父，在傳教工作有便利，在精神方面有安慰，在共同的生活上有快樂。

第二、我要爲臺北教區的修女們服務。修女們的犧牲精神，修女們的服務精神，素常是社會人士所佩服的。但是她們也需要主教的幫助，也需要主教的指示。我對於臺北教區的修女，無論她們是屬於那一個修會，我必盡心盡力使她們覺著主教是看重她們，是愛護她們。

第三、我要爲臺北教區的教友服務。主教、神父和修女們的工作，所有的目的，在於使教友們的精神生活加強、加高、更充實，我做主教的目的，也就在於這一點。我將來要用我的全力，好好的計劃，集合教區神父和修女的力量，一同爲臺北教區的教友謀求精神的福利。臺北教區的教友，都是我的子女，我要用父母的心腸，愛護全教區的教友，我希望能夠認識他們，我也計劃慢慢去訪問他們的家庭，使我們中間不要有距離。

第四、我要爲本國的同胞服務。教會的目的，雖在於使人有來生的幸福；然而來生和現生是相連的，「未知生，焉知死」，現生不好，來生便不能有幸福。因此教會對於社會人士，在各方面都願意盡力爲他們服務，對於窮苦的人，對於勞力的人，教會願意幫助他們減少生活的痛苦；對於兒童和年輕的人，教會願意幫助他們取得良好的教育；對於抱病的人，教會願意幫助他們恢復健康；對於社會上的知識人士，教會願意供給他們思想正確的讀物。教會沒有地盤主義，沒有文化侵略的野心。因此，我今後在臺北，將和臺北教區的神父修女教友，群策群力，爲我們本國的同胞服務，在慈善事業方面，在教育事業方面，在文化事業方面，我們有多少力量，就盡多少力量，絕不偷安，絕不退縮。我們也希望社會人士，瞭解我們的好心，常常和我們合作。

臺北教區的組織，已經很健全；臺北教區的傳教事業，已經很發達；這都是前任兩位總主教—田樞機和郭總主教努力的成績。我希望他們兩位今後仍舊幫助我，使我能夠繼續他們的事業，田樞機於今抱病住在嘉義，他老人家的心，心定常在台北，他老人家日夜祈禱日夜忍受痛苦，爲台北教區祈求天主賜福，我深信天主必要俯聽田樞機的祈求，降福我的工作。我們也要常爲田樞機祈禱，祈天主賞賜他老人家精神愉快。在座的于總主教，是我的老師，當我去傳大讀哲學時，于總主教教我的中國哲學和中國文學，而且特別鍾愛我，叫我也聽他給神學班所講的課，我於今在學術上能有些微成就，可以說是于總主教給我打下的根基。今後我希望于總主教，本著老師的心情，對我的工作，加以提攜，加以指示，加以幫助。

教廷公使高理耀總主教，今天代表教宗監禮我的就職典禮，我希望公使本著以往協助我建設臺南教區的好意，今後幫助我建設臺北教區。

政府各位首長，今天屈尊駕臨與禮，我很誠懇地致謝，敢請各位首長今後對於我在臺北的工作，多多指教，多多幫助。

臺灣各位主教、副主教、修會會長，今天也遠道來參禮，還有從香港來的神父修女，我向各位也誠心致謝。各位既好心鼓勵我就任臺北主教，我相信各位必定會盡力協助我盡我的職務。

最後，我求天主，求中華聖母，特別降福各位，使各位身體健康，精神愉快，工作順利。

就職後首次向台北總教區神父講話

十五日下午七時臺北主教區舉行之神職人員歡迎羅總主教聚餐會，羅總主教講詞全文

諸位神父：

在我就職以後，第一椿事就是願意同各位神父見面，問候大家，同大家談談話。

這次在羅馬晉見教宗時，教宗第一句話就說「恭喜！恭喜！」然後馬上接著說：「更好說鼓勵鼓勵」。我去見傳信部長時，部長就鼓勵我說：「不要害怕！不是你要去臺北，是上面派你去，那麼天主一定要幫助你。」高公使也會給我壯膽說：「不要太著急，我知道臺北神父都是好的，都願意和你合作。」我聽了上司們的這些鼓勵的話，我的心就安了，天主幫助我，還怕什麼？神父們同我合作，我還有什麼困難？神父既然同我合作，我便要給神父指示工作的計劃。因此我今天就願意同大家在聚餐的機會，和各位神父談一談今後我們共同負責的態度和途徑。我和各位作第一次談話，願意用耶穌的話同各位談一談，因爲你們只有一位教師，就是基督；我不過是基督的僕人，我要用基督的話同大家談話。

基督向大家說：「不是你們選擇我，是我選擇了你們，我選擇了你們，要你們多收的善

果，你們的善果，永久可以保存。」（若望福音 第十五章第十五—十七節）什麼是你們的善果呢？「你們去教訓萬民，給他們以父及子及聖神之名授洗，教導他們遵守我所給的一切訓詞。」（瑪竇福音 第二十八章第十九節）聖保祿稱讚這種使命，爲福音的使者，爲福音的宗徒。福音則是天主的奧妙，是天主的聖事，是天主在無始之始就規定了的。（厄弗所書第一章）聖保祿常以宣傳福音的使命而自豪，（羅馬人書 第一章第十六節）爲宣傳福音，寧願承擔一切的困苦羞辱，飢苦寒冷，下獄鞭打，也不逃避。

各位神父，我們要愛我們的使命，我們要喜歡我們的傳教的職務，而且我們要看重傳教的使命在一切別的職務以上。你們中間，有幾位在大學教書，有幾位辦報，有幾位做別的文化和社會工作；但是你們要把傳教的職務，放在教書，辦報，和社會文化工作以上，傳教的職務是你們一生的目的。在這次大公會議裡，另外在傳教委員會裡，我常堅持主張在傳教區的國籍主教神父，和外籍傳教士一樣，同是傳教士，他們不單是和普通的主教神父一樣，有牧靈的責任，他們還有傳教士宣傳福音於教外的責任。

傳教的責任，按照大公會議傳教法令的學理，是發源於天主聖三。聖父遣發聖子聖神，聖子被遣降世成人，聖神被遣聖化人靈，使兩者造成聖教會的工作。聖教會繼續聖子聖神被聖父所選的工作，使在傳教區不信基督的人，信仰基督，欽愛聖神，以得常生，因而合成天主的子民，建設本地的基督教會，這就是傳教工作。這種工作是基督的工作，是聖神的工作，我們幸而得因基督的選擇，而得擔負這種工作責任，我們要自以爲光榮，要竭盡心力去滿全責任。

爲滿全責任，第一，我們應該知道我們所該做的事。在目前的新時代裡，教會的神學，神修學，牧靈學和傳教學，都有新的解釋，新的方法，我們便要設法去研究，今後，設法使神父們有研究的機會，設立講習座談會和研究會，我也希望神父們高興去研究。第二，我們應該知道我們工作的環境，因此，我希望神父們，對於本堂教友有各種適當的統計表和卡片，又要對於本堂的居民有各種分析的表冊，然後每一年作一個簡單的工作計劃。教區有教區的工作計劃，本堂也有本堂的工作計劃。將來對於這些計劃，我要常同大家共同商量。

愛我們的教區

傳教是基督的工作，基督在聖教會內生活，在聖教會內工作。因爲聖教會是基督的妙身，聖教會的生活和工作，又是在教區以內而生活而工作。教區是教會的縮影，是本地的教會，是基督妙身的一部份。愛基督就愛聖教會，愛聖教會，就愛教區。我們爲基督而傳福音，就爲聖教會而傳福音；爲聖教會而傳福音，就爲教區而傳福音。愛教區是我們對基督和對教會的愛情的具體表現；爲教區的工作是我們爲基督和教會的具體工作，這一點是這次大公會議的理想和精神。

教區的代表是主教，主教不單單是繼任宗徒之位，在教宗指導之下，共同對全教會負責；主教是另外對一個教區負責。他是教區的主腦，是教區的中心，是教區的代表。這次大公會議，在各種憲章和法令裡，都處處肯定主教是教區工作的主動者、指導者和中心點。然而教區也是一個家庭，主教是家長，家長爲全家的人服務。

各位神父，你們雖都不是生在臺北教區，雖都不是臺北教區培植出來的，但是你們隨從天主的聖意，你們都加入了臺北教區，爲臺北教區工作，臺北教區，便是你們的教區，便是你們的家。臺北教區的盛衰，就是你們的盛衰；臺北教區的成績，就是你們的成績；臺北教區的名譽，就是你們的名譽。你們便要誠心愛護這個教區。而且因爲臺北教區不是你們陞神父時所選定的教區，你們愛護這個教區，更顯出你們的愛情，是超性的，是爲基督而發的，在天主跟前，更有功勞，更蒙天主的降福。

愛我們的兄弟

一個教區，就是一個大家庭。一個教區的神父，彼此都是兄弟。這次大公會議，在主教牧靈職務法令裡，明文規定一個教區裡的不屬於修會和屬於修會的神父，一齊合成教區的聖職人員，同爲教區服務。

耶穌在最後晚餐裡，建立了聖事和彌撒祭典，祝聖了宗徒們爲神父，馬上就吩咐他們要彼此相愛如同他愛了他們。（若望福音 第十三章第三十四節）然後又求天主聖父，賞望他們常合成一體。（若望福音 第十七章第二十一節）。

耶穌的吩咐和祈禱，也是爲我們而發的，我們也應該合成一體，互相愛護，互相尊重，互相幫助。不論我們的年歲大小，不論我們的省份和國籍的異同，我們既是一個教區的神父，就要合成爲一家人。本年三月裡，我晉見教宗時，教宗對我說：「臺北教區神父如同一個音樂隊，每一個奏樂的人，吹自由的樂器，在主教指導下合奏同一的曲調」，各位神父，我請各位和我來同奏宣傳福音的樂曲。

就職後首次向台北總教區修女講話

五月十九日

上午，九點，在耕莘文教院，爲台北修女行彌撒講道。

赴和平東路主教公署，成世光主教辦移交。

主徒會王臣瑞會長來見，談主徒會改革事。

午後，赴淡水本篤修女會訪郭若石總主教，訪本篤修女。

各位院長，各位修女：

我和各位，今天，雖不是第一次見面，然而今天算是我加入了臺北教區這個大家庭，第一次和你們談話。你們大家一定都想知道新總主教要你們做什麼？我今天便簡單地向你們說明我希望你們做的事。

第一、當瑪爾大看見妹妹瑪麗，坐在耶穌跟前和耶穌談話，聽耶穌的教訓，而不去幫他下廚房，給耶穌預備飯菜時，他請求耶穌打發妹妹瑪麗到廚房作事，耶穌卻說：瑪麗選擇了一個最好的本分，誰也不能強迫他放棄。我今天也給你們說，你們每個人的會規，都規定了修女該做的熱心神工，如默想，念經，又規定了修女該做的神修工作，如默靜克苦，我便希望你們每個人把這些事件，看成你們工作裡最好的一部份，盡心去做好。另外我希望你們每座修院，常有拜聖體守聖堂的神工，使你們可以多和耶穌談話。不但是因爲你們的各種工作，都靠祈禱克苦去支持，整個教區的傳教事業，也靠你們的祈禱克苦去支持。而且現代的人，一心醉於物質的享受，他們若是遇到有人特別注重精神，他們便驚訝，便尊敬，你們每位修女，都是表示是注重精神的人，使臺北都市的人，敬重你們，羡慕你們。

第二、這次大公會議，囑咐修女們加強自己的精神生活，也囑咐修女們加倍爲聖教會工作，你們發了神貧貞潔聽命三願，把自己一生獻給耶穌，成了耶穌的淨配，然而聖教會就是耶穌，聖教會的生活就是耶穌的生活，聖教會的工作就是耶穌的工作，你們所以應該特別愛聖教會，盡力作聖教會的工作。聖教會的工作，爲你們是什麼工作呢？聖教會的工作，爲你們就是爲教區工作，教區是地方的聖教會，是一個小型的聖教會教區，是聖教會的縮影。也就是耶穌的縮影。因此我第二件希望你們做的事，是愛我們的教區，是盡心爲教區出力，是大家一齊同我合作，發達臺北教區的各種傳教事業。你們不要怕爲教區做事，會使你們的修會吃虧，我難道要做不知恩的人，去虧負你們的修會，壓迫你們的修會嗎？我必常要扶助你們的修會，常要愛護你們的修會，耶穌也必定要特別降福你們的每個修會。

第三、大公會議又囑咐修女們，要使自己的工作合於時代，怎樣說是合於時代呢？於今的時代是一個科學進步的時代，修女們無論在那種工作上，辦學校，辦醫院，辦幼稚園，辦學生宿舍，都要有科學方法，於今的時代，又是一個好自由，好動，好娛樂的時代，修女們在管理女孩子，女青年，指導婦女的工作上，要知道尊重他們的自由，要引導他們有合理的工作，有正當的娛樂。

但是你們要問，你們怎麼樣可以使工作合於時代呢？那就是要使你們有研究的機會，我在今年正月的修女講習會上，已經說過有計劃爲修女辦一神學研究中心，我必盡力使這個計劃實現；並且在神學研究中心，也可以設教育研究中心，研究指導女青年的新方法。在研究中心以外，還可以舉辦修女講習會，研究大公會議的法令，也研究關於你們工作所有的問題。爲解決你們在工作上所有的困難，又爲加強你們各修會的聯繫，我將召開幾次臺北教區修女會長和院長的會議，共同商議辦法。在我本人一方面說，你們無論有什麼事要找我談話，隨時可以來找我，我常願意替你們幫忙。你們和我是一家人，我是你們的家長，我的事也是你們的事，你們的事也是我的事；我的困難，也就是你們的困難；你們的困難也就是我的困難，不要因爲你們有各自的修會，也把我們分散了。

今天，是在聖神降臨慶期的前幾天，我們特別敬禮天主聖神，聖神是聖教會的心，是聖教會的生命，也便是我們的生命。當聖神降臨時，聖母和宗徒們以及男女信友們，一同祈禱。在這幾天內，你們也同我，同神父們，另外是同聖母，一齊祈禱，伏求聖神降臨到我的心中，降臨到神父們的心中，使我們在聖神指導之下，好好爲教區服務。

耕莘醫院奠基禮

六月九日　耕莘醫院奠基禮

上午，陪馬尼拉桑道思樞機Santos，晉見　蔣總統，呈送我所著中文書藉。

十一點，陪桑樞機赴輔仁大學，中午，輔大設宴。

下午四點，桑樞機爲耕莘醫院行奠基禮，祝聖基石。

晚，在自由之家宴桑樞機，張群祕書長，黃少谷副院長，鄭彥棻部長，台灣全體主教俱在座作陪。

（桑樞機應我之邀，來台北為耕莘醫院行奠基禮，於六月五日抵台北，六月十一日離台回馬尼拉）

拜會政府首長

六月二十四日　拜會政府首長

十一點，拜會交通部長沈怡先生，沈部長提議印製明末清初利瑪竇、南懷仁、湯若望郵票。

結束與政府首長之拜會，計於五月二十五日，拜會監察院李院長，考試院莫院長，司法院謝院長，立法院黃院長。五月三十日，拜會張群秘書長。六月一日，拜會國民黨中央黨部秘書長谷鳳翔先生。六月三日，拜會嚴家淦副總統兼行政院長，黃少谷副院長及行政院秘書長。六月十日，拜會內政部徐慶鐘部長，六月十四日，拜會經濟部李國鼎部長。

六月十五日，拜會警備司令陳大慶將軍。

六月十七日，拜會財政部陳慶瑜部長，六月二十二日，拜會台灣省黃杰主席，教育部長兼教育廳長閻振興先生係台南舊友，故未作禮貌拜會。

（外交部魏道明部長則在七月二十九日，約見會談，八月十六日訪台北高玉樹市長）

台北總主教公署

民國五十五年五月，我到台北總教區就職，當天晚晌，我在主教團秘書處過夜。以後幾天都住在那裡，白天則在總主教公署。

那時，總主教公署在和平東路一段的一個巷子內，巷子剛可以進一輛小汽車，公署房屋爲日本式平房，係郭若石總主教所買；田耕莘樞機繼續在那裡辦公。成世光輔理主教和牛亦未蒙席住在公署，田耕莘樞機住在天母。我到台北的時候，成主教搬到新店主顯會會院去了，田樞機則早已在嘉義聖言會會院養病。

我在羅馬住了很長的時期，習慣看教廷各部會人員，住在自己的寓所，白天到辦公室辦公，也看到有些國家的主教，把辦公地方和住所分開。我在台南住在主教公署，當時台南教區在草創的時期，事務非常多，又正當梵蒂岡第二屆大公會議時期，我每年常有四個月在羅馬開大會和委員會，沒有時間研究學術或寫書。到了台北，接受了輔仁大學和文化大學的哲學研究所授課，就要有讀書的時間。台北又不像台南，人際關係很多。我便決定住在田耕莘樞機以前的天母寓所，離台北市區遠，晚晌不會有人來訪。在天母寓所有胡德夫副主教和施予仁神父。我請胡副主教搬往總主教公署，施神父搬往景美聖言會會院。

住所選定了，我將從台南搬來的書籍衣服，搬到天母寓所，定名「牧盧」。有修女管家，有女工做工，有郭潔麟神父任秘書。

天天到和平東路總主教公署辦公，感到公署實在太小，真正的辦公室，只有我的一間辦公室，秘書小姐在大間榻榻米地板的客廳一角，放張辦公桌。牛亦未祕書長、李秘書神父都在自己臥室辦公。我就決定興建一座總主教公署。但不能在原有地址上建造，因爲兩百坪的位置太狹，巷口又太小。（目前，改為社會服務修女會院，已面臨大路）祇好委託龔偉英女推事代覓建地。龔推事在台南高院任職時，曾替我購得台南主教公署房地和台南主教座堂建地。所購地好，價錢公道，不要介紹金，一切法律手續清楚。

田樞機在台北任署理總主教時，葉公超外交部長曾替高理耀大使介紹一塊建地，爲建造教廷駐華大使館。同時，也在附近給田樞機介紹一塊建地，地價很低，爲建造總主教公署。田樞機有種忌諱，不願公署蓋在大使館附近，免得常遭監視，便婉謝了葉部長。

台北市向東部發展，復興路和光復路空地很多，稻田縱橫。龔推事在和平東路和基隆路交叉的圓環附近，購得一塊地，共八百多坪，地形方正，交通四通八達，各路公車頗多。我請台南市市長林錫山先生的夫人王女士，替我設置公署的建築圖樣。王女士曾獲十大女青年建築師獎，爲我畫圖，不收酬金。我建議公署外形爲中國式，屋頂蓋琉璃瓦。內部爲西洋式辦公所，全樓三層，第一層爲大客廳，大會議室，餐廳，圖書室。第二層爲辦公室，後面神父臥房。第三層，中間爲聖堂，兩邊有總主教辦公室、神父寢室。聖堂爲四方形，祭壇居中央。王女士於民國五十六年二月二日，送來建築圖樣，向台北市政府領取執照。建築工程委託邱擎天神父負責，自己買材料，自己監工，自己組織臨時建築小公司。

當時工地附近都是空地，公署的建築雖爲三層，實則有後來公署五層的高，屋頂蓋了綠色琉璃瓦，屋頂中央豎立一支十字，看來高聳天際。大樓進門大廳地板和樓梯，俱爲白色大理石。大樓正面牆壁貼鋪淡紅色和綠色大理石，乃大理石公司作廣告，不收費。樓內廳房寬敞，陽光充足。全樓在台北市尚四處充滿違章建築的時代，看來氣態十足，還十分闊氣。立時，喧起一片指責聲！指責太奢侈，太講究，太高大；政府各部會都居簡就陋，教會卻蓋大樓。我沒有答辯，但是我心裡認爲自己做的對。政府不想在台灣生根，隨時預備回大陸，不計劃建設各部樓房。我們教會則是要在台灣生根，台北總主教公署常在台北。公署的建築物不說可以用一百年，至少用五十年，絕對不能在二十年後，就不合用，必須重新改建。事實上，現時，台北總主教公署已經被周圍的樓房擋住了，公署的大理石已經趕不上理髮店的地板了，教會人士已經在說公署太小了！

我爲就合當時人的心理，公署落成啓用，沒有舉行大禮，僅於民國五十七年八月十五日請教廷大使艾總主教來署祝聖。

和平東路的舊公署，因教廷大使高理耀總主教說田樞機曾答應賣予社會服務修女會。社會服務修女會由美國來台北服務，總會給與兩萬美金爲購會院。高大使勸我按田樞機的許諾，成全社會服務修女會的需要。我平生最不喜歡賣地，但也接受了高大使的高見。新公署剛修好，第二樓地板磨石子還沒乾，修女們說要改建舊公署，催公署的人搬家，把第二樓的地板弄髒了，到現在還看得不美觀。

過了一年，在公署後面的空地，我又造了友倫樓。公署雖大辦公室並不多，而且都爲公署機關用。爲教友組織和教區事業，便另蓋一座樓。建築費係由德國科倫教區所捐贈，因此取名「友倫樓」，於民國五十九年八月十五日落成。樓內房間不是爲住宿，房內沒有半套衛生設備，建築也簡樸。但當初，也有幾位神父住在樓內，感到有些不方便。

我當時由天母往公署，隨著台北市交通的改進，換過好幾條路線。當時，好處是汽車少、不堵車；就是繞點路，半小時可以到。目前，就是走高速公路轉建國高架路，若遇塞車時，半小時也到不了。

前台北市長高玉樹先生屢次對我說，總主教公署的地方選得對，因爲他任市長時，計劃將台北公車站移到那邊，將來台北發展是向那方面走。

一、台北總主教公署生活

每天早晨，我由天母到公署，圍牆的一座鐵門敞開，汽車開進，迎面一排玻璃門。推門進去，有進門大廳，螺旋形大理石梯由廳上樓。大廳地板爲白灰色大理石，天花板爲彩畫板，左側有客廳，廳中置中國式茶椅，壁懸國畫。右側爲集會廳，坐椅一百張。後方，左爲飯廳右爲圖書室，再後方爲友倫樓。

由螺旋梯登門，有敞形大廳，左右爲八間辦公室，左後角爲總主教辦公廳，左右兩小梯登第三樓，中爲方形聖堂，大理石祭壇居中央，聖體櫃置在祭壇中心，祭壇四週跪凳圍繞。聖堂西側有總主教住房和司鐸客房。

由總主教辦公廳，可看友倫樓。樓三層，下有地下室。第一樓爲開會大廳，可容三百人。第二樓爲教友生活週刊和教友各種組織辦公廳。第三樓爲神父住房。

臺北總主教公署落成於一九六八年八月十五日，友倫樓落成於一九七〇年八月十五日。

二、

今天是民國六十一年十月二十三日，早晨九點二十分鐘，我到公署，剛下車，就見到中國女修會聯合會主任呂佩潔修女在等候。上了樓梯，又見中華電視台節目部主任李明先生和主任徐鉅昌神父。邀請三位一齊進辦公廳，華視連續劇「雨中鳥」夾入的修女劇情爲談話主題，李主任表示道歉，聲明已將劇情改正，呂修女說有十位代表在聖家堂等她一同往華視交涉，我請李主任和徐神父，陪著呂修女往聖家堂向修女代表們解釋。

送他們三人出辦公廳，西班牙馬德里大學前校長馬丁教授，由外交部科員陪著來訪，我們乃縱談中國天主教會的現狀和中國文化的復興。科員看著手錶示意，拜訪的時間已完，我起身送馬丁教授下樓登車。

候客室裡有一位修會會長，兩位公教週刊記者。我見了會長，再接見記者。記者辭去後，主教團新聞主任來訪，最後，來了一位神父，報告本堂情況和開辦幼稚園的計劃。剛談了話，午餐的鈴響了。

早上，王愈榮副主教來談教區神父年避靜的時間，胡副主教來講聖體大會的籌備工作，狄副主教來電話告訴我將召開主教團常委會，郭飛神父請示往萬里去看康樂中心的建築工程，張先生報告羅東青年中心土地登記事。我又吩附圖書管理員張小姐用中文打字機抄寫兩封信，秘書楊小姐已來催下樓用午飯。

午飯，今天只一桌，有幾位神父不在家。

午後休息一小時，驅車往北投和淡水，訪問兩處的本堂神父，又往淡水訪問本篤會修女。

在離開辦公室以前，翻開約會日記本，看到明天早晨要去祝福菲律賓首都銀行新址，又有達見水庫的義大利工程師來見。下午，到輔仁大學哲學研究所授課。後天，光復節，午後有臺北總教區的全體修女在公署友倫樓舉行爲祖國祈禱大典。下星期二，十九日午後，在公署集會廳有臺北總教區教友傳教促進會理事幹事會議。

前三天，本月二十日，在公署圖書館召開了臺北總教區修女會會長院長的會議。本月十七日上午，教區神父在公署聖堂舉行了月退省。十四日晚，曾在公署邀請船山學會常務理監事座談。十六日晚，在公署召開了臺北教友傳教促進會聯絡小組會議。公署的房屋高雅寬敞，供應教區的各項需要。

三、

每逢晚間在公署開會，晚飯後，我獨自在公署門前行人道上漫步。從圍牆外面看公署，一行琉璃瓦，暗而發亮，兩廳的玻璃窗微明，牆壁上的大理石照著燈光，上下勻齊和諧。高樓一片乳白色，沒有畫甍，沒有紅柱，氣象高雅莊嚴。

開會以前，我到聖堂，屢次沈思，人事變遷迅速莫測，不必說滄海桑田，就是公署所在地，原是一片稻田菜畦，四年內都建了高樓。四年前這裡沒有公路車輛通過，現在已有八線公路車輛在門前停車。四年前週圍道路狹窄，現在基隆路、和平東路闢爲八線大道，公署門前建一圓環，綠草如茵。但幾十年後，誰能知道變成怎樣？十年前，在和平東路一段一八八巷一號的主教公署，曾爲日據時代的富家宅院，有水池，有花草。曾幾何時，臺北城市和教會的發展，使公署已形狹窄，跟不上時代。誰知道在二十年後，這座新公署，將來不又成爲落伍的建築呢？何況天災人禍，誰能保這座公署而不早受摧毀呢？我建築公署計劃，可以適用百年；誰能保一百年的進步不比我所預料的更快呢？每二十年改建公署，過於浪費，每百年改建公署，也不容易動手，今晚回到天母牧廬，翻開古文觀止和聖經，證實我在公署聖堂沈思的念慮。

蘇軾作〈凌虛公記〉說：「嘗與公登臺而望，其東則秦穆之祈年橐泉也，其南則漢武之長揚五柞，而其北則隋之仁壽，唐之九成也。計其一時之盛，宏傑詭麗，堅固而不可動者，豈特百倍於臺而已哉。然而數世之後，欲求其髣，而破瓦頹垣無復存者，既已化爲禾黍荊棘丘墟畝矣，而現於此橐歟！夬臺猶不足恃以長久，而況於人事之得臺，忽往而忽來者歟！而或者欲夸世而自足，則過矣！」

王禹偁〈黃岡竹樓記〉說：「余聞竹工云：竹之爲瓦，僅十稔，若重覆之，得二十稔。噫！……四年之間，奔走不暇，未知明年又在何處，豈懼竹樓之易朽乎！後之人與我同志，嗣而葺之，庶斯樓之不朽也。」

蘇軾〈寶繪堂記〉說：「君子可以寓意於物，而不可留意於物，寓意於物，雖微物足以爲樂，雖尤物不足以爲病，留意於物，雖微物足以爲病，雖尤物不足以爲樂。」

聖保祿宗徒更說得好：「我已學會了隨遇而安，知足常樂。我也知道受窮，也知道享受；在各樣事和各樣環境中，或飽，或饑餓，或窮困，或富裕，我都得了秘訣。在那加強我的天主以內，我能應付萬變，一切自如」（斐里伯人書 第四章第十一——十二節）

我常求天主賜我隨遇而安的心不怕富也不怕窮，不以高樓自誇，也不以陋室自炫。只在天主以內以求安適。建造主教公署，只求對後代繼任人，免於當時不負責之罪。

民國六十一年十月二十三日天母牧廬

天母牧廬

一、

月明星稀，松櫚指天，乳白色的聖母像，矗立在園的盡頭。漫步草徑，手提唸珠，秋露沾襟，涼風吹衣。一天的生活，在平靜的心境中，漸漸結束。園側小堂的聖體燈，紅光稀微，聖龕內的耶穌，剛才聽了我一天生活的報告。救主的默靜心聲，沖淡了我心中的憂慮，「莫怕！莫急！只有我，沒有你。牧靈的工作是我的，不是你的！你只是一個執行我的旨意的人。」救主的話，不從耳入，乃是說在我心中。心中一切都平靜了，都清明了，我步出聖堂，在園中慢步。天主待我，真太慈愛了，很有慈母的心腸，知道我的嗜好，認識我的弱點，在一天的忙碌和焦慮裡，常給了幾件或小或大的適意事。晚間我在園中披著月明，飄著清風，向天主道謝。進房登床，手按苦像，安然入睡。

二、

清晨六點，晨光稀微，我一伸手揭被，小狗「多福」爬在床頭，伸嘴吻面。我一撫摸，小狗走開。我下床跪地，靜對天主。

漱洗完畢，換著衣服，坐下穿靴，小狗跳躍大叫。牠知道到了出門散步時刻，喜樂叫喊。房外狼犬「凱撒」大聲呼應。我給「多福」套上皮帶，隨手拿根手杖，牽狗出門。朝露尚濕，行人稀少，上學兒童，背著書包趕路。太陽出在陽明山東，天上團團白雲紅霞。我快步行走，晨風吹面，腦中睡意早消。心中來回想著昨晚所定「默想」題目，多次請問聖神的答覆。路旁人家，有大狗衝出，「多福」停步，我舉手杖示威，大狗邊吠邊退，「多福」豎起尾巴再繼續前走。

回到牧廬，時已七點，聖堂燈光明亮，蠟燭高燃。進房穿上長袍，胸佩十字，頭頂紅帽，步入聖堂。跪拜天主，默禱聖神。著祭服，誦經韻，舉行彌撒聖祭，修女參與祭禮。肅靜清穆，經聲低沈，對著雪白的祭品，望著安詳的苦像，我接受一天的使命，聽著救主的吩咐。牧靈使命是彌撒祭禮的延續，在整個生活裡我應該是無聲的犧牲，奉獻自己的工作以增加別人的福音生活。基督說：「我來爲使他們取得生命，而且取得豐富的生命。我是

善牧，善牧甘願爲羊捨生。」（若望福音 第十章第十一—十一節）

祭壇上懸一小型象牙雕刻仁慈聖母像，雙眼慈祥。仁慈聖母爲羅馬傳信大學主保，從我入校到今日，已經四十二年，每天慈祥垂顧我。

一杯牛奶，一碗稀飯，我很快吃完，進入書房，閱讀中央日報。八點半，練習一頁行書。按鈴，洪法蒂瑪修女來提提包，把小狗「多福」留在房內。我登汽車馳往公署，狼狗「凱撒」大聲在門口送行。

三、

傍晚，外面若沒有約會，汽車回到牧廬門邊，「凱撒」大叫，再按喇叭，「多福」在屋裡大嚷，我進了門，「多福」衝來，撲到身上，跳著吻面，口含報章，跑往書房。

換著便服，坐用晚餐，兩菜一湯，水果一盤。六點半，看臺視新聞，聽了氣象報告，進聖堂，誦晚課。「多福」從飯廳跟入聖堂，由聖堂再跟入飯廳，跳躍歡呼，跑去找皮帶。我牽牠出門散步片刻，回來，我到園內滾木球。七點半、沐浴。輕裝坐在書桌旁，俯首書本，展開稿紙，提筆疾書。

書房裡、走廊上、秘書室、置放書架。經史子集、神學哲學、佛藏道藏、傳記史書，頗足參考。

窗外汽車馳驟，園中狼犬叫吠，聽到似乎不聽到。只是修女或女工來報告有電話時，才打斷思索，離座往接電話。「多福」跑在前面，一邊追球，一邊看我，我回到書桌旁，牠便臥在書桌下。

九點半，女工送來一杯牛奶，「多福」等著分喝。我收拾書冊稿紙，閱讀聖經一章，聖傳一篇。進聖堂誦夜經，「多福」作伴，臥在跪凳旁。堂中寂靜，一燈半明，我面對天主，暢述日間悲歡。

星期四、星期日，兩天若沒有典禮，沒有會議，我在牧盧靜坐，足不出門。

上午，閱書寫稿，預備講演。中午，洪修女來催吃午飯。飯後，逗逗狼狗「凱撒」，把鐵鍊給牠。「凱撒」含著鐵鍊，跑進後園。我若不去，牠跑回找我。我陪牠去，牠在後園草地，戲玩鐵鍊。口含鐵鍊一端，頭左右擺，身體跳著旋轉。鐵鍊拉成平線，盤旋成圓周形。「凱撒」見我走開，牠又含著鐵鍊，送回原處。

有時，我看看花，指示許修女加肥料。我也動手剪樹枝、拔雜草。

午後休息一小時許，「多福」也睡在藤椅下面，我起來進聖堂，誦午經日課，牠跟著爬在堂中地毯上。這時，女工已經磨好了墨，鋪好了紙，預備我來習畫。十五年前，在羅馬開始學國畫，沒有老師，只有一本「芥子園」。後來撇下了這冊畫譜，看謝壽康大使所畫的竹，又看徐悲鴻所畫的馬，我開始學習畫馬畫竹，謝大使也時加指點。到了臺南，雷震遠神父送我一冊葉醉白畫馬集，我很欣賞醉白畫集中馬的姿勢，筆法則和我的畫法不同。到了臺北，星期日和星期四午後，若能在家則習畫兩幅，一竹一馬。我常笑自己一曝十寒，作畫進而又返，但我不爲畫而畫，而爲陶情遣興，不因此灰心。久之，畫竹畫馬，有幾張也可觀賞。近來，畫狗，隨意寫家中所畜三犬。朋友和教友中，間有人來求畫者，常奉贈一幅。

牧廬所藏中西畫冊頗多，有西洋名畫數十冊，有故宮博物院精品選集二十餘種。每週習畫的前後，屢取畫冊欣賞。前年謝壽康大使送我一部岳飛前出師表的模本，字跡和紙張俱佳，我又動筆臨摹岳字。

買紙買書，是我自己的唯一消費。煙不吸、酒則喝幾口，酒有人送，習畫必用宣紙，筆墨不敢用貴貨。對於文具的品鑑，我仍舊是外行；因爲習畫沒有拜老師，又少有畫友。

四、

牧盧園中四時皆春，鮮花不謝。前園多杜鵑，紅白赤紫顏色俱全，正月群花怒放，全園一片鮮豔。花落時，草地一片紅，茶花五六株，紅白兩色，高者一丈餘，低者兩尺，杜鵑凋謝時，茶花盛開，花片如尼絨，豔麗奪目。茶花沒有凋落，梔子同時開花，白花滿樹，香氣四溢。夏天太陽，炎威強烈，大理花和夾竹桃四時不斷，炎炎夏日下也張開花瓣。秋風微涼，桂花吐蕊，綠葉叢中堆堆黃金，香氣隨風飄散。冬天霜降，聖誕紅更鮮豔，前園後園，三個月常見紅色。

入園中尙有白色喇叭花數株，花大如小喇叭，每季含苞怒放，遍樹白色如雪，香味很濃，凋謝卻很快。

花開花謝最快的，莫如曇花，園中栽有幾盆，春秋開花。晚上十點花開，早上清晨花謝。花片柔嫩，清香適人。曇花一現，世事如煙。

家養蘭花數盆，前年聖誕，購蝴蝶蘭一盆，有花三朵。去年培養，開花兩朵。今年分根，栽植兩盆。前幾個月，一個學生送來素心蘭一盆，供在案上，又有修女送來一盆蘭花，我不知道名字，現在也分栽兩盆。九月時，都開了花，我乃體會中國畫蘭的畫意。

其他花草，尚有多種。玫瑰花兩種，乃今年所買。秋海棠兩三盆，有由羅馬帶來者。我素喜愛花草鳥雀，在羅馬時自己畜養，女工勤加照顧。到了臺灣，沒有畜養花草鳥雀的時間。但是在天母牧廬，我常提水澆花。

牧廬後園有小池一方，中間畜金魚三四十尾，大者長可七寸，小者僅長五分，顏色有紅黃青三色。投麵包入池，群魚爭來吞食，魚鱗閃鑠，在太陽下發光。每年池中生有小魚，長大者很少，多被大魚或蛤蟆吃掉。蛤蟆在池裡生卵，蝌蚪成群，我和修女把牠們撈上來埋在土裡，漏網的仍舊很多，夏天晚晌園中一片蛤蟆叫，聲音粗噪難聽。

綠蔭花叢，造成牧廬的幽雅。坐在書房，停筆沈思，仰首窗外，綠葉繞住思慮，清風搖曳，思慮隨著上下，驟見葉間紅白花色，思慮忽然展開，我找到了所尋的觀念。

五、

牧廬生活，平靜安定。飲食起居，有修女作主。我由臺北搬來天母，洪、張兩位修女來理家務，洪法蒂瑪修女爲主管，張修女助理。張修女長於烹調，爲人謹慎。兩年後調往高雄，許修女調來牧廬，她清理園庭，培養花木，現在許修女已調往景美。牧廬有女工小姐，六年換了三人。洪修女聰明勤快，很愛清潔秩序，又知道節省，也明瞭我的習慣和脾氣，牧盧一切事務，由她管理，一點不用我操心。

牧盧並不缺少客人，一類客人是我的學生，他們不好意思往總主教公署見我，來到天母牧盧，請老師指導他們的論文。另一類客人，心裡有苦衷，不願在公署眾多神父耳目下露面，便到天母找我訴苦。還有一類客人，則是過路之客，因時間短促，不能等到次日到公署相見。我習慣是來者不拒，請見者必允。但是天母離城稍遠，來客不多，正合我的心意。

在臺北比在臺南，較忙十倍，我在臺北卻增加了體重，七年中竟能寫了八十萬字的文章，這是靠天母牧盧供給我的平靜安定。牧盧生活，一切都很簡樸，所有的享受只是滿屋的安寧。在安寧中，我可以沈思，可以考慮，可以研究。日間在公署所遇到的問題，夜間在牧盧看得更清楚。問題若是嚴重，若是痲煩，纏得腦袋痛了還是留在腦中，在聖堂祈禱了以後仍舊撇不開，我便追著「多福」在客廳裡跑，牠也正樂意和我玩。細長的白毛，在木板上打滾，像是一個雪球，忽起忽落，忽東忽西，我抓牠拖牠，無所顧忌，腦筋的痛苦就已解除。社會上負擔重任的人，回到家中，牽著兒孫，在地上追逐嬉遊，小孩的一片天真笑喊，趕走了他們腦中的一切思慮，我們獻身於主的人，沒有家室；但是造物也賞賜許多自然天真之物，清風明月、花鳥魚獸，可供我們「消遣世慮」(王禹偁 黃岡竹樓記)

中國文人，常多築草堂小閣，作爲修身養性，讀書著作之所。文集中又多草堂樓閣記述之文，膾炙人口，至令人羨慕。王禹偁〈黃岡竹樓記〉說：「公退之暇，被鶴氅衣，戴華陽巾，手執周易一卷，焚香默坐，消遣世慮，第見風帆沙鳥，煙雲竹樹而已。」范仲淹〈岳陽樓記〉說：「而成長煙一空，皓月千里，浮光耀金，靜影沈璧，漁歌互答，此樂何極。登斯樓也，則有心曠神怡，寵辱皆忘，把酒臨風，其喜洋洋者矣。」

牧廬不在山間，不臨河濱，近於鬧市，居在天母。非我所建，非我所買。承蒙田耕莘樞機餘惠，留下這一束小樓。我增栽花木，加掛字畫。綠葉擋住了俗氣，紅花增添了幽潔。聖堂清靜，心靈飛向天主；書房安寧，思慮綿綿不絕。小狗天真，拔除我的憂慮。修女細心，免除我的關切。我乃樂以牧廬爲樂。

民國六十一年十月二十二日天母牧廬

註：

天母牧廬遷屋三次，第一次爲田耕莘樞機私邸，第二次在齊賢公寓，第三次在聖家會總會院。

可否授予聖洗

「主教，這是我在電話裡所講的那位小姐，我想更好讓她當面和您談一談。」

「請坐！請坐！我很高興聽一聽你的困難」。我在燈光下看她身材不高，面色稍爲蒼白。

她低著頭，閉口不言，神父只好代她說話：「她是一個大學三年級學生，她想進教，要求領洗」。

「你願意領洗，進我們天主教？」我問她說。

小姐點了兩次頭，但沒有說話。

「爲她授洗，我有點困難—神父又說—她在大學讀書時，認識一個男朋友，他是美國人，彼此感情很深，後來她懷了孕，那個朋友到美國去了，在那裡結了婚，這個小姐不想自己做的不對，卻一心想著他，想和他成家，我勸小姐不要這樣想，她不答應，我怎麼可以給她授洗呢？」

「這是真的嗎？」我問說。

小姐輕輕點點頭。頭低得更深。

「神父，她學教義要理學了多久？」

「她學了將近一年了，對於要理，她很懂。」神父答應我說。

「小姐，你既然懂得我們的教義要理，你便知道不能和一個已經有妻子的男人結婚。」

她靜默不言，頭也不點。

「她說常給那在美國的朋友寫信」神父說「我勸她不要寫了，她不答應。」

「小姐」我問她說「你目前是不是還在大學讀書呢？家裡的父母怎樣？」

她不說話，神父替她答覆。

「她父母發覺了以後，不讓她住在家裡，她的母親是後母，她的姑母把她介紹給我們的修女，修女介紹她在一個教友家裡住，她已經兩個多月不上學了。」

「在這種情形下，目前當然不能回到大學去，不過小孩出生了以後，小姐還可以回去，讀到畢業。」我對神父說。

「我不讀書了，我出去找事，我要賺錢養我的孩子。」小姐堅決地說。

「你的志氣很好，不過讀到第三年級輟學，似乎很可惜。」我說。

「在臺北找事做。」她答說。

「小孩子出生了以後，怎樣撫養呢？」我又問她。

「帶著小孩住在姑母家裡，白天出去作事。」她說。

「有了小孩怎樣馬上可以出去作事。」——我問她說——「姑母也不能替你抱小孩，是不是你可以把小孩寄養在修女所辦的育幼院裡，你仍舊回大學讀書？」

「我不願意拋棄我的孩子。」

「我說寄養在育幼院，並不是拋棄，不過是使你方便，你可以回大學。」

「大學是不再回去了，我要住在臺北。」她頗堅決地說。

「初次見面，我不能替你決定前途，但是我以為你已經是大學三年級，還是讀完大學，將來再找事，更為容易。況且帶著嬰兒，怎麼可以做事呢！若是因為家裡父母不給你學費和膳宿費，這一點，我和神父也可以幫助你。」

她猶豫不決，也不表示可否。

「你願意領洗？」我又回到題目上來。

「我願意現在就領洗。」小姐迅速地答說。

「你父母反對不反對你受洗呢？」

「我用不著父母管我。」她的神色很氣憤。

「你是已經成年的人，可以自己作主，但在你沒有成家以前，還是問一問父母更好。」

我勸她說。

「我爸爸不管我的事，我的後母心裡沒有我，假使他們管我，我不會有今天。」她雙眼流淚。

「話不能這樣說罷！今天的痛苦，大約你自己應該負責！」

「我當然自己負責！假使我可以住在家裡，不在大學外面找寄宿的地方，事情不會發生。」小姐抱怨說。

「你知道你的朋友有家庭，你常常寫信去，不是使朋友的家庭不安嗎？是不是可以少寫幾次？」我問她說。

「可以。」她答應了。

「你心裡常常想著他，一時不能忘記他，這是自然的事，我們並不勉強你不做。可是我以爲你也該想想你自己的前途，不要爲著一種不可實現的夢，耽誤了一生。你目前應該想你的嬰兒，想你的大學課程，或想你的工作，你以爲對不對？」我問她說。

「對！對！我正愁著這些問題！」她一面說，一面流淚。

「那麼現在不要想結婚了，將來天主自有安排，你信不信？」我又問她說。

「我相信。」

「我請神父爲你授洗。」

神父聽到這裡，站起來，小姐也同神父一齊出去，她面上滿是淚痕。我送他們到門口，神父低聲向我說：「她不和那個美國人斷絕關係，我們怎麼可以給她付洗？」

「實際上已經沒有關係了」我答應說「給她授了聖洗，她可以向好裡走，她的心是好的。」

民國五十六年十月二十九日　羅馬

良心平安

一、

「總主教，我錯了！」

「我請你來，不是來談以往的事，是爲使你將來，可以平平安安過日子。」我看著他的一副苦臉，我信他是真心。

「明知道一樁事不能做，做了，良心上總是不安，過日子真痛苦！」他低著頭說。

「你是不是主日進聖堂，平日在家裡也唸經祈禱呢？」

「在家裡我每天祈禱，主日我也偷偷進聖堂，總怕人認識。」

「那麼，你還是信天主？」

「總主教，當然信，我的信仰並沒有換。就是因爲有信仰，良心才不安。」

「上次你要求我替你向教宗請求開恩，我已經收到了教廷教義部的覆函，今天叫你來，就是爲處理這件事。」

「無論教宗命我做什麼,我都聽命,我只求良心平安。」—他眼中含著淚珠。

「教宗答應了你的請求,但是爲實行,當然有些條件。你的那個女人,是不是知道守秘密?」

「知道守秘密。」

「絕對不能因著教宗的恩惠,你們便趾高氣揚,宣佈自己的事,爲自己爭面子,使別的人批評教會。」

「總主教,我許下不這樣做,已經很久不敢遇到相識的神父和教友,以後仍舊不敢遇見他們。我沒有面子可爭,我所爭的,只是爭取良心的平安。」

「你有沒有一位相識的神父,你信任他,可以向他懺悔求赦,我可以將執行教義部訓令的事託給他,委他辦理你的這樁案件,當然這神父還要是謹慎保守秘密的人。」

「我可以請一位神父,請總主教將案件委給他。」

二、

他的面色轉好了，臉上也有了笑容。天母牧廬裡，這時是清靜極了。夜色已深，修女們在聖堂祈禱，郭秘書在臺北公署。寬敞的客廳裡，只有我和他對坐，他的以往，我不太清楚，我沒有責備，看著他的境遇，我憐惜他良心上的痛苦，願意提拔他從深淵裡走出來。

「總主教，我以往是做錯了，錯而鑄成了大錯，我不能對對方不負責。」

我靜坐聽著，沒有答言，他又繼續說：

「剛升了神父，心火是很高，律身也知道嚴，遇事不敢放肆。十年以後，事事成了習慣，對於自己的行動不加防範了。總主教，這樣我就失足了！誰也不向我表同情，誰也不尊重我的人格了！」

「若是不表示同情，我便不會替你向教宗求恩赦，教宗也不會給你。若是不尊重你的人格，我不會請你來天母，我親自給你講。我只要吩咐公署處理案件的神父，給你一個文件就夠了。」

他仰頭看我，表示很感動，我囑咐他在客廳稍候。我到書房，給他所選擇的神父，寫一封委任書，將教義部訓令一併封閉在內。我來到客廳，他起身等著，我將信件交給他。他雙膝跪在地上，求我祝福，我祝福了他，送他出門。

「希望良心平安以後，我可以做好人。」他出門時向我說。

「不單單希望做好人，是必定要做好人！一個人一生只許大錯一次，再錯便不成了。」

我鼓勵他。

他步履輕鬆地走過園徑，在圍牆門口，他回首向我點頭，臉上有了笑容。

工友張先生放開了狼犬「凱撒」，「凱撒」向園門奔去。我連忙呼喚「凱撒」進客廳，「凱撒」跑到我身邊，跳了幾跳，跟著我穿過飯廳進聖堂，站在門口等候。

在聖堂祈禱了一刻工夫，我到園中閒步，「凱撒」伴著我的腿走。我望著黑黑的陽明山頂，望著天空稀疏的星辰，我想著人生的問題有那麼多，又有那麼難，我很憐惜剛纔走出去的那位同道的境遇，希望他的良心平安以後，他可以過些好的日子。

「凱撒」淘氣了，咬著我的手杖，拖著玩，我暫時忘記了一切的思慮。

民國五十六年十月二十九日　羅馬

中國孝道

「總主教，我知道你很忙，本來不該來麻煩你；但是我有一樁事，非向你說不可，立法院有幾位委員都向我說：總主教很開明，很和氣。」

「委員，謝謝，不必客氣，我忙，就是爲接見客人，我喜歡這樣忙，若能給人家幫點忙，我更喜歡。」

我說了這段話，等著來見的客人述說他所有的問題。不過在他來見以前，秘書神父已經告訴我大約有什麼事，我早有了準備。

「我的問題已經弄了好幾年，很不容易得到你們天主教神父和主教的了解。不過，前四年，我來這裡見田樞機，樞機倒明白事理，當時就把事情解決了，可是現在事情又發生了，只好來找總主教幫忙。」

「委員，是不是令嫒要進修會的事？」

「總主教已經聽說了，那更好了。我這個女兒在臺大畢業以後，送去美國念書，她忽然聽一位神父的話，打定主意要進什麼修會，聽說還是什麼苦修會，一生再不出門。我極力反對，我的太太氣得發心臟病，我們兩老，希望她讀完了書，回來在大學做教授，給我們兩老養養老。」委員很憤慨地說。

「委員說的有理。令媛所以到現在還沒有進修會。」我插進了這兩句話。

「那是因爲田樞機給她下令不許進會，要她安心在美國大學讀書。我以爲事件就完了，不料今年她預備考博士，忽然來信說考了博士以後，她要進苦修會。」委員滿臉通紅，心裡很有幾分怒氣。

「這樣看來，小姐在四年以內，並沒有改變主意。將來會不會改變主意，似乎很難說。」

「她不改變主意，我們一定要她改。總主教請你也下令叫她改。她是一個教徒，一定聽你的話。她從前聽了田樞機的話，現在也該聽你的吩咐。」

「田樞機大約沒有說不許進修會，」我慢慢解釋說「大概是要她先讀完大學。我們對於教友，也要尊重他們的自由，進修會，是教友的自由，我們不便隨便干涉。不過在非常的情形，我們可以勸他們多加考慮，也可以告訴修院院長，暫時不接收他們進院。」

「總主教，我告訴你，我已經寫信告訴我在美國的女兒，也告訴臺北家裡的人：我預備了一把刀。只要我的女兒進苦修會，我就去新竹放火把苦修院燒了，進去把院長殺了，然後一刀殺死我自己，我的太太一定是心臟病急發，她也活不了。那時就家敗人亡。」委員氣憤極了，額上流著汗，頭上有熱氣上騰。

「委員，不必這樣嚴重！」我輕聲地勸他「天下不順心的事多著呢！現在在美國的留學生，有幾個人回國來，送出去的女學生，不是都在美國結婚了嗎？不是都在美國住下了嗎？她們在臺灣的父母，都以這樁事爲光榮。女兒結婚時，大家登報。朋友們見面時，都談著在美國的子女，談得津津有味。我在臺北的應酬場中，遇到初次見面的先生和女士，問問他們家庭，很多的人都答說有幾個兒子或女兒在美國，他們說話的情形似乎都很自豪。」

「他們是因爲子女在美國都有了成就，我則希望我的女兒考了博士以後，回來教書，在家裡盡盡孝道。」委員的氣已經平息了。

「我也贊成委員的主張，假使委員的小姐進修會，我希望她後來能回到臺北教書。」

「不是這麼回事！」委員又急了「我們無論怎樣不願意同意她進修會。在外國，兒女成年後可以自行決定前途，在中國還是要父母的同意。你們天主教在中國應該適合中國的人情，不要用外國的習慣。」

「委員說的很有道理！中國的孝道很有意義，應該保存。我可以勸令媛在父母絕對不同意時，不要採取行動。」

「謝謝總主教。否則我在立法院要說天主教違反中國習俗，引誘青年男女。」委員似乎急不擇言了。

「委員不必這樣說！臺灣現在的青年男女，爲著婚姻問題，有多少人反抗父母之命！尤其在美國的留學生，他們更不會想到遵行父母之命了！我們可以說他們過於美國化了，忘記了祖國的孝道。因此，沒有人可以相信天主教引誘青年男女。修會生活，是人生的一種高尙理想，有志的青年才可以接受。青年進入修會，是爲爭取向上的精神生活，是願獻身爲社會服務；他們不是墮落，不是自卑。我們天主教友，是以自己的子女，進會修道而自豪的。我的父親和母親若是沒有去世，今天必定以兒子做了總主教而高興。但是他們不會等到今天才高興，是在我進修院，是在我升神父時，他們就高興了，因爲我進修院時的精神，就是今天做主教的精神。我想委員你不會說我的精神卑下，或說我的精神不合中國人的心理罷！天主教修女們的精神，也就是我這種爲人謀幸福的精神。」

「總主教，我很敬佩你的精神，你怎麼可以把我的女兒，和你相比。」

「這並不是說客氣話。我們天主教的主教、神父、修士、修女，都是有一樣的精神；效法基督，獻身爲人謀幸福，在實際上我們沒有做到，那是我們的缺憾，不過，目標是很高尙的。」

「總主教，我們沒有信教的人，看法可以不同。」

「委員，當然可以不同，因此我很尊重委員的意見，我將告訴指導令媛精神生活的神父，勸她再加考慮，在父母堅決反對的時候，不要馬上進修會。」

「外國人講法律，中國人講人情，成年人有權自由選擇職業，中國民法也有這種規定，但是中國人的人情是要子女不要反對父母。」

「委員，我很明瞭這一點，我們做事，必要情理兼顧，現在我勸令媛顧全父母的人情；我相信將來委員必定會顧全女兒的人情，使她滿全願望，一生快樂。」

說到這裡，我和對談的委員，相顧大笑。彼此的笑，都出乎自然。因爲出乎自然，心裡的梗概都消了，彼此互相了解。

「委員，是不是想去美國？當面勸她一番？」

「我不去，我是要她回來。」

「她若是跟一個美國人結了婚，再不回中國，你怎麼辦？」我笑著取笑。

「那就送給你們天主教罷！」他也笑了。

在彼此的笑聲裡，來見的委員，站起身來告辭，很親熱地握著我的手，連聲說：打擾！打擾！

民國五十六年十月三十日　羅馬

莉莉的慘局

前兩天晚上，在臺北民生路教堂主持了爲大陸祈禱彌撒，回到天母，身體疲憊，上床，看了半點多鐘的書，滅燈就寢，矇朧裡聽得狗叫，剛才睡熟，忽被一聲尖銳的狗聲鬧醒，房外似乎有說話聲。忽然有人敲門，我問是誰？門外張先生說：「主教，『莉莉』要死了！人家給牠吃毒藥。」我跳下床，跟著張先生走到工友浴室，看見「莉莉」躺在浴室地上打滾，四腳直伸直縮，口裡哼哼有聲。修女已經在廚房忙著用雞蛋摻牛奶，張先生把牛奶拿來，我抓住「莉莉」的頭，把牛奶灌進嘴裡，牛奶可以解毒，「莉莉」似乎平靜了一些。張先生又拿來第二碗牛奶，我又灌了進去。「莉莉」前面兩腳伸縮不止。口裡也哼著。我摸著牠的身體說：「『莉莉』，你的腸子必定痛斷了。」牠卻不動了，口裡也沒有聲音。我摸腰間，心已經不跳動了；「莉莉」已經死了。

我直著雙眼看牠，一滴眼淚也沒有流；但是心裡面痛苦極了。我叫張先生把「莉莉」從浴室拿出來，放在後園草地上。牠伸著前足，縮著後足，很像在熟睡。張先生拿來麻袋，我把「莉莉」裝進袋裡，綁住了麻袋口。秘書郭神父，三位修女、女工，外姪孫女張小姐，都站在旁邊看。每個人的臉色都慘白,郭神父說:「剛才看見『莉莉』在窗外嘔吐,嘔又嘔不出來,後來牠站起來走。」張先生說:「在房裡聽見『莉莉』尖叫一聲,從後園飛跑到前園,馬上跑入了浴室,我想牠是在追貓。」第二天早晨,張先生用塑膠袋把「莉莉」裝了,再放在一個大紙箱裡。我吩咐在後園水池旁挖坑,把「莉莉」埋在坑裡。午後,辦公回來,我到後園,看著一個新的小土堆,我默默地說:「可憐的『莉莉』,你從來不咬人,夜裡也不亂叫吵鬧鄰居,究竟是誰恨你要把你毒死呢?我們在這裡才住了四個月,又沒有得罪過人!你唯一咬過的人,就是前一個月給你打針治病的獸醫,你那時是因爲打針很痛,醫生難道會恨死你嗎?大約是小偷們恨你,有你,他們不能來。前幾年田樞機住在這裡,有兩隻狗在一夜裡遭人毒死,你和牠們有了同樣的命運!」

「莉莉」對我真是如同一個人,是我的一個最好的伴侶。在天母,我吃了晚飯,必牽著牠出去散步。我在家的時候,牠躺在我的書桌底下,我起身去見客,牠就跟到客廳。我吃晚飯,牠坐在我的腿邊,晚飯一完,牠就跑到廳門邊,跳著叫著,高興著要出門。出門跑到圍牆小門,直立起來,前面兩腳撲門高叫,我用鐵鏈牽住牠,然後出門散步。

晚上我坐在書房裡,或讀或寫,常到深夜。「莉莉」吃完了牠一天唯一的一頓飯,常自己走進書房,走到我的膝邊,把頭放在膝上,等著我用手撫摸,我若不摸,牠就舉起前腳抓我，有時，牠更不客氣，一腳踏在我膝上，一腳踏在書桌邊站著，把頭昂到我的頸邊。我只好撫摸，撫摸，叫牠坐在地上。

天母居所裡，雖有秘書，有修女，有工友；可是他們都是我有事呼喚時，才進書房。得了吩咐，他們就出去。唯有「莉莉」跟我在書房，跟我在飯廳，跟我散步解悶。

少了「莉莉」，對我真是缺少了一個良伴。今年八月時，「莉莉」因咬了獸醫，被送到臺大學農學院附設的獸診所檢驗，留所十天。我每天回天母，就覺得不安，很寂莫，而且很孤單。在牠死後這兩天裡，更是全屋沉悶。入夜，門窗緊閉，一聽見風吹窗門響，人都有戒心，只怕小偷光臨。

五年前我到臺南，過了一個月，在西華街租了一間房子作主教公署，一位陳先生把六個月大的「莉莉」牽來送給我。「莉莉」是隻母狼狗，身體不很高大。粽色，氣態秀雅。

西華街的寓所，院落不寬，樓房兩層，我住在樓上。早點和晚飯後，我牽著「莉莉」出門散步十分鐘，歸寓，登樓。「莉莉」在樓下，白天鎖在狗屋，黑夜自由。每天晚上就寢前，我在涼台誦經，莉莉從屋外樓梯，跑上涼台，跟在腿邊，寸步不離，等我進屋關門，牠才下樓。冬天，天氣寒冷，牠就不願意下去，要躺在書室裡過夜。農曆年節，家家放鞭炮，「莉莉」最怕鞭炮的響聲，成天成夜藏在我的書桌下或床底下。

我遷入了臺南東門路的主教公署，公署有樹木參天的園子。「莉莉」得意極了，夜晚在園子裡，前後奔跑。園子裡有老鼠，「莉莉」專以捕鼠爲樂。有時老鼠竄進老樹根的穴洞。「莉莉」奮力挖土，大聲狂叫。有時老鼠爬上樹，「莉莉」站在樹底下高吠，而且試圖上樹，有時「莉莉」追貓，貓上樹，一天不敢下來。但有時深夜，「莉莉」吠聲甚急，我們夢中驚醒，知道有人跳牆，不速之客臨門，便扭亮電燈。再過幾分鐘，「莉莉」平靜了，小偷必定逃了。五年之中，臺南主教公署，沒有遭過偷竊。今年「莉莉」北來以後，小偷便光臨了臺南主教公署的廚房。

住在臺南主教公署的神父雖多，「莉莉」則是跟我親近，大家也認爲「莉莉」是主教的狗，中飯和晚飯後，我牽著牠在園子裡走。晚飯後散步畢，「莉莉」跟我登樓，樓板抹有蠟，很滑，「莉莉」便沿著牆壁走，不敢在廳中大步。走進書房，牠睡在書桌旁，伸腿熟睡，看來睡得很甜蜜，女工楊太太捧茶上樓，「莉莉」醒來，跑到門邊，跳著叫著，要求跟女工下樓，因爲是到了牠吃飯的時間。吃了飯，在園裡花叢中亂竄。有時又獨自跑上樓來，九點，女工陳太太上樓關閉門窗，再把「莉莉」帶下去。男女工友回家去了，「莉莉」便在園子裡守夜。有好幾次，「莉莉」不願意下去，我便走到樓梯邊叫牠，「莉莉」跑到身邊，把頭夾在我的腿下，可是我指著樓梯要牠下去時，牠就回身再往房裡走。從會議室走進書房，我再叫，牠更走進寢室。我進寢室，牠就退往書房，然後蹲在會議室的長桌下，任憑我叫，牠再不出來，我只好讓牠睡在桌下。

「莉莉」很知道表情，由牠的眼睛，耳朵和尾巴，我可以知道牠是高興，是氣憤，是不喜歡，是自己認錯。簡直可以說牠只缺少言語，不會把感情說出來！當「莉莉」在我樓上時，看見有人進我書房，和我講話，或是站在我身邊，「莉莉」必定走來，夾在客人和我的中間，嗅嗅客人，再將頭貼住我身，等待撫摸。

牠最不喜歡園裡另有一狗。好幾次，我以爲牠太孤單，另外抱隻小犬來養，給牠作伴，「莉莉」總是咬小犬，不容牠安身。沒奈何把小犬送人。有一次，人家送我一頭大雄狼狗，「莉莉」毫不客氣地咬；大雄狼狗竟至被咬傷不能起身，又被送走。今年初，臺南區王神父養一隻小黑狼犬，被人偷走，三天後才被警察找回。王神父遂把小黑犬帶到主教公署豢養。我教訓「莉莉」不許咬牠，「莉莉」頗聽話。飯後，我牽「莉莉」散步時，王神父也牽他的小黑犬，可是怎麼樣我們也不能使「莉莉」和小黑犬相親近。小黑犬走近，「莉莉」就走遠，小黑犬在一處，「莉莉」就不從那邊過。甚至於晚上莉莉下樓吃飯時，若見小黑犬在樓梯下，牠就不下樓或是反轉上樓去。平時，「莉莉」吃飯吃得很慢，吃了一頓，撇下飯，在園中跑，跑了一會再回來吃飯。當小黑犬在時，「莉莉」只要五分鐘就把一盆飯吃完了，馬上跑到我樓上的書房，蹲在書桌邊。男女工友都諷刺「莉莉」，說牠是主教的狗，看不起那隻小黑狗，不屑和小黑狗做朋友。一夜，我在樓上忽然聽見樓下狗叫的兇，下樓去看，工友說是「莉莉」咬了小黑狗，因爲小狗想吃牠的飯；我說這是小狗的不是。再過幾天，一夜聽見小狗叫的又兇又苦，下去看，又是因爲小黑狗走近「莉莉」的飯盆，莉莉咬牠，而且咬的很厲害。第二天我們只好把小狗送給碧岳神哲院。

但是「莉莉」很知恩，牠的原先主人陳先生，每次來看我，「莉莉」又跳又叫趴在他身上，口裡嗡嗡作聲，好像小孩受了委屈，向父母訴苦，牠在陳家只過了六個月，五年以後，「莉莉」還是看見陳家的人，便忘了我。

我調任臺北，遷居天母，我把「莉莉」帶來。每天，我到臺北辦公，早出晚歸。每晚歸來，「莉莉」跳躍相迎，撲向胸前，口中嗡嗡作鳴，似乎有許多話要說。

這兩天進門時，院子裡冷清清的，洪修女或張修女接過皮包，我慢步走入書房，坐在案頭批閱信件，再不見「莉莉」貼近椅腳，伸頭到我腿上，等候撫摸。覺得身邊缺了一個伴侶，房中怪靜寂的很！晚上我登床就寢，滅燈閉眼，馬上看見「莉莉」臥在浴室地上，伸腳打滾，慘痛難忍，人心怎麼這般毒，竟毒到家畜！十月四日，而且是聖方濟節。聖方濟是一位最愛禽獸的聖人，他的仁心及於禽獸，在家常愛撫小羊，登山常呼喚鳥雀，一同讚美造物主！我在羅馬寓居三十年，在寓所養魚、養鳥、種花。養狗是到臺南才養，莉莉是我所養的第一隻狗，第一隻狗竟這樣慘死！心中很覺不忍。後來知道是賣狗肉的私商，偷殺人家的狗，這種人良心何在，以毒藥把別人的狗偷殺，把吃藥的毒狗肉賣給人吃，不怕吃的人中毒，真是求利不顧義的小人！吃狗肉的人也是愚得可憐。

民國五十五年十月六日寫於天母（中央日報副刊）

凱撒的淘氣

一、

每天上午八點半，我從天母往臺北，狼犬凱撒必定大鬧一番。早餐後，牠臥在書房，我坐著閱讀日報。我一起身收拾書桌上的信件，裝入小提箱，凱撒立刻跳起，大聲叫吠，洪修女來提小箱，凱撒咬她的手，我進寢室換靴，凱撒跑來咬鞋。我出客廳，凱撒咬我的靴和衣邊，一邊跳，一邊叫。司機一開車門，凱撒跑入車箱。司機趕牠出來，牠從另一車門又跑入。好不容易把牠關在車門以外，牠爬在車窗外面叫，汽車一開，牠在車前亂跑，司機小心慢慢開車，出了圍牆，凱撒才靜止下來。

修女們說凱撒很聰明　牠知道主教出門和回家的時間，一定要大叫大鬧，別人來去，牠只叫幾聲。

午後或晚上我回天母，汽車一停在牆外，凱撒立時大叫，叫的聲音特別隆，特別響，修女們就知道我回來了，跑來開門，凱撒一跳一躍，弄得我很不容易招架。

若被關在後面院子裡，牠便趴在飯廳外面的窗子上，看我進門，馬上跑到我的寢室窗外，和我打過招呼，就跑回飯廳門前，等著門開，門若不開，又跑回寢室窗外叫喚。我便往飯廳開門，凱撒一躍而入，飛跑進入書房，搖著尾巴等我。我坐到案頭，翻開來信和書報，凱撒把嘴靠我左臂一擦，提醒我給牠一張紙。牠銜著紙，繞著書桌走了幾遭，便昂首出門，臥在客廳，咬撕紙片。

二、

凱撒最喜歡咬東西，冬天臥在地氈上牠常把地氈咬成一個一個的洞，手巾和靴子若是掉在地上，被牠撿到，一嘴便銜到後園草地上，但是牠還客氣，不咬成碎片，有兩三次，我的小禮帽，脫下放在寢室小几上，轉眼就不見了，出去尋找，已經被凱撒銜到飯廳。

一次，有位客人在天母過宿，早晨起來往浴室洗漱，回到房裡，几上的手錶不見了。早餐時，他告訴我們這種遭遇。我們很稀罕，因爲早晨不會有人進房，客人說只看見狼犬在門外走。我們立刻到後園草地去尋，果然手錶拋棄在地上，這又是凱撒在惡作劇。

修女們說這大概因爲凱撒年輕，牙齒發癢。於是我們便買皮球和小木棒給牠玩。皮球銜在嘴裡，玩不了幾天，便是洞孔百出，木棒也經不起牠鋒利如鋸一般牙齒一陣一陣的咬。我晚上散步用的手杖，也遭牠咬得像是遍身生瘡。

凱撒有點欺負修女，尤其是張修女，中飯後，我若是在家，我和修女們在園中或在客廳中閒談，凱撒站在附近，一會兒走到張修女身邊，嘴拉她的頭巾，一會兒走到洪修女身邊，嘴咬她的衣邊，修女睜眼看牠，牠就撲到身上，輕輕一口，衣上就咬一個洞，修女說是我慣壞了凱撒，我不在家時，凱撒很乖，不亂動。

三、

凱撒又愛吃東西，每次我在家吃飯，修女來叫時，凱撒已經搖頭擺尾跟著修女走在前面，給她開路。我進飯廳，凱撒已站在我的座位旁邊。我一舉箸夾菜，凱撒目不轉睛看著筷子，我拋給牠一片菜，牠張口一下接住，我不給牠，牠把頭靠近我的手腕，用嘴擦我的手，突然一聽門鈴響，牠一聲狂叫，奔往前門，幾分鐘後，牠從後園繞到後廳門口，用前爪把紗門一抓，腦袋塞進門內，身子一扭，已鑽進飯廳，昂首向我乞食。

「凱撒，真討厭！」外姪孫女麗芳常罵凱撒，因為凱撒把嘴伸到她的嘴邊，像是要從她口裡奪糖果吃；而且常嗅她的腿，咬她的靴，麗芳最怕凱撒咬破她的絲襪。

去年元旦，修女買了一盤三層大壽糕，爲我祝壽，早餐畢，修女收拾刀叉往廚房，轉身來擦飯桌時，看見凱撒前腿爬在桌上，滿嘴白粉，牠正在偷吃蛋糕呢！洪修女大喝一聲「嘿！凱撒你幹什麼！」把壽糕端走，凱撒用舌頭洗刷嘴臉，兩眼盯住修女，但是不敢跟往廚房去。

後來又有一次，人家送來一盤蛋糕，洪修女接著放在小客廳桌上，開了盒蓋，往廚房拿放糕的盤子，沒有過一分鐘，回到工作室，看見凱撒已經前腿爬到桌上，滿嘴糕油，罵一聲「凱撒，你真淘氣」。以後，有蛋糕時，便小心防備凱撒的淘氣。

四、

凱撒年輕，氣力壯，牠原先的主人曾教牠玩鐵鍊子，六尺長鐵鍊，牠口啣一端，旋轉跳躍，把鐵鍊擺平，成一圓形，旋轉不息，半個時辰不停，累了，牠臥在地上，前面兩腿夾著鍊子，臥了一會，重新又旋轉跳躍，飛舞鐵鍊。

我怕牠齒子受傷，又怕牠跳躍過於劇烈，有傷腸胃，便不讓牠啣著鐵鍊玩，因爲牠素有胃病，時好時壞。

凱撒又愛玩木棍，一見我手中有木棍，無論大小，必定跑來搶奪，我把木棍舉在六尺高，牠一躍就咬去，我把木棍在手中亂滾，牠便跟著木棍左右飛跑，一定把木棍咬住，咬住了死勁不放，牙齒有時被拉出血。但若看見我手中另有一木棍，牠便拋了口中的棍子，來奪我手中的棍子，我鬆手讓牠奪去，檢起牠所拋棄的，牠立刻放下口中所有的，又來搶我所有的，這樣來回搶奪，可以玩一刻鐘。

有時我不理牠，牠便啣著木棍，故意在我身邊轉繞。我一伸手奪木棍，牠就飛跑，我追去，牠左右逃避，我站住，牠又來我身邊。牠跑的時候，頭昂起，雙耳直豎，很像一匹雄壯的千里馬。

女工阿香躲在一叢花樹後面，叫一聲凱撒，凱撒飛跑去找。阿香出來，凱撒走開，女工再換一叢花樹藏身，再叫一聲凱撒，牠又跑去尋人，好像小孩玩捉迷藏。

凱散最不喜歡的，就是放鞭炮，而且很怕炮響，每逢新年或節期，附近鞭炮日夜不斷，凱撒就倒楣了，尾也不搖兩耳垂下，園中既不敢來，在屋裡也站不住。常是從一個房間，走到另一房間，炮竹聲音若太響，牠便或是鑽入床底，或是跳入衣櫃，有時竟爬上廚房洗碗的瓷盆裡，牠不吃飯，渾身打顫，看來可笑又可憐。只好把牠用鐵鍊鎖在書房裡，臥在我的書桌旁。牠用腿抓我的衣，抓我的椅子，我用手拍一拍牠的頭，牠漸漸安寧，這一夜，牠一定要臥在我的寢室裡。第二天，炮竹不響，牠就恢復常態，吃飯也特別吃的多。

去年六月五日，對面鄰居放炮竹煙火，凱撒被驚，在園中亂跑，修女不許牠進屋，等了半小時，洪修女來說凱撒不見了，我們遍園尋找，沒有蹤跡。次日，清晨，我坐車在週圍各處路上週遊，也不見凱撒的影子，我心裡鬱悶不樂。六月七日，星期四，照例不去公署，在天母寓所寫作。十點，步行出門，到美軍眷區附近一個中國軍眷村莊，問一小孩，有沒有看見一隻跑來的狼狗，小孩答說有，立刻引我到一家人家的門口，狼狗不在，是鎖在後園裡，我到後園裡，一看就是凱撒，牠也大聲叫喚。我向那家的主人解說那隻狼狗是我的，我要帶回去，請他也跟著來。那家的主人和那個小孩跟著凱撒來了。進門，女工大聲歡呼，修女鼓掌歡迎凱撒歸來。我給那家主人和孩子一點賞錢。

五、

現在天母寓所另外添了兩隻小白狐狸狗，一隻母的狐狸狗，名叫美麗，是臺南一家人送給臺南聖家會修女院的。洪修女和許修女去年到臺南去，看見沒有人照顧，便把美麗抱來天母，美麗長得很美，一身純白尾巴盤在身上，好似一頂帽子。要吃東西，就豎起後腳，前面兩腳拜拜。凱撒很客氣，不咬牠，但也不大理牠。司機張先生當我在羅馬開會時，把美麗同鄰居的公狐狸配了，美麗懷了孕。可是到快生產時，害了病，獸醫一看，說胎中小狗已經死了，需手術取出。動了手術以後，美麗就不健康了。

今年朋友又送給我一隻剛滿週月的小狐狸狗，我給牠取名叫「多福」。洪修女盡心餵養，夜晚哭叫，還要起床照顧，現在多福長大了，較普通狐狸狗大，牠是公狗，很聰明，會聽話，喜歡鑽在我的床底下睡覺。清晨六點，我一坐起，還沒下床，多福兩腳在床沿，伸嘴來親面，這是牠的早安禮，我不知道牠從那裡學來的。修女出門回家時，多福跳躍著也要行親面禮。但是多福沒有學會拜拜，不會討東西吃；牠卻學會弄球，在屋裡追著小球玩。

凱撒現在不進書房和飯廳了，因爲牠身上生些小蟲，洗澡抹藥都除不了。凱撒的雄姿不減當年，只是不像以往那樣淘氣。客人們稱牠爲君子；牠在客人來時，只叫幾聲，兩隻小狐狸狗不單單叫，還追著客人咬。士林的鄭神父便說：他不怕大人，只怕小人。

民國五十七年三月二十二日　羅馬

摘葡萄記

一、

去年秋天好不容易一個星期日下午，沒有約會，在天母寓所享點清福，閱書，寫文章，中飯後，先餵魚，後看狼犬「凱撒」玩木棍。

外姪孫女麗芳今天也放假，不到博物院上班。她走進後園，站在葡萄架下，抬頭看葡萄有些已經熟了，可以摘下。我看著青綠的葡萄串，搖搖頭，她指著架上紅黑的顆顆小圓珠，勢在必得。我們便搬來梯子，凱撒跟著叫，跟著跳，像是快樂極了。

葡萄架是去年支起來的，有五坪見方的寬，架上只有一株葡萄，長滿了綠葉，葉下掛著百串以上的果實。每天早晨和黃昏，常常看見白頭鳥在架上歌唱，啄食葡萄，麗芳因此說，熟了的葡萄粒，不摘下，就被鳥吃了。

我們把梯子放在架下，麗芳爬上去一手攀扶竹架，一手選摘葡萄。葡萄沒有串串成熟的，只有少數顆粒先熟，麗芳選選先熟的顆粒，拋給我，我雙手接住，有時一顆還沒有落在我的掌心，凱撒縱身一躍，張嘴把葡萄吞下。

女工阿香在飯廳收杯盤，我叫她拿盤子來，麗芳摘下葡萄，阿香接放盤子裡，凱撒望著盤子叫。修女們吃了飯，在經堂祈禱後，也來後園，洪修女接著盤子，吩咐阿香往廚房洗碗，張修女扶著梯子，我樂得看麗芳選摘的本領。葡萄葉中螞蟻很多，在竹架上成行行走。麗芳扶竹架的左臂，也成了螞蟻的陣地，結隊從上而下，麗芳忙著用右手揉搓，使牠們全數陣亡。可是她再舉手摘葡萄時，左臂上又排了螞蟻，她舉右手揉死，死者中有逃生的螞蟻，鑽入了她短袖裡，叮她一口，嚇得她趕快退下梯子，跑去喚醒已在午睡的工友張先生。

張先生睡眼惺忪，爬上梯子，他身材高手臂長，四方選摘，自在自如，張修女拿了一個小籃，接放葡萄。凱撒在梯子旁邊狂吠，嚷著要吃，張先生甩給牠一串青綠葡萄，凱撒啣著跑到草地臥下，前腿捧著葡萄串，一嘴又啃又咬，不一會牠又回到梯子旁邊。原來牠也嫌青葡萄太酸，吃了一半，拋下不吃了。

工友下了梯子，他說沒有熟的葡萄了，我看竹架的另一端，還有紅黑的小圓珠。修女們把梯子搬到那一端，我伸足上梯，修女們攔阻：

「請不要上去！有蟲有螞蟻！」

「我又不是小姐，怕什麼！」我還是上了梯子。

「看啊！螞蟻爬在你頭上哩！」麗芳喊著，她有點不服氣。

我摘了幾十顆赫紅的葡萄，也拋給了凱撒四五顆。

「下來吧！讓我來，這邊還有呢！」麗芳在架下喊。

麗芳上去了，又摘了幾顆。熟的葡萄確實選摘完了。青綠的葡萄尚是一串一串地掛在架上，凱撒瞧著出神。

二、

我進書房，坐下看書，麗芳雙手捧著盤子，頂在頭上，口中唱著歌，走進房來。凱撒跟在後面，昂著頭，睜著眼，急著想搶葡萄吃。

麗芳把盤子放在書桌上，我們吃著剛才摘下的葡萄，顆兒雖小，味道很甜，我拋幾顆給凱撒，麗芳說：

「你看，凱撒要吃醉了，牠吃的已經太多了。」

「你要摘葡萄，你吃得怎樣？」我問她。

「一顆一顆的，又好看，又好吃，我可以吃完這一盤。」麗芳很得意。

「若是葡萄變成珍珠，你更得意了，一顆一顆地多美麗。」我取笑她。

「誰稀罕有珍珠！別人送給我，我還不要呢！」

「誰送珍珠！小姐不要隨便收禮物。」

「珍珠都不收，別的禮物當然不收。何必這樣著急？」

「請看電影呢？是不是人家請，就去呢？」我又問她。

「不是每次都問過你嗎？我又沒有偷偷地和別人去電影院。不要說了，真囉嗦，再說我就堵住耳朵不聽了。」她又做出慣常的姿勢，用雙手掩住雙耳。

凱撒等得不耐煩了，用嘴擦我的手臂，提醒我給牠葡萄吃。我拋給牠兩顆，吩咐麗芳拿盤子捧給修女，叫她們和工友也嚐嚐我們園中葡萄的滋味，這還是第一次吃園中的葡萄。

麗芳走了，凱撒也走了。我翻開若望福音第十四章，耶穌在最後晚餐向門徒說：

「我是一株真的葡萄樹，我的聖父是園丁，凡在我身上不結實的枝條，他便剪掉；凡結實的，他就剪裁，使結實更多，你們住在我內，我就住在你們內，正如枝條若不存留在葡萄樹上，憑著自己不能結果，你們若不住在我內，同樣也不能結果。我是葡萄樹，你們是葡萄枝，那住在我內，我也住在他內的，他就結許多的果實。離了我，你們什麼也不能作。誰若不住在我內，便像一根葡萄枝，脫離樹幹便枯乾了，人家把它撿起來，投入火中焚燒。」

我望著窗外的葡萄架，葡萄今年結的果實很多；明年應該剪裁，明年結的葡萄還要更多。

面對書桌上的十字架，我明瞭生活裡所遭遇的折磨，乃是天父的剪裁。

民國五十七年三月二十三日　羅馬寓所

旅途雜感

（民國五十九年）

明天午後兩點，搭乘中華航空公司班機，動身回國，直飛臺北。

正月二十三日，由松山機場乘泰國航空公司飛機赴羅瑪；到三月二十二日午夜回臺北時，整整兩個月。我素不習慣出國，每年在國外住兩個月，乃是家常的事。這次兩個月的旅途，卻使我感到分外的累，天天希望早點回去。在羅瑪開了兩星期的會以後，二月十三日乘飛機赴瑞士，開始每天換一地方，由瑞士到奧國，由奧國到西德，由西德到美國。在西德和美國，常坐汽車旅行，由紐約到聖路易，坐了兩星期的汽車，這樣怎麼能不疲乏！

我沒有看山水，也沒有遊覽名勝古蹟。所過的地方，都是舊地重遊。我所看的，都是人，是天主教會的各地首長，是各地的中國神父和學生。在將回國的前夕，回想這次的旅程，感想很多很深。

一、建築的風格

坐汽車旅行的好處，在於觀看沿途的風光，穿城過市，越山經野；雖然汽車風馳電閃般飛走，但比坐飛機和火車，更能看到沿途的景物。

瑞士和德國，冬寒尙深，遍地白雪，聖誕樹低頭垂枝，銀髮閃鑠；街房村屋，都成了瓊樓玉宇，白光耀眼，宇宙一片清潔。

瑞士的街市鄉村，沒有遭過大戰的破壞，所有建築，還是百年或幾百年舊物，房屋風格，滿饒瑞士故有風味。沿山高下，房屋櫛比。每屋一園，屋爲兩樓，房頂尖起，瓦覆兩側，窗戶玲瓏，小巧可愛。

西德慘遭戰禍，房屋毀於炸彈，但不過十年，全國都是新屋，各城大教堂和歷史性建築物，按照原先圖樣，重新建築。大城街市，多有高樓。住家樓房，則保有舊觀。紅牆灰瓦，尖頂小窗，仍是德國傳統。

美國城市，新舊分明。新建樓房，高聳天際，舊有市區，兩層木房，多爲黑人住家。白人多遷往郊區，且遠到城外鄉間。住屋爲一層木屋，周圍繞以草地。城郊也有磚牆小屋，式樣新穎，造成美國建築的新風格。

洛杉磯和舊金山，終年溫暖，不寒不暑，草木茂盛，房屋更顯雅緻。昨日我赴舊金山聖十字鎮，訪問衡陽同鄉修女，車行山中，滿眼百年綠樹。修女院爲別墅樓房，新式建築，鑲嵌古樹古山之中，景色妙不可言。今天又赴舊金山金門橋外鄉間納匝肋安老院探詢牧育才神父老父。院爲新建平房，紅瓦白牆，和綠樹紅花相映。

想念臺北近年建築不勝浩嘆。陽明山中山樓，圓山飯店，忠烈祠，士林中山博物館，爲臺北僅有中國風格之建築，其他高樓大廈，小樓平房，看不出是東方還是西方的東西，觀光客走入臺北市，若不是滿街招牌，看不到一點中國建築風格。歐美每一座大城市的市政府和市議會，都是代表本城建築特色的大廈。臺北市政府，爲借用的舊屋，談不上建築風格，市議會則爲議會的新建築物，式樣平淡，毫無意味。在復興中國文化的風氣下，國內建築應該造成代表新式中國建築的風格。

二、機器文明

從紐約駕車，陪我到聖路易的張吟秋神父，沿途常向我說：「美國的文明，是汽車的文明。」在美國所看見的，遍地都是汽車。若是汽車一天都停止了，美國人的生活也就停止了。

美國人的生活不僅是靠汽車，而且也是靠一切的機器，不必說軍事、商業和工業的各方面工作，都依靠機器；就是每個人日常生活中的小事，都依賴機器。辦公大樓要有電梯，辦公室和住房要有冷氣暖氣，電視家家要有，掃地洗衣那家不用機器。廚房的菜蔬，先都經過機器洗滌切碎。

因爲人的生活，事事使用機器，人的整個生活也漸漸變成了一架機器，既然變成了一架機器，人的生活應該很容易，很舒服，少費精力，多有享受。但是目前美國的人，每個都陪著汽車不停地跑，連吃口好飯的時間都沒有，談什麼享受。

我在這兩週裡嘗試了美國人生活的滋味。每天在汽車裡走三百多哩，在汽車路旁飯店裡買夾牛肉的餅，十分鐘車一邊吃一邊趕路，中飯後從沒有休息，夜間也常睡六個鐘頭。我實在受不住了，很想早點回臺北。

美國人一生趕緊跑，未老先衰。到了退休的時候，該是可以休息和享受的時候了！然而我去看了兩座安老院，房屋最美麗，設備最新式，環境最雅緻。可是我看那些老年人坐在廳裡看電視，心裡體驗到他們的苦痛，他們忙了一生，兒女成人了，他們孤伶伶坐在安老院的廳裡，這便是他們一生的享受。也就是物質文明的享受。

美國的青年和歐洲的青年，對這種機械生活發生了反抗。他們看不出祖先和父母留給他們的這種生活有什麼意義！他們反抗傳統，反抗權威，事事求新花樣。所可惜的，是他們自己也不知道人生的意義究竟何在！只能做些光怪陸離，或者甚而無法無天的怪事。今天我去參觀了加州大學，滿校滿城都是披髮的嬉皮。

我想這種苦事，乃是歐美專重科學的流弊。數十年來，歐美的教育和社會思想，都專重科學，把人文思想，及人生哲學和宗教信仰常加輕視。科學的發達，當然是一日千里，物質的享受，也日增月盛。然而人的心，不是物質的心，也不是物質所可以滿足！

我們國內現在的思想，也偏重科學；教育的設施，都在求科學教育的進步。各大學的人文科學，幾乎成了冷門，專讓女生攻讀。科學固然要緊，人文也不能拋棄。中國古人，很注重人文思想。我們不能把這種傳統廢去。否則，徒喊恢復中華文化！所恢復的乃是歐美人自增痛苦的唯物文明。

（原載「中副」）

狗年談養狗

十五年前，在中央日報副刊我曾寫了一篇「莉莉的慘局」，大家都想我喜歡養狗，便以狗作禮物送給我。一位郭太太送一隻名叫「凱撒」的狼狗，身體魁武，顏色光澤，又送一隻純白的母狐狸，名叫「美麗」。「凱撒」忠信親熱，非常可愛；然而也和「莉莉」一樣，沒逃過香肉店偷狗人的毒手，慘遭毒死。耕莘醫院的一位毛先生，送一隻剛一個月的純白狐狸狗，我給牠取叫「多福」。聖家會修女從澎湖帶來兩隻初生的狐狸小犬，我留了一隻，取名「五福」。「美麗」在四年前我快搬家時，老而病死。三年前，一個早晨忽然看見兩隻小北京獅子狗，在巷子內拆毀房子的磚瓦裡吠叫，女工把牠們抱來，一隻白，一隻黃，兩隻都瘦而患皮膚病。我報告了派出所，又叫女工牽在附近街巷走，是否有人家認領。想來必定是美國軍眷遷回美國時，丟下來的。我便將牠們兩隻送入獸醫所。醫好了，給牠們取名白的叫「來喜」，黃的叫「來福」。來喜是老狗，然而在一年後，白毛絨絨，小而凶，很可愛。前年初冬，我從羅馬開會回來，一進牧盧，「多福」、「來福」、「來喜」，擁在門口歡迎，獨不見「五福」，我問洪修女和女工小姐，他們都說「五福」住在獸醫所。第二天我說去醫所，洪修女說「五福」就要回來了，不必去看。再過一天，她纔告訴我「五福」在十月時病死了。去年春節時，「來喜」忽然得了肺炎，病了三個星期，放在我房間調治。一天中午，我上床休息前，看牠喘息不安，好好用布圍著牠。我上床睡半小時後，看見來喜安靜地躺在桌子下面的地毯上，我以爲牠好些了，便進聖堂誦經。女工小姐忽然來叫我說「來喜」已經死了。

現在我祇有「多福」和「來福」兩隻小狗了。

「多福」跟我最久，也最爲我所喜歡。十二年前「多福」來時剛生出一個月，洪修女給牠餵牛奶。牠長得非常漂亮，毛色純白，身高體胖，較比普通狐狸狗大一倍。早晨我出門散步時，牽著牠作伴，晚晌出門，也帶著牠。我出外回來時，轎車剛一到門前，牠就吠叫。門前駛過的車雖然很多，牠卻能分辨清楚我車子的聲響。

我在家裡，「多福」寸步不離。清晨，我進聖堂，「多福」臥在我的坐椅旁邊。彌撒後，修女和女工都出聖堂，「多福」不動。當我唸完了晨經，合上經本時，「多福」馬上站起，等我一起身，牠便跟我往飯廳。我用了早餐，到書房閱報習字，「多福」伏在書桌旁。我收拾字帖字紙時，「多福」昂首看著我，我起身出門辦公，牠送到門口。下午或晚晌回來，牠就常常跟著，夜裡，牠睡在我房裡。最近三年多，我搬了家，住所爲兩層樓房，我自己住在樓上，牠纔睡在樓下。

「多福」不喜歡別的狗親近我，更不許我抱小孩。牠有時和「五福」吵架，「五福」比牠凶。現在「來福」卻欺負牠，牠處處得讓「來福」。我偶而抱女工的小孩，「多福」一見就大聲吠叫，跳起來又把小孩拖下來。

小的時候，「多福」不吃東西，現在老了卻貪吃。我吃飯時，「多福」「五福」「來福」「來喜」都圍在桌子邊，一邊兩隻。我將雞、牛肉、蔬菜、水果分些給牠們吃，非常平均，「多福」並不比別的狗多。祇有「來喜」因一次在外面被狼狗嚇了，再不吃飯，乃買麵包餵牠。我吃了飯，給「來喜」餵麵包，「多福」和「五福」站在旁邊滴口水，但從來不搶「來喜」的東西，等我餵了「來喜」，分給牠倆一點麵包，纔高興地呑下。

養狗本來不應以盤餐東西餵狗，但我看著狗昂首睜眼等著一點東西吃，而一點不給，心中好不忍。養狗雖然給家中人增添許多麻煩，然而狗養得肥又漂亮，也是一樂事。「來喜」「來福」長大了一倍，「多福」「五福」跟我散步時，路人都駐足觀看，笑著對我說：「好漂亮的狗！」今年春節時，農曆初三，我住的牧廬空無一人，修女和女工小姐都回家過年了。我獨自一人在樓上寫稿，「多福」和「來福」臥在桌邊地毯上。晚晌，入睡時，「多福」「來福」進入我的臥房，躺在床邊動也不動，牠們也知道樓裡沒有人，我沒有趕牠們出去，反而覺到有了伴侶。次日，清晨，我獨自一人在聖堂行彌撒聖祭，「多福」和「來福」

也在聖堂，我覺到似乎不是單獨一人，小狗已早是家中的一份子，懂得人的心情。

小狗都有自己的感覺，都能表現出來，在晚飯後，「多福」知道是出門散步的時候，牠就吠叫。我登樓拿手杖，牠跟著上樓，叫著不停，「多福」因年老，偶而在屋裡小便，人一叫牠，牠就藏起來，知道自己錯了，「來福」常會「黑臉」，我們有時罵牠一句或難爲牠一下，牠便躲起來，叫牠不動，有時還找牠不著，小狗也有自己所親近的人，「多福」親近我，「五福」和「來福」每個親近一個女工小姐，小狗不記怨，我有時因故打「多福」一下，牠跑開，一叫牠，牠就搖著尾巴走過來，用頭擦我的衣，早晨在聖堂，我進堂跪下，「多福」走來用頭擦衣，等我摸一兩下，纔去臥在地毯上，「來喜」因身體小，喜歡藏在我跪凳下面，牠走進跪凳下，有一定的路線，在書房裡，牠常躲在書架下面。「多福」少時，高興玩球，咬破好幾個網球；大了以後，就不玩了，「來喜」心情好的時候，喜歡和我們玩，我們用手或腳逗牠，牠伏著衝起來咬，我每天腦子裡不是辦公的問題，就是書本上的思想，回家，能夠同小狗玩一玩，把腦子裡的思想和問題暫時空一空，精神鬆弛，心情愉快，普通辦公人員回家，同家中小孩玩一玩，乃是養生的良法。小孩天真，跟他們玩也天真，小狗當然是天真，跟牠們玩，真是天真的一刻。昔年在羅馬居住時，我養花養鳥，自己澆水下肥，看著花開時的鮮豔，心中忘懷憂慮，聽著黃鶯婉轉的歌聲，心中怡然自樂，到了臺灣以後，事忙，不能自己栽花餵鳥，乃養狗，麻煩了管家的人，我自己則享受了樂趣。

慣用腦筋的人，每天若有一刻停止思索，天真地玩一玩，可以解除神經的疲倦，長久保持心情的平衡，我看到報上攻擊養狗的大作和高見，常願作者能有與小動物融會的經驗。造物主造生了萬物，每一種物都有自己的價值，都對人生具有意義，用得其道，保持中庸，樂趣便在其中。

民國七十一年二月二十七日作於羅馬途次

習畫

從小，我就喜歡音樂繪畫。在衡陽黃沙灣聖心修院唸中學，我學彈風琴，學芥子園畫。在羅瑪傳信大學讀書，我參加學校的管弦樂團和歌韻團。但畢業以後作教授，則把音樂和繪畫都放棄了，寫字更沒有用過毛筆，鋼筆字也寫得很壞。

民國三十二年，我國駐教廷使館開館，謝壽康博士任第一任公使。謝公使為留法留比的學者，專長法文，在南京曾任中央大學文學院院長，喜愛藝術。來羅瑪後，大戰還在進行，困居梵蒂岡小城中，無事，便在城內著名的博物館和圖書館瀏覽。大戰結束後，吳經熊博士來任第二任大使。吳公使為法律學家，曾任東吳法學院院長，尤喜天主教靈修學，以文言翻譯新約聖經。

我在駐教廷使館開館時，就在館內充任教務顧問。吳公使來館，託我校對新約聖經的譯文。希臘文和希伯來文，我雖曾讀過，但早已忘了，只能以拉丁文本、英文、法文、義文本和中文翻譯校對。遇有疑義，我們倆共同研究，若不能決，則走訪羅瑪聖經學院院長。

吳大使辭職後，謝壽康大使再度來館，公使館升格為大使館，謝太太帶著小兒同來。謝大使在台北學了畫竹，謝太太精於寫字，兩位在館裡便常寫字作畫，我在旁觀看，謝大使就催我學習，又送給我兩枝畫竹的很貴重狼毫。我在羅瑪寓所便開始練習畫竹，一星期兩次。我自己沒有什麼目標，更沒有什麼自信心，我只是習畫散心。謝大使又拿幾幅徐悲鴻的馬畫給我看，要我也畫馬，我絕不相信自己將來可以有什麼作品。但是在羅瑪繼續每週兩次作畫，漸漸養成了作畫的興趣，又漸漸收集中西畫冊。

到了台南任台南教區第一任主教，大事小事一大堆，又值梵蒂岡第二屆大公會議，常要到羅瑪出席會議，我把研究工作和寫書工作都撇下了，唯獨習畫則常不斷，用來調劑工作的壓力。教會中的人竟又有來索畫，我以平常心畫一幅馬相贈。成功大學的繪畫教授馬先生讚賞說：「膽子真大」。意思是說畫不好，卻敢畫，實際上，我沒有把畫當作藝術，而是當作靜心修養的方式。中國古代文人，常以書畫自娛，也以下棋收心靜氣。

到了台北以後，讀書、寫書、習畫，成了日常的工作；不過習畫，則仍是每週兩次。雖說我不斷出版書籍，但只有研究哲學的人，知道我所寫的書。當年蔣復璁先生自告奮勇，主動推薦我作中央研究院候選院士，他陳列出我的九冊中國哲學思想史，院長問誰看過這些書，評審委員沒有一個答話。我習畫也只有教會裡的人和我的學生知道，他們中間也有來索畫的；不過，我卻不以畫作應酬了，更絕對不賣，因爲自知何必招人笑話。

民國七十五年，我領司鐸聖品五十週年和領主教聖品二十五週年，我決定舉行感主洪恩慶典，博士班畢業弟子們建議舉行畫展，往訪歷史博物館何館長皓天先生，何館長答應在國家畫廊廳展出，以竹畫作展品。弟子們又印行畫竹冊，奉送一冊予輔仁大學董事長蔣夫人，夫人竟稱讚畫竹意境已高。我不禁感謝天主，賜我能有畫畫的作品。畫馬則筆墨和結構都不好，於是兩年內，不畫竹，專心畫馬，兩年後，畫法變了，墨濃，筆粗，馬的氣態強而猛。弟子們又來建議，八十壽時再舉行畫展，以馬畫爲主，但是歷史博物館規定作畫展一次者，五年以後才可舉行第二次。弟子們乃印行畫馬集，我樂得以畫集贈送朋友作八十生辰紀念。

我舉行畫展，沒有想把自己擠入畫家之林，也不想自標文人畫派。一點自知之明，雖年老，我還有自知畫品不高，但是我想提倡讀書人和政治或工業的忙人，習習畫，以藝術調劑身心。英國首相邱吉爾在大戰中，嘗作油畫散心。

種 花

來客一進天母牧盧的門，看見房牆和圍牆中間的走廊，放了許多花盆，青綠的葉，紛紅的花，奉陪走廊盡頭的聖母像。

這個花廊，是在去年秋天佈置的。圍牆外面蓋了紅瓦，花廊頂上釘了鋁條。鋁條兩端靠牆掛著西洋蘭花，每邊十盆。花廊地面兩邊靠牆，靠圍牆一邊，排著八盆盆景，靠房牆一邊，排著十盆中國蘭。聖母像前面則放著桂花，石榴花和紅花楓。

來客進門一看，看到群花侍奉聖母。

在牧廬的地面，還有一個花廊，那是我遷居這樓房時，就設置好了。後面的花廊較比前門的花廊寬一倍，長度相等。花廊的後部份，蓋一花棚，棚上蓋石棉瓦，遮蔽太陽。在花蓬內養蘭花，花棚外面養：蜀葵，火鶴，和多種臨時由花市買來的花。火鶴花常開花，蜀葵花開花很小，中國蘭則常萎枯，西洋蘭也祇長葉。前年我在士林農藝園散步時，注意園內的蘭花花圃，不蓋石棉瓦，卻釘木條。我便將牧廬後面花棚的石棉瓦去掉，釘上木條，木條間留空。由空隙雨露可以下降。半年後，蘭花都呈現生氣，中國蘭發芽，西洋蘭著花。去年春秋兩季，蘭花繼續含苞怒放，蜀葵枝葉茂盛，今春一定花朵累累。我乃感到養花樂趣。

我在書房裡還有一個小花廊，書房位於二樓，一面爲讀書室，一面爲畫室。讀書室面向東南，有五個窗子，陽光充足。在五個窗子的窗臺上，排列各種花色的紫羅蘭小花盆。早晨起床後和早餐後，我沿著窗台看花，澆水。紫羅蘭春秋兩季開花，綠葉則四季常綠。綠葉摘下，浸在水中，幾星期後，莖端長細根，好似鬍鬚，再栽在盆裡，根上發葉，半年後花葉滿盆。

中飯後，我下樓到前後花廊，細心觀察花卉。中國蘭很難養，葉上常生蟲，潑了殺蟲藥，花葉還遭蟲咬壞。西洋蘭卻較容易，在前後兩條花廊修理以後，常見花開。

書房裡，供有一尊法蒂馬聖母立像。供聖像的桌子，爲朋友所贈獨木樹根製成，邊緣曲折，古色古香。供桌子的毯子，爲朋友所贈南美皮毛地毯，被毛結成八角星辰。供桌上常供鮮花，陪侍聖母，鮮花或來自樓下的花廊，或購自建國高架路下的花市。我幾乎每月一次去拜訪俞大維部長老先生，俞部長家住建國路附近，我由他家出來，就到花市上走一走，看有沒有可以買的花。

我種花不懂栽種法，也不知道各種花的名字。屋前後的花大約九十多盆，大部份是蘭花。掌管花廊的是司機黃清泉，他澆水拔草，換土加肥。我自己則剪除腐老的花葉，換換花盆的地方。

對著青綠的葉，鮮艷的花，心情也清爽純淨。看著花葉花瓣的美麗結構，隨著花苞的成長，常驚奇造物主的化工。花廊裡行走，也似乎在聖堂踱來踱去，脫離纏身的俗務。

一、朱熹會議

國際朱熹學會，今年七月六日到十五日，在夏威夷大學舉行。這次會議由東西學術中心、夏威夷大學、美國學術團體委員會聯合舉辦，經費由美國各方面人士捐助，邀請發表論文的學者三十八人。三十八人中錢穆和梁漱溟沒有到會，徐復觀則先數月去世。然而他們三位都有論文，在開幕儀式時由人代爲宣讀。還邀請了不發表論文的青年學人三十二人，觀察者十三人，共計八十人開會。八十人裡，中國人佔三分之一，共三十人。中華民國七人，大陸七人，香港兩人，澳洲兩人，加拿大一人，美國八人。

夏威夷大學的東西學術中心素來有召開中國哲學會議的傳統，曾經召開四次會議，當時胡適、方東美、吳經熊、謝幼偉等中國學人都曾參加會議，近年因經費困難，僅在兩年前召開小型的新儒學討論會，祇邀請四位學人，我是其中一位。這一次則爲最盛大的一次集會，所邀請參加的人士，較以往都更多。祇可惜幾名著名的中國哲學人，或老或死，都不能來與會，僅一年邁的馮友蘭氏尚能在視聽行走都不便的狀況下，來與會議，我在中國哲學學人中已算年長的了。

這次會議所宣讀的論文，在內容方面很廣泛，討論太極和理氣的論文雖佔重要部份，然討論朱熹文學、理學、史學的論文也不少。將來出版這次會議的論文專集，真可以作為朱熹研究的專書。

因此，我參加這次會議的感想，第一是一種興奮的感受。在全國高唱科技的聲浪中，能夠在八天的工夫，聽到亞洲、美洲、澳洲、歐洲的各國學者，討論朱熹的思想，大家不是聲斥朱熹的迂闊，而是探討天理和人生的意義。大家承認朱熹集中國哲學思想的大成，從朱熹思想的研究中，可以看到中國哲學思想的線索，也可以看出中國哲學思想的特徵。

在形上學方面，從朱熹的形上結構論，我們可以知道從《易經》、漢易、佛教、周敦頤、程顥、程頤的形上思想系統，我們進而加以研究，便可以看到和西洋形上學的異同，也理會出中國的形上學並不是廢紙堆中的老古董，而是和西洋現代哲學趨勢可以融合的思想。宇宙為一變動的整體，每一物體又是一繼續創新的存在體。朱熹稱讚天地以生物為心，人得天地之心為心，人心的生生稱為仁。

在認識論方面，朱熹講格物致知，對外面物體細心研究，為客觀的學術研究法，同時他又主張明認自心天理，物理和內心天理相通，客體和主體合一，打破西洋認識論的主體客體相分相對的問題。他不能被認爲唯物也不能被視爲唯心論者。

同時朱熹主張「道問學」及「尊德性」，雖被視爲和陸象山、王陽明不相同。陸、王以「尊德性」爲先，「道問學」爲附。實際上朱熹的方法，爲中國歷代學以修身的傳統方法，論語講下學而上達，《中庸》講博學審問而後力行。朱熹繼承孔、孟的教訓，以求學不僅是求知識，而是爲成聖人。「道問學」和「尊德性」相連，學以修德。他也不贊成，順乎人性，不加努力，就可成君子或成聖人。在歐美自由橫行的社會裡，有年輕的學人研究朱熹的這種方法，不詆以古老不合時代，可以使我們國內近五十年來一心毀謗中國傳統的學人，自加反省。

我們自己認爲漢學和中國哲學是在臺北，世界研究漢學和中國哲學的人，應該到臺北來找研究的資料和指導。但是在這次會議中，國外的學人則很少注意臺灣的學人，卻很注意大陸的學人，找他們談天，向他們詢問研究的消息。國外的學者同我們談話時，常說自己到過大陸，參觀孔陵以及發掘的古物。從他們的態度看來，中國思想的研究資料是在大陸。因此我們在臺北若對於漢學和中國哲學思想沒有研究的機構，決不能吸引國外學者的注意。

二、

我參加會議的第二種感受，是慚愧。日本的學人，盡心研究朱熹哲學，可以不使我以爲怪；歐美的學人，而且許多年輕人，專門研究朱熹，則不能不令我驚異。還有大陸的學人，還能研究朱熹，雖然他們指責朱熹爲客觀唯心論，又批評朱熹爲儒家的集成者，但也承認朱熹對中國現代文化的影響。召集這麼多的學人，來研究朱熹的思想，由美國私人和基金會捐款，大家不視爲一項新奇的現象，而視爲一種重要的學術工作，這一點使我欽佩。

反觀我們國內，大家認爲哲學爲一種不合時代要求的思想，更看不起自己的學術傳統。前年中央研究院召開了國際漢學會，列舉了哲學和思想一門，但是中央研究院則祇承認考據爲漢學，不以研究中國哲學爲學術。中國哲學的研究流行在國外，國外學人視中國哲學思想可以補西洋哲學的不足。許多曾在中國研究中國哲學的青年，散在美國各大學任教，繼續自己的研究。大陸的馬克思主義統治一切的政權，竟能設立哲學研究所，研究中國哲學，又設立宗教研究所，研究中國所有宗教，他們設立的目的，雖不是爲宣傳哲學和宗教，但是在國際上，卻令大家相信共黨已開始重視哲學和宗教的研究。

我們中華民國的政府和社會到目前則還沒有這種表現。現在立法院修改了大學法，大學能設宗教學院，以宗教爲學術研究的對象，但是哲學和宗教學者的培養，不能僅靠大學的教育，因爲在大學博士班畢業後，若不在學校教書，便不能繼續研究。爲培植研究中國哲學的學人，須要有一種中國哲學研究中心，由政府撥款或由社會工商界捐款，設立研究基金。

另一種慚愧的心情，是學問的無止境。我自己寫了七冊中國哲學思想史，對中國哲學有不少的認識。但是在八天的討論中，聽到或讀到朱熹思想各方面的研究，自己覺得所知道的很有限。但是這幾十篇論文所討論的範圍很廣很大，卻很少有深入的研究，這種現象想是因論文的時間有限，不可能深入發揮一個問題。但是外國學者研究中國哲學若能閱讀原文，已經很難，再深入研究各項問題，則所需要的年月，必定很長。然而他們研究的方法，則能作爲我們中國人研究的嚮導。我們中國人研究中國哲學很少有人講究方法，有的人僅祇套用一些西洋哲學方法，例如大陸馬克思主義者則硬用唯物辯證法。大家常說中國哲學沒有邏輯學，可是若一個人說話完全沒有邏輯則就爲一陣胡說，何況一位哲學家呢?中國哲學家有自己的邏輯法，並不能說是反邏輯。例如朱熹和陸氏兄弟來往的信札，討論「無極而太極」和「尊德性，道問學」的問題。我們現在研究中國哲學，對於方法應加注意。

三、

我的第三個感想，是一種人文學的評價。中國大陸的學者很惋惜文化大革命摧殘了中國大陸的人文價值，現在還沒有辦法可以重建。歐美的學術界人文價值，雖被科技所掩蔽，但是人文思想常爲社會生活的鋪路。所以他們樂意花許多的錢，召開朱熹會議。這種會議看來跟美國學術研究和社會生活，並沒有什麼關係。

我們國內近年的學術評價，所有觀點都集中在科技。科技爲生產的方法，基本科學則是學術知識，一意在學術研究上，提倡科技，若祇因國家在求經濟發展上，需要高深科技，而經濟發展爲國家生存的重要方法，因而看重科技；這一點是合理的。然而這種需要卻不能破壞學術研究的原則，也不能使人忘記人文價值的重要。另一方面，社會一般人的評價，也以科技爲最重要。我們從青年選擇學校，可以看出這一點來。求學爲就業，教育爲國家建設，就業和建設相匯於科技教育。這就是目前社會一般人的評價。我們不說這種評價不對，但要說這種評價不完全。若用朱熹的話說，這是看重用，而忘記了體。科技是生產和就業的一種方法；若是我們以生產方法作爲社會改革的根基，那就是使用馬克思的評價。國家和社會是人所組成的團體，青年就業是人以職業爲謀生活；所以這一切都以「人」爲根基。人爲謀生活，爲謀國家建業，首先應該認識「人」，應該知道「人的生活」。關於這方面的知識，乃是人文知識。朱熹和陸、王的爭論在於以「道問學」爲先呢？或以「尊德性」爲先呢？朱熹主張先「道問學」，即以研究學術爲先；然而朱熹並不主張求學問爲求學問，而是求學問爲修身進德，即是求學爲做一個完好的人。

人文價值若被科技價值所摧毀，人就會變成一架機器，失去人之所以爲人的意義。陸象山當時攻擊朱熹，責備他流於瑣碎，找不到做人的大道。朱熹的主張，本來尚沒有有這種危險，目前的科技評價，卻具有這種危險。

在目前科技評價很高的時期，人文的評價更要提高，纔可以使看重科技的人，認識「人」的意義。

民國七十一年七月十二日夏威夷大學

夏威夷大學

走在夏威夷大學潔淨的馬路上，路旁小鳥成群啄食，有麻雀、有鷓鴣、有烏春、有紅頭，牠們不看人，不驚飛。人鳥相處，一遍安詳。廣闊的草地，深綠一色。新雨過後，淺草在陽光下閃爍。茂盛的樹木，株株成傘形。樹上花朵紅色、黃色、白色襯著綠葉。對著株株不知名的花樹，凝神佇立，默然讚美造物主的美妙。再想著輔仁大學的校園，嫌過於單調而城市化。

走在夏威夷大學潔淨的馬路上，有時遇到汽車，汽車停住讓人先過。中國禮讓之邦的名義，應該讓給夏威夷大學了。但是在大學馬路上所見的衣冠，男女多是短袖短褲。還可遇見暴露的浴裝，卻不合於東方大陸的禮教了。

人的顏色呢？黃色較多，黃色中又有深淺。印度的黑色，也出現在路上，白色的面貌，表現歐洲南北的人相。四十三國的學生的顏色面相，構成夏大的特色。

清晨醒來，窗外鳥聲悅耳，校園一片空靈。初陽的光輝照在紅黃白的花樹上，深綠變成嫩綠。我想輔大清晨校園，聚滿了男女老幼，晨操、練拳，一切喧嚷。

晚間，漫步夏大潔淨的馬路上，路燈淡淡，間有靜靜走過的男女。不見擁抱的男女，不見牽手的伴侶，單身的女郎在廣大幽暗的校園悠閒地趕路。我摸自己的胸，在海外仍有怕輔大校園發生不良少年騷擾女生的焦急。我心裡無限羨慕在充滿觀光旅客而又最自由的社會裡，廣大的校園竟能一片安靜！

白天坐在東西中心的會議廳，聽用英文講論朱熹。抬頭一看廳的正壁掛著丁治盤先生所題橫額「天地以生物爲心者也，而人物之生，又得乎天地之心以爲心者也」。周圍一看坐著黃白黑的男女，一時竟意想不到自己坐在什麼世界裡。朱熹死在一千兩百年時，他的《四書集註》雖被尊重到一九一〇年，但是民初五四運動以來，所倡打倒孔家店，實則就是打倒朱熹。今天卻竟有八十學人以八天的功夫來研究他，而且還有被馬克思主義統治下大陸的學人。這種學會究意是在那個世界裡呢？走出會場，一眼看到花木滿園的夏威夷大學，才意識到我們是在科技發達而享受慾最高的美國。

民國七十一年七月十三日

領獎述懷

（民國七十二年三月三日領文化獎）

昨天，在行政院領取了文化獎，我心中忐忑不安。這個獎的壓力很重，以往對於中國學術文化貢獻不大，將來就要多做！然而年歲已過七旬，又還可以做得多少呢！一切都在天主的聖意裡，我只有一番好心！

若要看以往我所作的學術工作，我祇是研究中國哲學。再看這條研究的途徑，經歷卻真長呢！已經過了四十六年。

民國二十五年秋季，我開始在羅瑪母校傳信大學教授中國思想。我對於中國國學，素來沒有根基，家庭不是書香之家，又沒有入過私塾，背過古書；祇是在學校裡，國文的成績好。在傳大唸哲學和神學時，每天必讀古文。

民國二十五年八月十五日我被教廷宣道部（傳信部）次長兼傳信大學校長剛恆毅總主教任命爲中國思想史講師。我那時年二十五歲，考了哲學博士，神學剛畢業，（神學博士是後來唸的）開始讀法律，每天上午到拉德朗大學聽法律課。研究中國思想的時間，是在每天晚間。

由四書而《詩經》，而《禮記》，而《尙書》，再讀《老子》、《莊子》、《韓非子》，《春秋繁露》，傳大的中文部圖書念完了，我從國內陸續購買，有宋明的子書，有廿四史，有佛教大藏經。又有法國義大利傳教士論中國宗教思想的書。還有胡適之和馮友蘭的《中國哲學史》。在民國三十六年我陪田耕莘樞機來臺灣觀察時，拜會了當時的教育部長張曉峰先生，他要我爲他編的現代國民基本知識叢書寫稿，我答應了。我也請他將已出版的基本叢書送我一套，他慨然允許。但是當我到國民基本知識叢書編輯處要書時，負責人表示很爲難，最後還是讓我選了五十冊關於中國國學的著作。

我到臺南時，把在羅瑪所有的中外書籍，除一些普通知識的書以外，都帶了回來。到了臺北，我買的書就多了，現在家中藏書大約有兩萬冊，一半是關於中國哲學的書，一半是文學、神學、法學的書，大辭書也有幾種。我作研究和寫書，沒有時間跑圖書館，所需的書，都要在家裡有。可以購買的，就買，不能買的，就向輔大圖書館借。我寫書，從來不假手秘書或學生收集資料，一切都由自己動筆。在臺北十七年每天晚間，靜靜地坐在書房裡，無論冬夏寒暑，靜對書籍，忘懷一切。教區或學校的公事，在日間處理，家中私事，由洪法蒂瑪修女經管。當我到臺北時，神父們都勸我住在主教公署，與神父們共處。我則怕晚間來訪者多，堅持獨住天母牧廬。對於這事，許多神父對我不能諒解，疑我貪圖舒適。

在羅瑪教授中國思想史時，向中國學生講，用中文；我的衡陽國語，學生要經過長久的練習纔能聽懂。向外國學生講，用拉丁文，雖然寫有講義，還是苦於辭不達意。記得在開始幾個月，講書很爲難，學生不免在背後私議。有兩個青年學生，一個澳洲人，一個印度人，平日對我交情很好，便自己來聽講，看看實際的情形，也替我捧場，又向別的學生爲我辯護，我用拉丁文講了二十五年的書，養成了講拉丁文的習慣，歷年我在羅瑪參加教廷的各種委員會議，與會的人都驚訝我一位中國主教怎麼可以隨便說拉丁文。

在羅瑪前十幾年，我的興趣還不在哲學，是在文藝，尤其喜愛西洋傳記文學，也寫了《陸徵祥傳》、《徐光啓傳》、《利瑪竇傳》、《聖庇護第十傳》、《基督傳》、《聖母傳》，又寫了人生的體味一冊散文，還寫了《羅瑪晨鐘》和《海濱夕唱》兩冊新詩。但是在第二次大戰後，歐洲人的心理傾向東方的精神生活，我便用義大利文撰寫一冊《儒家概論》，書名中國人的智慧，又寫了一冊《道家概論》和一冊《中國宗教思想簡史》。寫義大利文書時，我曾請母校的訓導長白肋達神父（Felice Bereta）替我修改。從那時起我研究的興趣轉入了中國哲學。

我研究中國哲學，以系統的方法作研究，不深入研究每位中國哲學家的思想，而是研究儒釋道三家的系統。哲學的思想講道理，講道理則前後該當連貫，每位哲學家的思想也要互相連貫。當然,中間有許多不相同之點,也有互相衝突之點;但是,既然是一家一派的思想,必有共同之點,在共同之點,可以有所連繫。依據這種原則,我用中文寫了一部《中國哲學大綱》,由香港商務印書館出版。我回臺灣後,改在臺灣商務印書館付印,現已出第四版。但在寫中國哲學思想史時,則深入研究每位哲學家的思想,因此寫了七冊,然而也並沒有放棄系統的研究法。

研究中國哲學的系統,我注意儒家的形上學。一般講中國哲學的學人,尤其是外國學人,都認爲儒家哲學祇是倫理思想,專講修身之道。我則認爲儒家哲學一定有形上學的基礎,否則不足以稱爲哲學。研究的結果,我寫了《儒家形上學》一書,列出儒家的形上結構。儒家的形上學即是宋朝的理學,理學的根據是《易經》,《中庸》和《大學》。

民國六十六年七月,我動筆寫《中國哲學思想史》的《先秦編》,對於孔子和弟子的思想,我以「生命」的觀念,作爲線索,「一以貫之」。中國的哲學無論儒家、道家、佛教,都以生命爲中心。儒家的思想更可以說是生命哲學。

《易經》講宇宙的變化,以陰陽爲原素,陰陽互相結合,化成萬物。陰陽變化不停,萬物化生不息;這便是宇宙的生命。陰陽化成一物,在物內仍舊變化不停,這種內在的變化,即是每一物的生命。每一物的生命,因所稟受的氣有清濁的不同,最濁的氣使生命不顯,便是礦物；氣稍清，生命稍顯，便是植物；氣又便清，生命更顯，便是動物。人得天地的秀氣爲最清，生命完全顯出。人的生命爲心靈的生命，爲精神，爲仁義禮智，儒家乃常講仁義道德，講正心誠意，講「仁」。

道家以宇宙成於道的變化，道變而化生萬物。物爲道的形相，道在萬物爲本體，人乃萬物之一，人的生活仿效道的自然，期能和道相合以同宇宙而長終。

佛教認人生爲痛苦，乃求解除苦痛。痛苦的來源，在於人貪想事物。佛教便追求事物的成因，發現事物皆是虛空，都由因緣而成。因緣或是地水火風四大，或是唯識，或是唯心，或是真如。中國天台宗華嚴宗禪宗都以真如乃是唯一的絕對實體，萬物爲真如向外的表現，有如海水的波浪。萬物和真如爲一，彼此又合爲一，所以「一即一切，一切即一」。在這種智慧的玄觀中，人進入涅槃，或得禪道，直接體驗與真如合一的生活。

我研究中國的生命哲學，尋得上面的形上基礎，看到下面的實際生活。我從來不用西洋哲學或天主教教義去解釋。中國哲學須要用中國傳統思想去解釋，不能拿孔子所沒想到的觀念去解釋孔子的思想，也不能拿老子所不信的上帝去說明道德經。但是講中國哲學要有研究和解釋的方法。胡適之是第一位用西洋學術方法講中國哲學的人，講得對不對是一問題，使用西洋學術方法則是對的。我寫中國哲學思想史，是用西洋哲學的方法。我是一位天主教教士，而且是總主教，我作中國哲學的研究，不能和我的身份脫離關係。教士的職務是宣傳教義。我便想以中國哲學思想解釋天主教的教義，使天主教可以爲中國人所懂，進入中國的文化界。聖多瑪斯講哲學和神學，不是以天主教思想去解釋亞里斯多德的哲學，而是以亞里斯多德的哲學思想解釋教義，建立了羅瑪拉丁文化區的天主哲學和天主教神學。

不過，我現在所做到的還是整理中國的哲學思想，知道中國哲學是何種哲學。今後，天主再賞我幾年，我想漸漸以中國哲學思想融會西洋哲學思想及天主教思想，結成一種新的儒學。

研究學術是辛苦的，我一生沒有求過娛樂，沒有空閒渡過假，每天常是不離書本和稿紙。但我以讀書寫書爲樂，有人空閒不知怎麼消磨時間，感到寂寞苦悶，我則常覺到時間不夠，工作過多，心中信有天主給我研究學術的使命。孔子、孟子曾以滿全天的使命爲生活樂趣，我勉力以行天命爲快樂。

羅校長訪問留美校友紀錄

（民國七十四年　汪惠娟）

「中華民國教育訪問團」，一行八人，由羅校長擔任該團領隊，與台灣大學前任校長虞兆中、師範大學前任校長現任中央政務委員郭爲藩，青年輔導委員會副主任黃昆輝、救國團副主任謝又華、文工會副主任莊懷義，及兩位隨團秘書汪惠娟、黃子騰，組織教育訪問團赴美訪問台大、師大、輔大的留美校友。該團原訂於今年二月初前往，然因顧慮美國今年天候特別寒冷，因此研商改在四月十一日出發。原定隨團照顧校長的秘書洪修女，因修會事務須往澳洲，校長乃要我隨行任全團秘書，學校一級主管俱殷切囑咐，特別留心照顧校長的健康。

這次教育訪問團的目的有：一、是訪問台大、師大、輔大三校的校友，加強校友與母校間的聯繫，以了解校友的近況，同時亦把母校的訊息帶給校友。二、是與留美學人接觸就教育問題交換意見。此行共訪問七處：紐約、波士頓、芝加哥、達拉斯、休士頓、三藩市、洛杉磯。每至一城必舉行一場座談會，集合三個大學的校友與學人或僑界代表。座談會的情況非常熱烈，先由領隊致詞後，再由三位校長簡單報告各校的現況，接著就由與會者提出問題發問，分別由該團的團員答覆，發言的情況極爲踴躍，所反應的問題也很廣泛，有教育、政治、社會等多方面問題。此外各校校友又自行舉辦餐會來歡宴自己的校長。以下僅就羅校長在各城訪問校友及座談會的活動陳述於下：

紐約

四月十二日晚七時，在紐約中華文化中心舉行紐約校友與學人座談會，由師大一位校友主持，到會者約有一百餘人，發問者七人，歷時三小時，與會者先聽取三位校長的一般報告，接著提出問題發問，其中不乏建設性意見，討論的主題包括有小留學生問題，對華僑與華裔中南半島難民的中國語文教育，及現行教育制度的彈性問題。

四月十三日中午十一時到紐澤西Seaton Hall大學，由該校前任校長墨菲神父陪往參觀，該校爲一天主教教會大學，學校並不大但院系卻很全。午間接受該校校長Poatillo蒙席午宴，席間有福校長、理工學院院長、及華人教授楊約翰，餐後雙方進行締結姊妹校簽約，簽訂交換教授、留學生及學術合作等事宜。

四月十四日午後三時參加輔大校友座談會，地點在陳之䘵神父所負責的中美聯誼會。座談會由校友徐華民律師擔任主席，到會者約有四十餘位校友，多半是已做事的校友，尚在求學者約有八、九位。會中校長報告了學校的近況，及促請紐約輔大校友會的成立，校長特別強調中共去年所成立的「輔仁大學校友會」，並不代表中華民國輔仁大學校友會，彼只爲經商方便，且大陸已無輔仁大學，怎可再成立輔大校友會。座談會中校友一致決定籌組校友會，推舉王張令瑜、徐華民、潘朝英、林秀容、王儀五人擔任籌備委員，王張令瑜任召集人。並且決定於四月二十一日召開籌備委員會，擬定會章，再擇日正式召開成立大會，推舉會長。徐校友熱心公益，爲一傑出校友，願供一辦公處作爲校友會會所，同時亦願意發起爲母校募捐之事，在美國法律允許下使捐款者得以免稅，如此學校與捐款者雙方得益。此外座談會中亦提出一些建議：一、輔大可否利用暑期辦留美校友子弟華文教育班，二、陳之䘵神父建議可否在美國成立輔仁分校，採雙語教學以教育華人子弟。

晉謁董事長

四月十四日下午五時，由北美協調會派專車，接羅校長單獨晉謁董事長蔣夫人，經校長口述得知，蔣夫人身體健康，精神很好，以茶點款待校長，並殷切垂詢本校校務及發展，囑託校長問候全體董事與全校教職師生，特別勉勵全校同學要努力求學上進，尊敬師長，也特別關心校友會的成立，在滿室蘭花香的大廳中長談五十分鐘後離去。

四月十五日上午八時接受聖若望大學亞洲研究學院章曙彤院長的早餐款待，並參觀研究學院，雙方研商繼續加強前所簽訂的交換合作。

波士頓

四月十五日晚七時在哈佛大學理化研究所會議廳舉行校友聯合座談會，由輔大一位校友主持，與會者九十餘人。所提問題都是有關教育制度問題，分別由團員回答，座談會氣氛和諧，常有笑聲，十時散會，會後各校校友仍不斷與自己的校長詢問母校現況。

四月十六日晚七時參加輔大校友八人的歡宴，席間校友皆已就業，或從醫或從商，多有成就，據校友說，波士頓原本有很健全的校友會且有校友兩百多人的名冊，然因最後一任會長回台，沒有辦移交，因此會務停頓，名冊亦不知去向。校長促恢復校友會，即席推舉楊漢春校友擔任籌備復會召集人，其他人願全力支持，校長亦答應回國後將有關資料寄予協助。

四月十七日上午應王安漢學研究所張鼎鍾女士安排，赴王安電腦研究中心參觀，拜會該校校長、副校長，舉行一座談會，聽取該校校長簡報後，張女士亦對漢學研究所研究情形報告，針對漢學研究所的某個計劃提出與訪問團團員交換意見，據張女士表示今夏將返國，許諾來輔大訪問，以便再研商討論合作辦法。

芝加哥

四月十九日晚七時在芝加哥中國城中華會館舉行聯合座談會，由台大一位校友主持，發言的校友極爲踴躍，輔大校友大約來了數十位，會後，各校校友單獨與校長敘談，輔大七位校友在校長的督促下，成立籌備會，推舉朱嘉立爲籌備會召集人，擇日開會以成立校友會。

達拉斯

未抵該城前，曾以爲該城輔大校友可能很少，未料一抵達機場，就有輔大校友李智明先生及協調處多人來迎接，倍感南方的熱情。

四月廿一日下午六時半，參加僑學各界歡迎會及座談會，場面盛大隆重，由師大校友吳復嵩擔任活動召集人，輔大校友岑元驥擔任節目主持人，在輕鬆幽默融洽的氣氛下進行著。與會者約有二百餘人，餐舉座談會，發問者提出有關台灣聯考升學、領袖人才教育、在職進修以及海外子弟中文教學、學人回國服務等問題，廣泛交換意見。

四月廿二日九時半赴德州阿靈頓大學，由U. T. A校長茶會簡報，就大學教育廣泛交換意見。該校校區很大，因當日遇有大雨未能參觀校景，隨後與該校任教的華裔教授陳模星、袁立人等七位舉行座談會，聽取他們對當前台灣高等教育發展的意見。晚間七時參加輔大校友的歡迎會，席設兩桌，約有三十人，席間校長詳細介紹學校的校況及未來發展計劃，校友並問及回母校任教的可能性，在校長的促請下決定成立校友會，先推舉岑元驥爲籌備會召集人，李智明校友爲委員，此二位校友在當地頗有成就，做事認真熱誠且慷慨，對校友會之事聲稱願全力支持，此次校長來訪，李智明校友從始至終陪同親迎接送。岑同學一方面要接待校長，一方面要待岑夫人的「生產」之命。整團的餐費，亦由他們自掏腰包負擔，尤其談到爲母校捐款之事，更大力支持，願促成舉。到達此地後校長深對輔大校友的表現感到驕傲。離開達拉斯的飛機上記得校長說了這麼一句話：「輔大的教育不是要教個書呆子，而是要教個對社會有用的人」。

休士頓

四月廿四日上午參觀Rice大學，拜會Willrain Goroon校長，並參觀休士頓大學，接受該校副校長Paul L. Moorc午宴款待，會晤休大華裔教授，亦就有關教育問題交談，當天晚上七時參加三校及各社團聯合歡迎酒會，輔大校友十餘人參加，與校長圍坐暢談，校長一一問及各位校友留學及工作的情形，同時商談組織校友會，推出負責召集人閻揆理，籌備委員蒙惟琛，於以成，孫明美，吳憲民。張雷神父願意提出一切的服務與協助。十時，校友仍意猶未盡，再邀約校長往一中國餐館吃宵夜清粥，繼續座談會。

四月廿五日晚七時卅分參加華僑中心舉行休士頓各社團負責人座談會，由台大校友賴清陽先生主持，華僑各界領袖都參加，座談會中交換了國內教育政策的問題，特別提出國內教育過份重視科技知識，致使理工掛帥而對人文社會科學的忽視，在教育上是一大隱憂。其次並討論到政治和社會問題。

舊金山

四月廿七日中午一時在金山華僑文教服務中心舉行「教育座談會」校長代表致詞，向美國教育界人士請益，向旅美僑胞問安，並聽取他們對國事的意見，致辭後即離去趕赴聖馬刁參加輔大校友大會，抵達後，校友大會已先行修改會章，及廢除理事改選會長，由去年李月月會長將有關校友資料交予新任會長陶怡明，並且聽取李會長報告校友會的組織（約有一百五十餘人）及去年校友會的會務及各種活動，校長乃陳述學校概況。晚間七時半又趕回市中心參加三大學校友聯合歡宴座談會。

洛杉磯

四月廿八日下午五時半參加美西華人學者歡宴，隨後舉行中華民國就業及教育座談會，討論私立學校問題、大學聯考制度問題、建教合作問題及人格倫理教育等問題。

四月廿九日上午八時半，台大、師大、輔大三位校長由駐金山教育組主任劉定一先生陪往，赴加州州立十九所大學總校長萊奇諾女士午宴，宴後校長邀請總校長訪問輔仁，並將贈予名譽博士，總校長欣然接納。

四月卅日晚上七時輔大校友在蒙特利市華冠閣為校長接風歡宴，席設十二桌，由校友會藍家榮會長主持並致歡迎詞，協調處劉達人處長也參加宴會，校長在餐會後致答謝詞，以十分輕鬆的方式，暢談輔大近年的發展及動向，並特別指出輔仁近來不僅在量方面的擴大亦求質的提升。致辭完，將一面輔仁校徽送給南加州輔仁校友會會長藍家榮，再由會長將徽章轉送給北美事務協調處劉達人處長。

結　論

校長此行訪問留美的校友和學人，共走了七個大城，參加了七場教育座談會，參觀了幾所大學，所得的印象很深刻，尤其欣見輔大子弟各有所成就，能以赤手空拳建立美好的家庭與事業，感到莫大的驕傲與欣慰。然而在多次的校友、與學人的接觸中，也常有許多感想，校長特別囑余記錄下來，回國後以向大家說明，並作為幾項建議，今將整理後摘錄於下：

一、在美國各處的輔大校友很散漫，沒有組織也沒聯繫，因此校長主張第一步先促使校長所訪問的這七個城市的校友成立校友會。

二、第二步再由已成立之校友會，組成美東、美西、美南三區的校友會，並促三區內其他城市的校友成立校友會。

三、第三步學校校友聯繫室應主動和美國三區會及其他校友會常保持通訊聯繫，將校友有關資料如輔友、輔大新聞、輔訊等消息寄於各地。

四、加強國內各縣市校友會和系友會。

五、組織香港、馬來西亞、新加坡各區校友會。

六、校友總會與校友聯繫室提倡一年一種的活動，使多數校友都參加。

七、加強學校建教合作，與國內外學術機關合作。

八、建立輔大教育特色，並加強校內學術研究，並以此作號召，使校友認知母校的特徵，大家共同合力以求發展。

各位主管、各位教授，這次校長訪問留美校友，非常辛苦，但是心情非常愉快。一面得見校友在美的成就，一面能促成七個城市校友會的成立。同時也感到校友對母校在學術界的聲譽希望很高，學校在研究工作上應多加努力，以符校友的期望。

上面這份簡單的報告，缺漏很多，祇願供大家一點參考，尚請多多原諒。

羅總主教訪問留美中國神父和華僑教友

民國七十四年五月十一日向中國主教團全體大會報告

本年四月十一日羅光總主教率領中華民國教育訪問團赴美訪問，團員有行政院政務委員，師大前任校長郭爲藩；台大前任校長虞兆中，救國團副主任謝又華、青輔會副主任黃昆輝、文工會副主任莊懷義及隨團秘書汪惠娟、黃子騰，於四月十一日起程，五月三日返國，分別訪問七個城市：紐約、波士頓、芝加哥、達拉斯、休斯頓、三藩市、洛杉磯。前後共二十三日。

此次赴美訪問的目的有二：一是訪問美國七大城市中台大、師大、輔大的校友們，以加強校友與母校的聯繫。二是與中國留美學人就教育問題交換意見，並向旅美僑領問安。羅總主教此行則還另外有一目的，即是訪問留美中國神父與華僑教友，瞭解華人在當地的宗教生活，以及拜會當地的主教，表示感激他們對華人信徒的照顧與服務，並說明大陸中共造成教會分裂的危機。

我隨行羅總主教參觀訪問各處，經總主教指示將各地拜會訪問的情況予以紀錄，並遵命向主教團將紀錄分三段做扼要報告：

一、訪問華僑教友

四月十一日八點五十分抵達紐約，即與江綏神父、蔣劍秋神父、趙雲俠神父、陳之祿神父聯繫。

四月十二日上午十時，蔣、趙二位神父來旅館，拜會羅總主教，長談目前工作情形，及報告各人的職務，趙雲俠神父爲紐約總教區華人教友牧靈工作。蔣劍秋神父代表羅瑪彭神父與美國各教區聯繫，江綏神父爲美加中國聖職聯誼會會長。

四月十三日上午十時三十分羅總主教到中國城唐人街本堂和趙雲俠神父、蔣劍秋神父、江綏神父、相弼德神父、張榮光神父、鄭德義神父、陳寶書神父、傅錫光神父、劉思德神父、蘇達義神父等及王德蘭修女，與教友代表等會晤，羅總主教首先談到輔仁大學現況，接著就聽取神父們報告美國華人傳教的情形及分析各種傳教工作的困難，茲將其建議事項，摘錄於下：

（一）中國主教團對於海外華僑傳教工作當包括在中國教會整體計劃之內。

（二）是否研究編纂一套專門爲海外教友用的教義書籍。
（三）兩年後的牧靈大會，是否可以約請海外牧靈工作的神父修女參與，以備作會後的調協。
（四）可否多派些會粵語、英語、國語的神父修女來海外傳教。
（五）國內修院當注重修生的語文訓練。
（六）請研究陳之祿神父的中美聯誼會會址，是否能與華僑傳教工作相配合。
（七）國內神職人員多來訪問海外教友，以加強華僑教友的信德。
羅總主教已應允在中國主教團常年大會時，轉達以上的建議。中午全體到中國飯店聚餐，餐後回到本堂，繼續座談會，羅總主教說明橋樑教會的意義，以教會一牧一棧爲中心點，並將有關資料送予各位神父。座談會一直到下午五點始散。

四月十四日上午九點半，由相彌德神父接往紐澤西皇后區嗚達中文學校參觀，該校校長是羅漢會會士梁希邇修士，許多華人子弟上主日學校，學習英語國語，十時半，在教區修院聖堂舉行國語彌撒，教友們歡迎羅總主教來訪，分別從各處很遠的地區來參與彌撒，約有一百多人，彌撒後茶會，熱情洋溢的教友，一再問及國內的情況。中午，到中國餐廳聚餐，席設兩桌，因下午另有校友會，因此匆匆由華人天主教中心教務協進會主席鄭向元先生送往校友會。

四月十五日中午由紐約抵達波士頓第二個城市訪問，主教在四月十六日一個中外教授座談會中認識了一位教友謝龐德先生，他很熱誠地願意安排，在四月十七日下午六時，方濟會梁加恩神父來拜訪並邀與教友尹遠程、鄭兆沅等及顯主會溫修女數人聚談，梁神父爲粵語教友服務，爲波士頓國語教友服務的則是耶穌會王神父，每月一次駕車遠道來行國語彌撒，該區國語教友每星期日有聚會由輔大校友趙漢春先生擔任會長，並發行聯合通訊，席間教友神父分別提出建議，亦摘錄於下：

(一)華人教友沒有自己固定的本堂，做彌撒時是租用一堂的地下室。

(二)粵語教友與國語教友之間溝通不夠。

(三)多派些神父修女來做華人傳教工作。

四月十八日下午由波士頓抵達芝加哥，第三個城市，在機場見伏開鵬神父及陳居中神父。十九日晚間伏、陳兩位神父參加本團一座談會。

四月廿日午後三點，由陳居中神父及李振聲神父陪往，在芝加哥陳居中神父主持的中國本堂舉行國語彌撒，參與者約有三十餘人，彌撒後茶會。此城教友較爲分散，每月固定舉行教友聚會，或在教堂或在教友家中。

四月廿一日上午由芝加哥抵達拉斯，第四個城市。

四月廿一日當天下午五點半，教友傅振國、萬建心、王正、陳立予、楊治財、宋振漢、宋希臨七位來見總主教，報告達城教友的組織，於一九八一年曾受狄主教與賈總主教的鼓勵與指示，然而目前達城沒有一位中國神父來輔導，因此華人教友，尤其是老輩華僑教友，語言無法溝通，蔣劍秋神父已推薦一位中國神父，但臨時變更了計劃。傅先生等建議國內主教團是否能派一位中國神父來輔導教友，展開對中華教友牧靈工作。目前在達城已正式由教區主教批准成立德州達城中華教友協會，會長為傅振國先生，每月定期集會。

四月廿三日下午由達拉斯抵達休士頓，第五個城市。

當日下午張雷神父到機場迎接，前後與羅總主教見面三次，並且送上休士頓華人天主教通錄一冊，約有二百一十多家，該團體每主日聚會借Strnke Jeauit School舉行，並且設有兒童主日學校，惟教友分散各處，難得聚會一處，因此在休士頓羅總主教沒有見到華僑教友代表。

四月廿六日上午由休士頓到達拉斯轉機抵達三藩市，第六個城市因飛機故障延誤四小時，因此當天原訂會晤都予取消，當下午五時抵達後，郭潔麟神父、吉朝芳神父及馬平邱律師全家教友在機場迎接獻花，晚間與神父教友們聚餐。

四月廿七日上午九點呂默迪神父來拜訪羅總主教，呂神父在奧克蘭教區為華人傳教，十時吉朝芳神父來談（吉神父特地從西雅圖趕來），彼因有傳信部長的介紹，得西雅圖主教的許可，負責向華僑傳教，惟因華僑多持粵語，因此語言的障礙很大，而且教友分散各處，無法進行，不過近來已請來香港顯主會修女四人，故已漸次展開工作。下午三時半，趕赴聖荷西華人天主教會，參加教友座談會，到會教友約有百餘人。教友聯誼會會長以幻燈圖片介紹說明該區的組織。該區有陶雅各神父輔導，及耶穌會馬神父協助，教友約有一百三十一家。除了每主日下午四時有中文彌撒外，更定期舉辦各種活動，如夫婦懇親會、慕道班、查經班、要理班，及每月聚餐一次以聯絡感情。牧靈與傳道工作有聲有色。而且組織亦很健全。報告中建議：希望有固定地點，以展開兒童宗教教育。羅總主教倍加讚賞與鼓勵，並說明目前台灣傳教的情形，教友們聽得津津有味。六時，趕回舊金山聖依納爵學校，參加耶穌會爲中國傳教工作一年一度的募捐彌撒、酒會及晚宴，場面熱鬧隆重，約有一千多人參加，餐會中遇見多位曾在台灣傳教的或任教的外籍神父。

四月廿八日上午十一時，在金山聖瑪利教堂行祭，共祭九位神父，教友約有七百餘人，彌撒以英文爲主，讀經則用粵語國語，羅總主教以國語英語證道本日彌撒福音，論一牧一棧，羅總主教說明，目前中國大陸的所謂「宗教信仰自由」的危機。因此大家應爲維持一牧一棧的信仰而努力，彌撒後，教友聚餐，約有一百五十人，有三藩市教區華人總負責人汪中璋神父及聖瑪利亞堂負責人神父，及多位外籍神父，席間有少女表演中國傳統舞蹈。餐畢，參觀華僑教友中心聖母堂，該堂經過整修爲中國宮殿式。

四月廿八日下午抵達洛杉磯，爲此行最後訪問的城市。有李志賢神父、張景泉神父及本篤會的多位神父來迎接。

四月廿九日午後五時到洛杉磯（St. Stephen Church Nontery Park）李神父本堂爲中國教友行祭，共祭者四位神父，參禮者有中國城及蒙特立兩地教友約一百五十餘人。彌撒後聚餐席設十二桌，由粵語及國語的教友分別代表致歡迎辭。

四月三十日上午赴Ralyermo的本篤會院，這修院原設在四川，中共竊據大陸後，乃撤回比國母院，後來還在洛城建院，從市中心出發車行約一時四十分，沿途荒涼，人跡渺茫，抵院後開始行彌撒，不知從何處也來了不少的外籍教友，彌撒後神父教友們一起餐會。羅總主教除了拜會該院的院長John Borgerdink O.S.H.外，特別與去年剛從中國大陸上海逃出來的周修士長談，從他的口述中，知道周修士爲了反對「三自革新運動」的圖謀與教宗脫離關係及任意誣蔑神長等，他勇敢地寫了「告全國神職人員和教友書」，被捕下獄，約是一九五五年的事，後判刑二十年，於一九六六年又因作了一首七言律詩，被中共認爲是「反動詩詞」，加刑五年，一九七七年在班房中，堅持拒讀「毛錄」又再加刑五年，前後共囚禁三十年，言語中，他伸出他的手臂手指，因長年受銬鍊摩擦　、潰爛，已整個萎縮，狀至悲慘。周修士是位視死如歸的硬漢，也是典型的大陸忠貞天主教教士。周修士對羅總主教的來訪，倍感榮幸，將其所寫的三十年蒙難記獻與羅總主教。

五月一日上午十一時，是洛杉磯奉獻耶穌聖心會修女院行祭，祭後長談，彼等修女係匈牙利所創，其會組是Sister IDA，專長講要理，目前會中有中國修女六人，極想來台參加傳教工作。

二、拜會本地主教

在美訪問期間，羅總主教每至一處，必往拜會本地主教，一爲談彼教區華人傳教事宜；一爲談中國大陸教會情形，並以有關文件贈予參考。拜會時，余必隨同，以作紀錄。今將各處拜會總主教或樞機的情形摘錄如下：

紐約—事前已經由外交部透過駐北美辦事處與紐約總主教O' connor約定於四月十四日會晤，然而當我們抵達紐約後才從電視新聞中得知，總主教忽然抱病，取消十日以內的所有節目。因此羅總主教乃透過蔣劍秋神父的聯絡而於十二日下午往見紐約輔理兼副主教O' Keef，因臨時約會故沒有長談，除了代請轉向紐約總主教致意外，並將有關橋樑教會資料贈予。

波士頓—抵達該地後，請梁神父代爲安排，四月十八日早上十時由梁神父陪往拜會波士頓總主教I'mw，深談約三刻鐘。I'mw巴主教非常關心華僑傳教工作，也很關心中國大陸教會情形，促請羅總主教可以向美國主教團主席陳述。並且問及羅總主教在這種情形下，當前美國主教團可作何事，羅總主教答稱：美國主教團可以乘機向中共及愛國教會主教伸說：「教會和教宗的聯繫，爲宗教性的聯繫，沒有政治因素」，即使美國主教亦服屬教宗。這一點中共該當釐清觀念。坐談約三刻鐘，羅總主教以中國景泰藍磁盤奉贈，並特謝與波士頓總主教谷欣樞機對輔大復校的貢獻。

芝加哥—已先請駐芝加哥的北美辦事處聯繫，於四月十九日上午九時，由劉伯倫處長陪同，往芝加哥總主教伯納定樞機住處拜會，先由修女引導入座，一會樞機即到，長談大陸教會情形，務須努力阻止分裂，羅總主教亦將有關文件提出，伯納定最後說明去年已收到台灣中國主教團的牧靈，英譯內容非常好，而且個人亦特別留意此事，同樣羅總主教贈予磁盤一個，並邀請伯樞機來訪且按馬尼拉辛樞機前例，贈授名譽學位，伯樞機欣然接受邀請。

達拉斯—到達後經由中華天主教友萬建心、傅振國二人的聯繫，於四月廿三日上午九時，拜會達拉斯TSCHOEPE主教，首先羅總主教感激TSCHOEPE主教對華人教友的照顧，其次談及華人傳教事，彼因約定的中國神父臨時變更計劃，不來達城，心中頗爲不滿。若伯主教很注意華僑傳教工作，特別舉出留美韓僑教友的傳教方式，建議依照韓國主教團辦法，送一年輕神父來達城讀書，一面照顧教友，畢業後回國，再派一年輕讀書神父來，這樣一則可以達到海外傳教工作，一則可以有進修的機會。TSCHOEPE主教願給予一切便利，甚至彼願提供贈一獎學金。

休士頓—先由張雷神父與當地主教聯繫，約定四月廿五日十一時拜會，然因羅總主教次日早上參觀太空中心，回途中因交通擁擠，十一時三刻始到達主教公署，主教因另有節目，故此城沒有拜會到主教。不過羅總主教亦將有關文件請人代爲轉交。

三藩市—事前透過辦事處聯繫，與三藩市總主教於廿六日午後會晤並共進晚宴，然因飛機誤點乃取消約會。

洛杉磯—於五月一日上午十時，由李志賢、張景泉兩位神父陪同，拜會洛杉磯總主教墨義樞機，坐談二十分鐘，先談洛城華僑二十多萬，其中教友應有數千，然而沒有固定集會地，後談中國大陸教會狀況，羅總主教以有關文件相送，墨樞機表示非常重視。

三、結　論

此次，羅總主教訪問美國七大城市華僑教友，印象深刻，感想很多。跟我談話時，特別提出幾點。

（一）對於海外華僑教務，教廷宣傳部先後派有專員負責，不容許我們主教團過問。美國華僑則認爲我們主教團不負責。現在教廷負責華僑教務的彭保祿神父已經常和我們主教團連繫。我們主教團今年往羅瑪述職時，應該和彭神父商訂具體計劃。

（二）我們主教團應設法聘請專人，對赴美留學和移民美國的教友，在出國以前，舉行指導他們如何適應美國教會講習環境，如何自動組織教友小組，進行查經，祈禱，連繫活動。

（三）宜商請香港和澳門的男女修會派遣神父和修女往美國負責華僑教務因爲他們語言方便，人員也多，同時也有人願意離開港澳。

（四）我們主教可以仿效韓國主教，派青年神父和修女到美國華僑眾多區域內大學留學，同時兼顧華僑傳教，學成後回國，再派青年神父修女繼續往該地留學。這樣，青年神父和修女既能求學，又能有傳教經驗。

（五）還應該喚起整個美國教會注意華僑傳教工作。

羅總主教又說美國地區遼闊，華僑分佈很廣，彼此中間的聯繫，非常不容易。但是每年華僑的人數，增加更快，由台灣、香港、大陸每年有好幾萬人移民過去。這些華僑經濟基礎和教育程度都高，美國人民都相信宗教，唯獨中國人沒有宗教信仰，不容易進入美國社會生活，佛教現在已經在美國設立寺廟，我們天主教應該特別注意華僑宗教生活。

我將羅總主教這次訪問美國華僑教友的情形作了簡單紀錄，以供大家參考，疏漏必多，請大家原諒。

韓國之行

（民國七十四年十月）

曉星大學

本月十一日，應韓國曉星女子大學的邀請，往韓一行。這是我第三次赴韓，前兩次都祇在漢城小住，這次則到韓國中南部大邱市，大邱市為韓國第三大城，人口兩百多萬，為中央直轄市。

十一日下午抵漢城，由曉星大學副校長全學守教授及中文系主任金周淳教授，和我國駐韓大使館李寶和參事、于超屏秘書搭飛機轉飛大邱。晚八時許，抵達機場，曉星大學全碩在校長偕同學校一級主管和學生代表多人在機場歡迎。機場本係軍用機場，不容閒人進出。曉星大學看重禮儀，熱情感人。

曉星大學由全碩在校長創立，已有三十三年歷史，開始時為一簡陋二年制專校，後來升爲大學，現已有九個學院，四十六個學系，碩士班研究所廿一，博士班研究所十二，學生八千餘人。學校開始既爲專科，校地不廣，現在在大邱市近郊購一片小山坡，地廣且高敞，山坡下有鐵路和高速公路。全校長動工築新校舍，日與工人爲伍，面目曬得黧黑，有黑人校長的稱呼，現已有五個學院遷入新校區上課，我被邀在新校區種一株櫻花樹以留紀念，種樹時，不僅坑和土都先預備好了，連爲用手拿鏟催土，還預備了新的白手套。韓國人做事認真又細心，秘書汪惠娟女士替我把手套收起來，以紀念韓國人禮貌的好心，種樹時，學生代表著韓國服裝，顏色鮮艷，排在樹的前面，歌唱中國民歌；梅花和阿里山的姑娘。因此我很樂意簽訂了輔仁和曉星結成姊妹校，也接受曉星贈的榮譽博士。

高麗大藏經刻板

十月十三日，全碩在校長因著我的要求，陪我去看高麗大藏經原刻板。我研究佛學時，知道大藏經有一種高麗古刻本。但不知道還存在否，也不知道藏在那裡。去韓國以前，我和外交部丁懋時次長談話，丁次長曾做過駐韓大使，便對我說：「你一定要去看高麗大藏經古刻板，收藏的地方距離大邱市不太遠。」全校長和副校長、教務長、訓導長、總務長、中文系主任駕了三部轎車，由往光州方面的高速公路，走了一小時半，車入伽倻山國家公園。

伽倻山乃韓國佛教勝地，有著名的海印寺，大藏經古刻板收藏在寺內。海印寺建於公元八〇二年，高麗哀莊王三年，迭經毀壞，一九七一年重加修理，恢復舊觀。車入伽倻山，路旁一山溪，溪中多巨石，水流擊石，白沫噴人。柏油路至山腳止，汽車不進入，全校長派員和管理接洽，汽車放行，路乃石路，大石小石顛簸車身。古樹叢集，遍山深綠夾黃，秋色已入山。石路上遊客綿絡不絕，多韓國人，攜兒挈妻；當天為星期假日。

車行一刻鐘，抵寺門，下車，拾級而登。過山門，入一庭院，登正殿，繞殿再入一庭院，乃有兩進藏經樓。由筆陟石梯登前樓，樓長可五百步、寬可十五步，高可三丈。正門懸一牌，牌上書藏經古刻板八萬片。樓內設木架，架離地兩尺，地上撒鹽以避蟲。古刻板片片置架上，色黑。樓兩壁俱為窗，窗敞開通風，板片乃不潮濕。前樓後樓之間，一庭，略生草，地顯荒涼。藏經樓俱木製，柱大可一人抱，紅硃色已剝落，古色古香，我在兩樓間徘徊，想念這一刻本乃宋朝時代刻本，尚能保全，韓國政府所以聲明為國寶，列為國寶的第三十二號。

我回臺以後，離開佛教學術叢刊的《大藏經研究彙編》卷下的蔡念生著《三十一種藏經目錄解說》，對於高麗大藏說有「初雕藏」為高麗王治宗所刻，時當宋太宗時，後有高麗王高宗二十三年至三十八年（一二三六—一二五一）當宋理宗時，以初雕本與仿契丹藏及續藏重刊，然都散失。又翻閱該書卷上的「大藏諸錄一覽表」列高藏，然在「存缺」一項註爲「缺」。這樣我國佛學者都認爲高麗刻本已遺失。卻不知道韓國的國寶裡藏有八萬片大藏宋刻原板。這種國寶就像我們大陸所藏唐朝石刻經碑，祇是石刻經碑已不全，高麗大藏木刻板則全，可視爲稀世之珍。然藏經樓爲木樓恐易遭蛀，因而殃及木刻板。但至今已經七百年沒有損壞，可見保全的方法有效。我參觀時，看見一片刻板鑲在玻璃框內，可以近看，框外貼有這片刻板的墨印經文，乃《般若波羅密多心經》。頁尾刻有「戊戌歲高麗國大藏都監口勅彫造。」「監」字下面的字不清楚。可惜藏經樓沒有說明書，坐在進門處的兩位僧人也不知道講解。我繞著藏經樓走一走，從窗口眺望架上的黑刻板，心中積滿七百年的歷史感。

慶州

由海印寺回大邱市轉往慶州，到達慶州木急旅館已晚間八時許，晚餐後入房，窗外一片黑，似乎在山野裡。次晨，在房間小客廳行了彌撒晨祭，拉開窗簾一看，外面乃是一片蔚藍的湖水，湖稱普門湖，湖大略似日月潭，水中一群白鵝，白羽白頸，有如小帆點點。中文系金教授說故總統朴正熙，曾計畫開發這湖作觀光勝地，湖畔一邊大道已修，三超級飯店也已

綠竹掩天。建築，然現總統停止了開發湖濱的計畫，湖光幽靜，湖岸平坦，不似日月潭群山圍繞，高樹

早餐後，離開旅館，赴慶州古王陵參觀，慶州古王陵名「大陵苑」，爲高麗新羅王朝的王陵，大小古墳二十，佔地一公里半，以天馬塚和皇南大塚最出名，古王陵合成一歷史公園，園中綠草茵茵，松樹參天，草上無片屑，清潔似地氈。王墓形成一小圓丘，座座獨立，相離或近或遠，「天馬塚」已挖開，由石門入，一半圓大廳，廳正中靠壁一玻璃房，房中央黑土一席，黑土中央地面一王冠，一腰佩，陳列古墓中挖出的古物，古物中較重要者則已陳列在慶州博物館。

天馬塚取名，因塚內場上繪有天馬，附近各王墓沒有開挖，然日本人已曾開挖數墓，取走古物，走出天馬塚我冥想大陸多少皇陵，將漸開挖，對於古人實表不敬，對於歷史則可有益。

步出古王陵，我因微有感冒，不便多行，乃登車往大邱市郊曉星大學新校區，新區寬大，山崗稍高而平，進門大道氣態高昂，校舍建築新穎，參觀畢，回大邱旅館。

晚，乘飛機，由全校長陪往漢城，次日搭機回臺。

接受韓國曉星大學頒贈名譽博士答辭

校長，董事長總主教，各位教授，各位女士，各位先生：

承蒙　貴校頒贈名譽博士，自覺非常榮幸，自愧不敢當。

我一生從晉鐸的第一年起就開始教中國哲學，就任教區主教後仍舊繼續教，任了校長還沒有停止，到今年已經教了四十九年，從四十九年的教書經驗裡，我研究到基督的福音和孔子儒家的思想，相同的地方很多，而且儒家思想的中心點和基督福音的中心點相同，即是「仁愛」。

儒家的思想以宇宙萬物互相連繫，在生存上彼此相關，不能孤立，儒家主張宇宙萬物常在變易，變易乃是生命。宇宙萬物的變易互相連接，結成一體，宇宙萬物的生命爲一體的生命。這一體的生命，由於天地好生之德而來（易經　繫辭傳下　第一章）；天地好生之德，乃上天或上帝（書經和詩經的思想）以「生物爲心」的表現。上天以天地（陽陰兩原素）相合而生萬物，萬物彼此相助以發揚生命。人在萬物中最靈，因爲人有心靈。宋朝理學家朱熹說「人得天地之心以爲心」，人的心和天地之心相同，天地之心乃上天之心，人心便同上天之心相合。上天愛萬物使萬物化生不停，人心也愛萬物，幫助萬物發展生命。人愛萬物之心稱爲「仁」。朱熹以在天爲生，在人爲仁。

儒家從孔子便以「仁」爲思想的中心，「仁」就是愛惜生命，每個人愛惜自己的生命，就也該愛惜別人的生命；愛惜別人的生命也就愛惜萬物的生命，孟子所以說「仁民而愛物」，《中庸》說聖人的仁道淵博像天的高、海洋的深，養育一切萬物。

基督的福音，啓示我們的真理，是上帝天主因著愛心創造了宇宙萬物，又以聖神的德能養育聖化萬物。聖神的德能在萬物裡週流，使萬物顯揚天主的能，又顯揚天主的愛。萬物的存在因著聖神的德能互相連繫，因此，當原祖背命以後，罪惡感在一切萬物裡都有表現，聖保祿在致羅瑪人書第八章裡說萬物至今都在憂怨嘆惜，困在罪惡的奴役裡，基督受難完成了救世工程使人類和宇宙萬物都歸向天主，萬物乃得解脫，乃得自由。

基督福音教訓我們愛一切的人爲上帝天主的子女，愛一切萬物爲上帝天主的化工。基督的愛：愛人愛物，所以是「仁」。

在「仁愛」的思想上，基督的福音和儒家的思想有相同的點，「仁愛」在基督的福音和儒家的思想裡都佔有中心的位置。

我知道朱熹的思想，曾經受到韓國學者的重視，就如王陽明的思想曾經受到日本學者的重視。今天我特別以「仁愛」這一思想，供韓國天主教學者的參考。

在結束這篇很短的中國哲學的研究報告時，我特別向　校長致謝。將來必以作曉星大學的名譽學生爲榮，我也將盡心盡力促進曉星和輔仁兩姊妹學校的合作。

哀傷聖母像

一、

五月二十一日，一個匈牙利移民，破壞了聖HOOHE HOAMI「哀傷聖母石像」（La Pieta）。對於這種神經失常的狂妄舉動，我們心中有無比的悲痛。一件至高的藝術品乃是全人類的瑰寶，瑰寶被損，人類的精神受了一種無可補償的損失。至於那個做出神經失常狂舉的人，沒有一提的價值。這種人就是想遺臭萬年以流傳自己的名字。

「哀傷聖母」（La Pieta）是羅瑪天主教的一個術語，代表聖母瑪利亞，在耶穌被釘死後，接抱遺體時所有的哀傷。這種哀傷，不是號啕痛哭，不是失望悲痛，而是一種哀而不怨，苦而忍痛的心情，最能引發旁人的同情。因而在歐美的文字裡，這句話也表示同情的憐愛。

在教會的藝術史上，以哀傷聖母爲題材的藝術品，最初出現在北歐的繪畫和德國的木刻。現在存留一千三百年左右的德國木刻像，有幾尊「哀傷聖母像」。中古的義大利繪畫，少有這種題材的作品，第十四世紀後期的繪畫中，偶而有聖母哀哭耶穌遺體的畫，但不自成一獨立的題材，而是連接在耶穌受難的題材，耶穌遺體從十字架上卸下，聖母接抱懷中，周圍有許多痛哭的弟子和信徒。

文藝復興初期，義大利最有名的宗教畫家「齊木托」（Giovoto）在義大利北部「巴杜亞」（Padov）城裡，留有一幅很美麗的「哀傷聖母圖」。但是第一位義大利畫家以「哀傷聖母」爲獨立題材而作畫的，乃是一千三百六十五年「米蘭的若望」（Giovanni di Milano）所繪的畫。文藝復興的藝術家，多繪有「哀傷聖母像」。如現在存於波斯頓、提忒洛益、紐約和梵蒂岡的博物院，存有「嘉祿・克里握利」（Garlo Crivelli）的「哀傷聖母」，巴黎博物院存有「杜拉」（Cosmo Tura）的「哀傷聖母」，英國利維浦博物館存有「洛白提」（Ercole de Roberti）的「哀傷聖母」，米蘭的博物館所藏「芒德加」（Mantega）的著名「哀傷聖母圖」，和翡冷翠「弼提」油畫館所藏「巴多祿茂」（Bartolomodella Porta），以及倫敦博物院所藏「方濟加」（Fr.Francia）兩位畫家的「哀傷聖母圖」，都已經獨以表現聖母的哀傷爲主，作陪的弟子和信徒，只是在觀賞聖母的哀傷。繼承這種作風，「彌格安淇洛」（Micheangalo）創造了他的名作。彌氏的雕刻只有聖母和耶穌，石像的表情有超出人寰的神妙。

彌氏一生愛慕「哀傷聖母」的題材，創造了五件作品，第一件爲「哀傷聖母圖」，在翡冷翠近郊的「馬奇亞拉」（Marcialla）鎮的聖堂內，爲現存彌氏畫品中最早的作品。第二件便是聖彼得大殿的「哀傷聖母像」，成於一五〇〇年，第三件「哀傷聖母石像」刻於一五四〇年，現在保存在「巴勒斯坦」城（義大利Palestina）。第四件又是一尊石像，成於一五五〇年，供奉在翡冷翠城大教堂內。第五件是他一生最後的作品，作於一五六四年，沒有雕完，現在稱爲「龍提尼尼」（Rondinini）的哀傷聖母。

彌氏的性格很倔強，很孤獨，從不願受人拘束，當時權力很盛的教宗，他也不阿順；但是他的宗教信仰很深，而且很誠，這種深而誠的宗教熱忱，啓示高尙的藝術理想。他雕刻「哀傷聖母」，心目中誠心信耶穌是人而神的救主，神爲救人而犧牲性命，死後的表情乃是安詳，乃是平和，乃是愛憐。聖母瑪利亞雖是以母親的痛苦心情接抱兒子的遺體，她卻知道兒子是神，是天主，她哀痛兒子的死亡，然也敬佩爲救人犧牲性命的愛。她的表情，乃是哀而不怨，傷而不亂，深沉而不鬱悶。彌氏又相信瑪利亞爲童貞。他以童貞爲青春長駐，聖母的面容乃爲一青春少女，看似較比耶穌還年輕。耶穌既是神，他的身體似乎已經精神化，沒有重量，躺在聖母的膝上，聖母絲毫不覺得遺體的沉重，遺體也不表示僵硬。然在最後的「哀傷聖母石像」，耶穌遺體則顯出很重，不躺在膝上，而是往下沉，聖母用力把祂抱住。彌氏當時已在垂暮之年，已經體驗到身體因老而重的苦境，似乎一天一天往下沉，沉到死亡的深淵。他便把這種心情，表現在最後一尊石像上。當他雕刻第一尊「哀傷聖母」石像時，他正在二十多歲的青春時期，他正感覺體力充沛，理想高飛，身體不代表任何一點阻礙力。何況基督是神，他的身體輕如羽毛，躺在聖母的膝上，聖母只用右手托著他的肩膀，左手竟伸開向外，請人對像沉思靜默。

義大利當代最有名的散文文豪巴比尼（Giovanni Papini）在他所著的《彌氏傳》（Vitadi Michalangialo）上說：

「彌氏在這尊哀傷聖母石像的表現，整個把自己放入了耶穌受難的信仰光明中。童貞女的貞潔容貌，垂視已經絕氣的兒子遺體，在靜默和莊嚴中向人發出一種呼聲，一直透入人的心靈底處。面上有痛苦，然另有一種比母愛更大的力量，把痛苦予以節制；面上有憂苦，然憂苦沒有被任何人世因素所俗化，面上有一少婦的美貌，然美貌的貞潔似乎屬於另一世界，雖不是天上，也不是地面。聖母抱著自己的兒子，像是抱自己的嬰孩，然而面上卻沒有抱嬰兒時的喜悅，她不用左手撫摸兒子，卻伸開手掌向外，似乎請求人的同情哀憐。

這一尊石像蒙罩在一種靜默而莊嚴的光明中，看來似乎獨自居住在超出人寰的世界裡，基督死了，曾經使人和天主相結合的愛頓時停住了，消失了，在基督的死亡和復活之間造成了一道深淵。在數小時的短時間內天主離開了人類，人類戰慄地等候著。基督的遺體，不是一個睡著的醉漢，也不是一個刑餘的殘肢，乃是一個完美的人性，世人不能承擔這個完美的人性所放射的光明和所反映的指斥，乃把祂害死。死亡沒有把祂變醜，沒有使祂變賤；刑罰也沒有毀壞祂的容貌。人可以體驗得到，那一個不能動彈的屍體乃是一座聖殿，聖保祿曾經說，天主在這座聖殿居留，屍體似乎還表現著天主所留的印痕。這個屍體乃是天主在痛苦中安息，就像嬰孩在快樂中睡覺。

在這尊石像上，不僅是彌氏的青年天才，在人類的面前，勝利地表現出來；而且也從這尊石像，產生了天主教的現代藝術，綜合希臘藝術之美和中世紀的信仰熱情。

彌氏當時必定也自己知道在這石像上表現了自己整個的才智，因為在以前和以後，從來沒有在自己的作品上，刻上自己的名字。只有這尊石像是例外。」

三、

彌格安淇洛，爲翡冷翠人，姓薄納洛提（Buonaroti），彌格安淇洛是他的名，生於一四七五年三月六日，死於一五六四年二月十八日，享壽九十歲。

彌氏生性倔強，動輒氣憤填胸，遇事即拂袖而走。十五歲，受知於翡冷翠諸侯「大羅蘭」，收養於宮中，在宮中習雕刻，一住四年。大羅蘭逝世，法王嘉祿八世率兵征義大利。彌氏亡命威尼斯和波洛讓。一四九五年再回故鄉，刻一小愛神天使石像；竟能冒充希臘古雕刻，售與羅瑪一位樞機，後被查出，彌氏被召往羅瑪。

當時法王嘉祿八世已經逝世，羅瑪一位法國樞機名魏里厄（Jean Villiersde la Groslaye），曾受知於嘉祿八世，因嘉祿八世向教宗的推薦，受封爲樞機。乃想在聖弼德殿內爲嘉祿八世造一紀念品，遂邀彌格安淇洛雕刻「哀傷聖母」石像。彌氏年方二十四歲，由羅瑪一貴族加里（Jacopo Gallii）作保。於一四九八年八月二十六日簽約，但是加里樞機於次年八月逝世，沒有能夠欣賞彌氏的傑作。

一五〇〇年，彌氏的「哀傷聖母」石像刻成，置於聖彼得殿中。一天，一群朝聖的人觀賞石像，竟有人說石像是米蘭的一個駝背雕刻家的作品。晚間，彌氏手掌油燈，潛入聖彼德殿，在聖母胸前佩帶上刻了這句話「翡冷翠彌格安淇洛薄納洛提作。」（Michael Angelus Bonarotus Fiorentinus Faciebat）文爲拉丁文。（中央日報副刊）

民國六十一年五月二十八日　天母牧廬

話別台北總教區

民國六十七年十一月十四日，台北總教區神父修女舉行聯合退省，同時向羅光總主教賀主保節。彌撒中，羅總主教講話，向大家話別。

我很感激各位神父修女今天來參加退省，同我一起慶祝聖達義節。我也高興今天有機會向大家說明這幾個月來教區所有的改變。

首先我要聲明我不是不看重台北總教區，願意放棄總教區而往輔大。到輔大服務的事是個老問題。當我到台南任主教時，當時駐華大使高理耀總主教就向我說，要我出任輔大校長。傳信部部長則願意請于斌總主教來台復校，出任校長。當時田樞機又要我到輔大任文學院院長，代表中國主教，以便和聖言會耶穌會組成輔大的三個負責單位，但是我沒有答應。民國五十九年爲輔大校長事，大家都知道，鬧得大家很不愉快，當時我決定不到輔大服務。四年前傳信部長又問我是否願意任輔大校長，我答以不願意。去年，教廷陶懷德代辦又提到這事我還是不答應，後來他向于樞機商量，向傳信部提出其他人選，傳信部不願意接受。陶代辦再問我，我說若是教廷和董事會要我去，我可以接受。去年十月間，于樞機在羅瑪，教宗當面和他談輔大校長的事，我那時也在羅瑪，我晉謁教宗時，也提到此事，教宗鼓勵我去。因此我不能不聽聖座的命。雖然，我捨不得離開教區，但不能只看地位，貪戀不捨。

我在台北總教區十二年多的時間中，有快樂的時刻，也有痛苦的時刻。

快樂的時刻，是見到三百位神父和四百多位修女，大家都齊心爲天主工作；另外是見到修女們加增了教會意識，在各方面參加教區的工作；尤其是見到教友組織日漸增多，日益加強，教友們都了解爲教會工作的責任，同心合力爲教區出力。

痛苦的時刻，是在第二屆梵蒂岡大公會議後，神父們對於工作，各有意見，不易協調；尤其是好幾位力能很強的神父放棄了聖職。又因教區經濟不充裕，神父們的生活清苦，再又因社會環境變遷，傳教的工作越來越難，慕道領洗的人突然減少，神父們的情緒低落，還有，教區修生的聖召，年年不能增加，教區修院幾乎空了，我因此心中很焦急。

但是，人的一生，無論在什麼地位，都有快樂又有痛苦。我從來不悲觀，也不灰心。在基督的愛中，可以接受一切。我只抱歉沒有能夠使你們大家在工作上都滿意。

我雖離開教區，但在精神上，我還會常在台北總教區的團隊裡。聖座沒有給我另外一個教區的頭銜，而稱我是台北的前總主教，也就是台北的老主教。

我們在人生的旅途上，常要向前看，我將看我在輔大的工作，你們也要看教區將來的工作。大家同心合力，基督一定在我們的團體裡，教區的前途一定非常光明。

求天主降福各位。

載於教友生活週刊

民國六十七年十一月二十三日

辭別臺北教區

臺北教區神父修會會長送別羅光總主教

（民國六十七年十二月十二日）

致答謝詞

王主教，吉副主教，張副主教：

諸位神父，諸位會長：

實在不敢當大家給我舉行送別禮，我衷心感激大家的一片好心，大家相處十二年半，分別時，心中感想很多。

我到臺北來時，心中有一幅牧靈傳教的計劃；因為我做事常要有計劃推行。當我在羅瑪升主教時，留羅瑪的中國聖職員和學生舉行慶祝會，會中王伯尼蒙席致詞，他說羅主教是做事常有計劃的人，例如于斌總主教爲慶祝他和杜主教，送給他倆每人兩百美金，羅主教就計劃用賀金做了一支胸佩十字架，羅主教的老主教送給他賀金義大利錢九萬里耳，他就用賀金做了一條金鏈，爲戴十字架。當我到臺北任所，靜修中學舉行慶祝會，會中方豪蒙席致詞，他說羅總主教做事認真，做什麼事就像什麼事，例如他畫馬，就是畫馬。到今天我還記得這兩位所說的話，祇是因爲他們說到我的性格。

祇是可惜我在臺北十二年半，因爲能力不夠，用心不專，使所有牧靈傳教計劃不能多有成效。

大家若問我有過什麼牧靈傳教計劃，我現在不妨簡單條舉出來，以作離別的紀念。

這座主教公署是方形，聖堂位居全樓最高層的中央，祭壇又位居聖堂的中央，聖體櫃又位居祭壇的中央；全樓的中央，便是耶穌聖體。這是代表以耶穌爲一切事的中心。

到了臺北，我買了羅斯福路的一所小房子，作爲徵祥學社社址，發行學術刊物和書籍，這代表以文化去傳教。

建築公署時，我在萬里海濱買了八千坪地，作爲青年康樂中心，現在中心有房屋三棟。這代表對於青年的牧靈工作。

在主教公署後面，修建了友倫樓，作爲教友組織辦公和活動的地方，這代表發展教友傳教工作，後來組織了教友傳教協進會。

我到臺北不久，鼓勵修女會開設講習班，以訓練修女，我自己也去上課。後來成立了牧靈中心，專門爲培養教友和修女參加牧靈工作。

去年，開始設計並動工建築司鐸康樂樓，爲需要醫藥照顧和需要休息的神父之用。這是我多年來常常問心有愧，沒有多多照顧神父們，使神父們生活能稍覺舒服，工作有鼓勵。現在神父都在五十歲上下，所以我想應當建立一所神父康樂樓。

這是我到臺北時所有的牧靈傳教計劃。很慚愧的是做的太少，成就太低微。今天向各位深深表示歉意。年來，在工作和做人方面，對於神父多有不週到的地方，請各位原諒。

現在我向各位再說兩句話，作爲臨別贈言：

第一：加深團體感，各位神父都是由大陸來的，都記得自己的教友和主教，這是理所當然的事；然而天主既然安排大家在臺北教區工作，就以臺北作爲自己的教區，臺北的主教是自己的主教，同心協力，愛護教區。若有金錢的積蓄，都拿出來爲工作用。若想積蓄爲大陸教區，將來所存的錢，將不值錢，目前若用，還可以做點事。

大家有團體感，參加教區的活動，凡教區舉辦的月退省，年退省，彌撒典禮，郊遊，各人不要以爲自己本堂有活動，自己不感興趣，就不參加。自己參加，對於自己的精神和大家的精神都有裨益。

第二:加強祈禱。我這次到印度參加亞洲主教團第二屆大會,討論「祈禱」。大家主教們都體驗到祈禱是我們的生命,是我們的工作。神父們都年過半百,外面事物和工作可以給我們的滿足很少。我們祇有在祈禱中,可以找到精神的支持和安慰;我們纔可以心中快樂,以自己作神父最有意義。

各位神父,會長:多謝十二年半來大家給予我的協助。今後,大家在各自的崗位上,同心爲天主,爲中國教會出力,大家在基督的愛心裡,互相連繫,互相協助。我誠心再向大家致謝。

見教宗保祿六世日記

前　言

曾有多次機會，晉見教宗保祿六世；因爲當時保祿六世在教廷國務院任副國務卿和代理國務卿。我那時在羅瑪傳信大學任教授，又兼任我國駐教廷使館教務顧問，常代表吳經熊公使和朱英代辦，每週照例往國務院拜訪，商談使館的事務，彼此很熟，成爲朋友。保祿六世登基後，我仍有多次機會晉見，縱談國家與教會大事。

一九六四年（在羅瑪參加大公會議）

正月十四日

上午，預備晉見教宗時該說的話：一爲報告台南教區情形，一爲對大公會議提些許意見，一爲將獻的中國刺繡紅色祭披作簡單說明。

正月十八日

中午，晉見教宗保祿六世，係教宗於一九六三年登基後第一次晉見，不是在辦公廳私見，而是在辦公廳外第一書廳單獨晉見，我獻上祭披，請教宗爲中國教會行祭時用，教宗欣然接納，稱讚刺繡的精緻，說將爲中國祈禱。

九月十一日

在羅瑪接到賈彥文副主教來函，轉到大公會議秘書長的電報，電報告訴我將爲本月十四日和教宗共祭者之一。

九月十四日

第二屆梵蒂岡大公會議第三期大會開幕，教宗第一次在聖伯鐸大殿和會議主教代表舉行共祭彌撒。共祭的主教代表共二十二位，我爲其中之一。爲領聖血，大公會議秘書處特製一銀質鍍金小調羹，上面刻有今天共祭的日期。

一九六六年 （三月四日抵羅瑪參加大公會議傳教委員會結束會議，四月十五日回台）

三月十日

在羅瑪附近耐密（Nemi）聖言會館參加大公會議傳教委員會，上午九點作報告，報告第二組所有結論，九點二十分，到羅瑪寓所，十點三刻由寓所往梵蒂岡，十一點三十五分，晉見教宗保祿六世。

教宗說：「恭賀你，或者更好說鼓勵你，因爲這個新十字架，即台北總主教，很重，但也很光輝。」

我答說：「衷心感激聖父的信任。」隨後我述說台南教區的近況，也談台北教區的情形，談到台南碧岳神哲院，教宗問是否有成年聖召，我答以頗多。教宗乃說：「請告訴修生們，說在我們的談話中，談到了他們，教宗自心底裡祝福他們。」

我說台北總教區的國籍神父，來自大陸各省，不是由同一教區修院培養出來的，各人的修養就不相同。教宗說：「你的責任就在指揮這個弦樂隊，每件樂器不同各有各自的聲音，但是合奏起來，結成一個樂曲，你的責任就是指揮這個樂隊。」

最後教宗託我問候于斌總主教，教宗說：「我們不能爲他做願意爲他做的事，因爲他和周圍環境牽連太深，但是我們很看重他。」

談話二十分鐘，辭出回耐密，參加委員會閉幕禮午餐後，舉行小組會議定全部結論。晚飯前，回羅瑪寓所。

一九六六年　（十一月十三日抵羅瑪，參加法典修訂委員會，十二月九日赴德國，十二月十五日回台）

十二月五日

中午，晉見教宗保祿六世。這次是到台北總教區後第一次晉見，乃報告在台北的工作，另外是文化工作，在輔仁大學和中國文化學院兼課。聖言會在台北建築女職工青年宿舍，因台北縣工廠日增，青年女工很多，寄宿成嚴重問題。教宗很表關心，多加鼓勵。

談大陸紅衛兵事，中共的愛國教會也受打擊，教宗對大陸教會非常關切，惋惜沒有辦法可以救援。

最後，我請教宗將教廷駐華公使館升格為大使館，教宗答說已有決定，自明年正月一日起，公使館升格為大使館。

二十分鐘談話後，我辭出。

一九六九年（二月二十三日抵羅瑪，參加法典修訂委員會，三月三十一日回台北）

三月二十日

上午，十一點半入梵蒂岡宮，稍待，即入晉見教宗，談話約三十分鐘，於十二點五分辭出。

我先向教宗表白台灣教友。神父、主教對教宗所頒佈的「生命通論」和「信經」，全心信服並支持。後以備忘錄呈教宗閱讀，談義大利擬承認中共事，馬尼拉真理電台向大陸廣播事，教廷的「正義與和平」委員會可以協助台灣技術教育事，教宗都表示重視，許下將加研究。

教宗對中國大陸及台灣很為關心，以台灣教務的發展乃天主賜給教宗和全聖教會的安慰，教宗向台灣的主教、神父、修女、教友，致問候及嘉獎。

教宗最後表示有一秘密事相告，即久懸未決，下屆御前大會發表新樞機，對中國怎樣「有兩候選人：一爲于斌總主教，一爲你羅光總主教。」余答：「我實在沒有資格。」教宗說：「以你所有以往的工作，和現在所處的地位，我們認爲你有資格。不過，現在尙未決定，將來由傳信部表決。無論如何，我們希望你知道常在我們心中。將來未被選，我們仍看重你的功勞。」余答：「當然該選于斌總主教。」

教宗贈我一珍貴聖爵。

一九七〇年　（九月廿七日抵羅瑪，參加法典修訂委員會，十月廿三日回台北）

十月三日

上午，十一點半，晉見教宗，教宗先問還用義大利語否，又問曾在羅瑪留住多久。後乃聽我講台灣傳教情形，我告以因社會經濟發展，物質享受增高，唯物思想很盛，因此我們在文化方面應多做工作，應有中心，研究中國思想和福音的思想，教宗說：「這是你們該做的工作。我們的祖先，使羅瑪希臘思想和福音的思想結合，形成歐洲的文化。你們應該使中國思想和福音思想相結合，中國人的性情，較比羅瑪人更好。」

教宗忽說到現在輔仁大學有校長問題，我說：「于斌樞機和他的朋友們，以爲他的辭職，有損他的聲譽，且有人懷疑我爭校長的職位」。

教宗說：「不是這樣！于斌樞機曾經自己表示願意辭職，而且樞機的地位高高在上，總監督的職位也可以指導校務。你可以告訴于樞機，我們很看重他，我們在現在的環境裡，任命他為樞機，很表示我們對他的器重，這種心情，我們沒有改。不過，他要懂得，人要過去，事業要存在，他要預備繼承他的人。」

我說：「若我繼任校長，他不便多管事。」

教宗說：「以你的身份和地位，任校長就是校長，一校不能有兩個頭腦。」

我說：「我願意繼續任台北總主教而不任校長。」

教宗說：「因你有教會的精神，我們有點濫用對你的信任，在教會需要時，我們敢向你要求犧牲。」

我說于斌樞機就要到羅瑪來。

教宗說：「我們將訓令教育部重新研究這問題。」

我乃講年輕傳教士應受特別訓練，有傳教的精神和熱忱；因現在有些年輕傳教士，不行彌撒，不唸日課，不唸玫瑰經，不祈禱，信德又不純正，教宗說將訓令傳信部（宣道部）設法辦理，教宗囑咐我同傳信部次長談一談。

二十分鐘後，辭出。

十月十二日

上午，赴傳信部拜訪部長雅靜安樞機，再見次長。

我和次長談教宗訪問香港事，次長以電話詢問梵蒂岡有關方面，都說尙不知情。我說若教宗在香港向大陸發表演講，不提中共政權，中共將以爲辱，提中共政權，中華民國政府將抗議。次長說他和我有同感，乃以電話詢問副國卿的秘書，我可以再見副國務卿否？秘書答：來見者很多。次長乃囑我寫一備忘錄，今晚由他轉送國務院，我即照辦，建議教宗如在香港講話，不專向大陸講話，而是向東亞全體中國人講話。

十月十九日

上午，往梵蒂岡見教宗私人秘書馬基蒙席（Macchi）。他說于斌樞機曾說教宗或去台灣、香港，或都不去。他問我的意見。他說不敢給教宗下條件，我們希望教宗往台灣，且報紙和香港青年傳教士，都以爲教宗往香港，有意鼓勵人和中共接觸。他說報紙的誤會可以設法澄清，也可邀我和另一、二位台灣主教在香港和教宗共祭。

一點半，陳之邁大使偕施森道蒙席來訪。陳大使說今天上午拜訪國務卿，反應不大好，國務卿不贊成教宗訪台。

十月二十日

上午，因副國務卿彭耐里總主教的邀請，再赴國務院相見。他問我對教宗赴港事有何看法，我答私人和香港徐承斌主教交情很好，就私人說，我不反對教宗赴港，但我國政府和社會輿論，將不熱烈表示贊成。且左派報紙渲染此行有政治意義，表示對中國大陸的好感，台灣必表不好的反應。且香港為英國殖民地，教宗赴港向中國人講話，有如昔日臥亞為葡國屬地，請教宗從臥亞向印度人講話，印度人必不喜歡。這樣我國政府不滿意，中共也不滿意。若左派人或香港共黨對教宗有惡感表示，實在不好，于斌樞機主張教宗或赴台灣香港，或兩地都不去，副國務卿說他也主張都不去，但是教宗願意到香港向中國人講話。

一九七一年

這一年的日記本，因搬家失落，但是我現在尚清楚地記得，在這一年晉見教宗時，教宗保祿六世對我說的最重要的幾句話，第一、教宗說：「在政治上，將把台灣蓋住，隱藏起來。（中華民國政府退出聯合國，教廷駐華大使葛西迪（Cassidy）總主教即奉命以休假名義離開台北，回澳洲家鄉，不再回任所）；但在教會方面，將特別提高台灣教會。第二，如中華民國政府以任何名義，想再進聯合國，教廷將予以協助。」

一九七二年（十一月十三日抵羅瑪參加合一委員會會議，又參加法典修訂委員會會議。十二月十八日離羅瑪回台。）

十一月二十二日

合一委員會會議全體會員晉見教宗。教宗對我說：「我接到了你的信，我希望和你談一談。你們的精神不可下沈，不可灰心，你們不要怕羅瑪教廷會放棄你們。」

十一點一刻，晉見教宗。

教宗看地圖，詢問台灣情形，人口，糧食，又問：「你們對於將來有什麼看法？」

我答：「目前，兩個獨立政府，各不相侵，也不發生關係。雖說兩方現在都說要統一，實際上不會動武，將來，按照中國已往歷史的經驗，總會合一，合一的條件和現在兩方的情形必都不相同。」

我又說：「我們很抱歉，我們對教廷不大明瞭，屢次要求大使回台北。」

教宗說：「大使的名銜常會保留，大使館也常在。我們是朋友，我們絕對忠信，可以說是你的功勞，我們兩是朋友，我們絕對忠信不會使你們看到自己被遺棄。對於大使事，現在尚在研究中。」

教宗態度很安定，教宗私人秘書馬基蒙席進來向教宗呈報贈聖體顯光座，教宗令拿進來。因台北將舉行全國聖體大會，乃贈聖體顯光座一座，併在座前合攝一影。

十一月二十四日

十一點，在教廷國務院，見副國務卿彭耐里總主教，對教廷大使回台北事提出建議，葛大使已調駐孟加拉大使，可以同時兼駐台北大使，一年幾次來華，彭副卿認為此建議可以供研究。

十一月二十五日

十一點一刻在教廷國務院見政務副國務卿加沙洛里總主教（Casaroli），他仍和去年一樣，以爲教廷不能承認在台灣之中華民國政府代表全中國，教廷大使爲駐中國大使，因此離職。（中共進入聯合國時，教廷大使即離開台北。）再者，教廷不能不預備和中共接觸，談商大陸教會問題，雖然不能有絲毫妄想，但對教會，對歷史，教廷不能不負責。

我提出建議，以葛大使兼駐台北和孟加拉，幾年來台北幾次，對於教廷不會增加麻煩。他說他不是決策人，對於建議可加以研究。

十二月十八日

上午十點，在梵蒂岡再見政務副國務卿佳沙洛里總主教，談二十分鐘，我寫一備忘錄，內容共三點：

(一) 教廷駐華葛大使調駐孟加拉大使，仍兼駐華大使間而來台北。

(二) 如教宗往澳洲，請在台北一停。

(三) 正月一日在台北祈禱會，爲正義和平，即光復大陸，教宗致電，不便提光復大陸，但可提大陸教會，佳副國務卿態度很好。對於第一點，似乎可以照辦，對於第三點，當然可以辦，關於第二點，他說教宗將不往澳洲。

一九七四年　（二月十四日抵羅瑪，參加法典修訂委員會議，三月十八日離羅瑪回台北）

二月二十三日

中午十二點三刻，晉見教宗。我將寫好的備忘錄呈上，教宗閱讀畢，答覆我所提出的三點：第一，亞洲主教團協會在四月間將在台北召開第一屆全體代表大會，我所提大會期間教廷大使葛西迪總主教來台北，可以照辦。爲著台北的體面，爲著亞洲主教團的光彩，教廷大使該當在台北，教宗又聽我對亞洲主教團協會的口頭報告，知道我任協會代理秘書長，召開大會的主要負責人，教宗表示協會在台北召開第一次大會，符合中國爲亞洲文化中心的歷史地位。第二，對於我提議教廷駐華代辦高樂天升主教事，暫時不能答應立刻辦，將來看看。第三，對於我提議教宗爲亞洲主教團協會第一次大會開幕時賜訓言，必定如同所請，將致電祝賀，並降福。並在日記上寫上四月二十一日。

教宗又聽我講台灣進步情形，感到欽佩，尤其聽到 蔣總統的健康尚好，心中高興。教宗請我代達他對中華民國人民的祝福，教宗說：「我一向對他們的福祉感到關心，並常常爲他們祈禱。」

二十分鐘後，我辭去。

一九七五年（四月三日抵羅瑪，參加法典修訂委員會議，五月三日回台北）

這一年為紀念基督誕生的聖年，教宗很忙，不能晉見。但因 總統蔣中正先生逝世，四月十四日，駐教廷大使陳之邁先生請我同教廷國務院商量派使參加喪禮，我知道教廷沒有派使參加喪禮的先例，最多只派駐在該國的大使加特使銜。然而我仍舊願意盡力辦，乃和教廷國務院中國司司長狄雅慈（Diaz）蒙席通電話，他不在。乃和國務卿魏約樞機（Villot）通電話，他說他不管這事，須和彭耐里副國務卿接洽，我乃往傳信部拜訪部長和次長，部長羅西樞機（Rossi）當時即和彭副卿通電話，希望葛西迪大使回台，參加喪禮，但未得答覆。

四月十九日

見彭耐里副國務卿，交一備忘錄，請呈邀教宗。備忘錄說明，為預備中國大陸將來傳教事業，宜加強現在台灣和香港的傳教工作。一些所謂神學者研究，毛澤東主義和救世思想的關係，實在是會引起許多誤會，傳信部應組織一小組委員會，協調各方對大陸教會的建議，副國務卿表示完全與我同意

四月二十九日

在傳信部和部長及兩位次長，中國司長研究台灣傳教問題，羅西樞機認為台灣為台灣人的天下，應該培植台灣人為主教。他問台灣將來怎樣？不是被共黨吞併，就是獨立，獨立則

爲台灣國，大陸來的主教和神父將來怎樣？我說部長的觀念錯了，台灣不會被吞併，也不會成爲台灣獨立國，台灣是自由中國，人民都是中國人。我們當然培植本省的青年人的神父，將來也升主教，但不能強分台灣人和中國人。

聖言會總長邀請我於十月十九日，來羅瑪參加福若瑟神父列真福品。

五月三日

回台北，在機場下機後，見教廷駐華陶代辦（White）。他說因教廷未派特使參加　蔣總統喪禮，教友鬧翻了。王愈榮副主教說因我未趕回參加喪禮，神父中批評者頗多，請遇機予以解釋。晚，吳德生資政來訪，對教廷非常不滿，將上書教宗。

五月五日

陶代辦於下午五點，在大使館舉行追思　蔣總統彌撒，邀請外交部長及政府首長參加彌撒中作證道詞，以真福八端，表揚　蔣總統的精神。

下午七點，我在台北主教座堂主持追思　蔣總統的彌撒，神父和教友參禮者很多，在證道時，我說明在羅瑪的工作。

這樣澄清誤會，大家心情平靜。

十月十六日

抵羅瑪參加福若瑟神父列真福品大典，原定我與教宗共祭，十七日我到聖言會總會，總務主任告訴我說梵蒂岡宮通知不必共祭，我想他們不願意我代表中國，但在十八號晚，聖言會總務主任以電話通知我，教宗要我明天共祭。

十月十九日

「真福聖若瑟列真福品，我幸能與教宗共祭，共祭主教共六位，我爲第一位，總會長兩位，彌撒在聖伯鐸大殿廣場舉行，天氣陰而晴。晨，往聖伯鐸殿時，天雨，我特求天主光榮新列留真福，使天晴不雨。廣場中參禮者約十萬人，典禮時靜默，唱歌答誦，一切端重嚴肅，我在彌撒中求福若瑟爲中國教會代禱，求天主賜佑，賞賜眾多司鐸聖召，又代我祈禱求主賜我前進於德。」

十月二十一日

往傳信部，見部長羅西樞機，部長問輔理主教怎樣？于樞機來羅瑪否？談輔仁大學事問我願否接受輔大校長職。我答聽教宗安排，但有一條件，即于樞機要贊成而且支持我，接著我謝部長樞機赴台灣之行。

一九七七年

九月十六日

抵羅瑪，參加爲無信仰者委員會全體會議，在這一年教宗保祿慶賀八十大壽，秘書馬奇

（Macchi）蒙席建議梵蒂岡博物館闢「名人墨寶」室，收集當代名人墨寶，曾向我索取中國名人墨寶。我接洽吳德生資政將　蔣總統中正先生親自寫給他的一封信，贈送教宗，又商洽張大千先生贈送一幅畫，姚兆明女士和傅孝華先生贈送溥心畬先生的一幅畫，吳資政所贈墨寶，已由教廷駐華大使館轉呈。張先生和溥先生的畫則由我面呈。在這年參加無信仰者委員會時，教宗因身體不適，我不便請求晉見，乃在教宗公開接見民眾時，同主教們參加公見。公見後，教宗在別殿接見參加公見的主教，每人握手問候。我進前，面呈兩幅畫，教宗稱讚畫的精美，然後對我說：「羅光總主教有如一幅美好的畫，和諧完美。」

工作

建設地方教會與今日傳教工作的方向

九月十日在淡水講習會演講

教育文化委員會舉辦這次講習會，秘書李先達神父曾經邀請好幾位對傳教有經驗的專家來講這個題目，沒有一位願意答應，最後，在上星期五來找我，說明了情形，要我來講。我既是主辦單位的主任委員，便只好答應來講這個題目。

我今天來講，絕對不敢以決定中國教會傳教方向的姿態來講，也不敢以爲所講的意見乃是中國教會傳教的唯一方向；我不過把前幾天所講和所討論的，歸納起來加上我自己對當前教會情形的觀察，和我自己所作的反省，向各位講一講，引起大家的討論，再聽聽你們各位的高見。

建設地方教會為中國教會已定的教策，大家都以這種教策作為工作目標。但為達到這種目標能有許多途徑。今天我們所要研究的，就是為達到這種目標的適當途徑。所以講演題目是「建設地方教會與今日傳教工作的方向」。據我看來，今日中國教會傳教的方向，可以用三個字來代表：自，動，深。自是自力，動是動向，深是深入。現今我就分三大段來講；是把其中大家所已經知道的，祇略略提一提，但把其中對中國文化有關的幾點，略為詳細說一說。

一、自力的傳教方向

建設地方教會，第一要用地方教會的力量，中共曾標榜三自運動：自傳，自養，自治，作為革新教會的政策。在自由中國現在也有人用這個名詞，我認為這三個自字所代表的，都是外面的情況，沒有說出內面的實力。我便不予採用，另外提出「自力」的名詞。「自力」包括三點：地方教會的人力，財力，文化力。

(甲)人力：為建設中國的地方教會，應用中國教會的人力。教會為天主子民所組織的教會，在天主子女中有被召來分擔基督的救恩職務聖職員，有被召來獻身的修會人士，有普通的教友。

爲建設中國地方教會，中國國籍聖職員乃是工作的主體。第二屆梵蒂岡大公會議的傳教法令的第三章，清楚地說明了這項原則。但是在另一方面大公會議的文獻，教宗保祿所頒發傳教勸諭以及亞洲主教團協會第一屆全體會議宣言，都強調在建設本地教會工作中，外籍傳教士的重要。我是草寫大公會議傳教法令第三章的主動人，又是亞洲主教團協會全體會議重視外籍傳教士工作的提案人，我知道這兩種思想不互相衝突，而是互相成全。

爲能發展中國聖職員在建設地方教會工作上的主動力，我們向兩方面予以計劃，第一，加強聖職員的在職訓練，舉行各種牧靈講習會。第二，加強聖召的訓育，使修生的人數加多，使修院教育適合時代。

中國修會在現階段中，以女修會的發展爲最有希望，而修女參加地方教會的建設工作，已經成爲一定的方向。不僅因爲聖職員的人數少，也是因爲修女的修養程度已經得了加入教會工作的資格。當然，修女的教育還要繼續加高，然而教會工作單位的門戶，應該爲修女們敞開。

在中國教會現階段中，爲建設本地教會，應最注意的一種人力，爲教友的力量。以往我們聖職員都以教友爲傳教和牧靈工作的對象，今後我們也該以他們作傳教和牧靈工作的主體。對於這種思想，教會傳教協進會在這幾年來，作了適當的宣傳，已經得了普遍好的反應。

但是我們聖職員應認清這種教友參加教會工作主體的方向,不僅力求適應,還要盡力培植教友使能適合這種身份,也充份給予他們實踐這種身份的機會,和他們交談以求合作。

(乙)財力:現在歐美各國的教會機構,都認爲臺灣的經濟發展已到很高的程度,他們不必再給中國教會各項建業在經濟方面的援助。所以年來我們所得的國外捐助款項越來越少。但是國內經濟飛漲,社會各項建設都逐漸現代化,我們教會的建業不能沉滯在簡陋的狀態中。爲謀求發展建業的基金和經費,我們只有向國內的教友勸捐。國內教友目前也漸漸覺悟了自己的責任,逐漸養成捐獻的風氣。這種風氣的養成,全靠聖職員適當運用培養的方法,說明自力建設地方教會是地方教友的榮譽和職責,而事事依賴外國教會的津貼有損自己的尊嚴。我們中國教友都能明瞭這種事實,不會因著捐獻而拋棄自己的信仰。臺灣現在各地建造新的廟宇,建築費都是信眾捐的。每天上寺廟進香的人,絡繹不絕,慷慨捐建,可見我們中國人是樂於爲信仰而有奉獻。

(丙)文化力:中國三百多年的傳教史,是歐美文化的傳教時代,上自教義神學,修養方法,下至日用經文,聖堂房屋,都是仿效歐美文化的製作品。在當時中國閉關的時代裡,這種傳教方式使天主教在中國成了洋教。到了民國以後,中國社會日趨洋化,大家也就不再輕視天主教的西洋形態。但是現在中國政府已經覺悟社會洋化已到了拋棄祖傳文化的程度，便掀起提倡祖傳文化的復興。而我們教會開始計劃建設地方教會，爲在中華民族中建設一個長久存在的教會，我們便應特別注意運用中國的文化力。

在這一方面，我只舉幾個例。

第一個實例，是禮儀的中國化。我們的禮儀究竟怎樣可以中國化，必須由專人去研究中國古禮和現在的禮節，以採選適當的禮儀因素，來構成中國的天主教儀禮。我現在僅僅舉出中國傳統禮儀中的一個基本原則，就是「敬」字。中國的禮儀無論是祭禮，婚禮，葬禮，宴禮，都充滿敬的精神。中國歷代常說：敬天，敬鬼神，敬祖。在家庭裡對於父母是敬愛，夫婦也相敬如賓。在宴會上，賓主互敬，連喝酒也叫敬酒。禮，在儒家的思想裡，是爲把人把事分開，各有各的位置，然後才有次序。同時以樂來和。禮節把主體參禮的人分開，樂則把主禮參禮的人在情感上合起來。中國古代祭祀必有音樂，連在宴客時也有音樂。因此我們使禮儀中國化便應該有「敬」，主祭和共祭的人所著的祭服應該莊重，所有禮節也該表示敬意，同時還應有中國音樂以陪祭。

第二個實例，在精神生活方面，儒家的「仁」和「孝」也是中國文化的兩個重大力量，可以造成一種中國天主教精神生活的理想。

中國儒家從《易經》開始，以天地的變化，使萬物化生。天地的變化在農業的社會裡由春夏秋冬四季去代表，萬物化生則由五穀去代表。一年四季的繼續變化，目的在使五穀能夠生長，有了五穀，人的生命才能存在。中國古人乃稱天地有好生之心，有好生之德。人是天地萬物的最貴的一部份，人以心爲主，人的心是得天地之心爲心，人便愛惜自己的生命，也愛惜萬物的生命；這種愛的道理稱爲仁。孟子所以說：仁，人心也。

宇宙間萬物的生命怎樣來的呢？由於天給宇宙萬物以變化之理和變化之氣。變化之理即是「天命之謂性」，每一物有一物之性，按著性而有而動。氣則是一種具體元素，和理相結合而成爲一物體。氣是一個，有清濁的程度，濁氣成物質，清氣成精神。這個氣在宇宙裡週遊不息，使宇宙萬物成爲一體，彼此相通，理學家張載和王陽明都說人和萬物同是一體，在生命上互相聯繫。

人在生命上互相聯繫最密切的，就是父母和子女。子女的生命爲父母生命的延續，子女的身體稱爲父母的遺體。兒女對於父母的孝道乃是一生的孝道，也是奉獻整個生命的孝道，而且還要使父母的孝道延續後代，使父母死後享有祭祀。

這幾個觀念，第一個「仁」的觀念和生命相連，愛是給與生命。天主愛我們人，給與我們生命，而我們以天主之心爲心，我們也要相幫別人以及萬物發展生命，儒家所講的生命特別是精神生命。這種「位」的神修方式，即是翁德昭神父所說「父親神修」。

第二個「人與萬物一體」的觀念，可以提高爲基督妙體的觀念，領洗的人因著基督的生命，與基督又與一切領洗的人同爲一體。

第三個「孝」道的觀念，可以解釋基督對天父的孝，也造成我們對天父的孝道。這就是聖德蘭的「小孩神修」。

二、動向的傳教方向

今天台灣的社會，十分地表現出工業社會的色彩。工業社會的色彩，爲動。以往中國的社會爲農業社會，農業社會的特色是靜。臺灣現在雖然大半的人口尚在農村，但是臺灣現在的農村，也受工業社會的影響，由靜而變成動了。我們教會的傳教工作，便不能仍舊保留以往農村傳教的靜的特性，應該改變爲動向了。

甲、走向教友

以往我們教會以聖堂爲中心，教友走向聖堂，教會的傳教牧靈的工作都在聖堂裡或聖堂側大廳舉行。現在情形變了，教友們移動的現象日常出現，尤其在大都市和工業區，教友遷居的非常多，教友一遷居，便常和聖堂失去聯繫。還有不少的教友，因著工商業的忙碌，也不進堂了。在這種情形時，神父要出去找教友了，要走向家庭，走向工廠，採取動向的傳教牧靈方式，不能靜靜坐在堂裡等著教友來。這種動向方式所有的困難很多很大，就如臺北爲找尋遷人的教友，雖有瑪利諾會的教友中心和花蓮神父的山胞中心，效果仍舊很少，然而我們絕不能因此灰心，我們更要加倍努力。

對於不進聖堂的教友，我們不應該看他們拋棄了信仰，祇應看他們爲迷路的羊。對於迷路的羊，基督曾教訓我們去找回來。各地情形不同，方法不能一致；可是工作的方向，一定應是走向教友。例如訪問家庭，家庭玫瑰經，家庭讀經會，家庭彌撒。我們不必怕神父走向教友，教友便不來聖堂，按理說，應該是神父和教友建立了良好關係，教友更要多次來聖堂了。

在走向教友的動向裡，除了特別走向遷移和冷淡的教友外，還要特別走向青年。亞洲爲青年人的世界，青年人在全部人口中的比例佔一半以上，在目前臺灣的慕道人中以青年人爲多。在青年人中以兩種青年要求我們特別注意，一種是大專的青年，一種是職工青年。第一種青年將來在社會上會居指導的地位，第二種青年將來在社會裡爲中堅份子。我們的傳教工作，要特別轉向他們，使他們中已受洗者能得更深的宗教陶冶，沒有受洗者能有機會認識基督，造成一股青年活力，在香港教區裡就有這種好的現象。

乙、走向社會

在一個動態的社會裡，社會的情形非常複雜。一個身居社會以外，或自己隔絕社會關係的人，沒有辦法可以在社會裡工作，更不能使自己的工作影響社會。半世紀以來教會指導人員常喊神父走出聖堂，到社會裡去，在現臺灣的社會裡，我們教會的傳教工作要走向社會各階層，參加社會工作。以往，我們教會在社會裡設有學校，醫院，安老院，育幼院，爲社會人士服務。然而在那時代教會的態度，是站在自己的崗位，讓別人來到我們的學校、醫院、安老院、育幼院。現在我們要走向社會裡，參加社會的工作，如生命線，儲蓄社，訪問痲痺兒童，夫婦懇談，自然節育等等工作。我們教會還有參加政府所提倡的國民心理建設，恢復民族的優良傳統。

爲走向社會最重要的工具，乃是大眾傳播工具。去年教宗保祿所頒傳教勸諭和亞洲主教團協會第一屆大會的宣言都鄭重地聲明大眾傳播工具對於傳教的重要。我們教會直到現在還沒有注意到這一點，今後應在這一方向，應採取適當和有效的步驟，使福音的思想能夠深入中國社會。

丙、走向教會團體

一個動的社會，在各方面都要求門戶開放，以便活動迅速進行。今天我們的教會，要把以往的地域限制和團體門戶的觀念，加以修正。在農村的靜態社會裡，一個人可以老死不出鄉里；在工業的動態社會裡，誰也不能關閉門戶，拒絕人際關係；而且社會的建業都要求大家通力合作。今天在我們的教會裡，本堂要走向別的本堂，以得總鐸區的合作。教區要走向教堂，以得主教團的合作。修會要走向教區，以得修會同教區的合作。修會走向別的修會，以得修會間的合作。教友組織要走向教友組織，以得組織間的合作。今天，若是一位本堂主任司鐸，還是嚴守自己的本堂地域觀念，本堂教友絕對不能走向另一本堂參加彌撒，不能參與超堂區的組織，那就有一點反對時代趨勢了。我們的輔仁大學，由兩個修會和國籍主教共同創辦，在第二屆梵蒂岡大公會議中曾被舉爲合作的模範。我希望這個模範在中國教會裡能有繼起的事業。

既然我們教會要走向社會，參加社會的心理建設，則我們應該走向其他的宗教，尋求合作，加增宗教在社會的影響力，以提高宗教的聲譽。

三、深入的傳教方向

建設地方教會不是建設一個過渡的教會，而是建設在一個民族中長久存在的教會。這種建設的工作，便應該深入這個民族裡，紮下穩固的根基。我們今後的傳教工作的方向，便是深入中華民族的方向，在這種深入方向裡包括有三項很重要的工作：第一深入中國的教友家庭，第二深入中華民族的文化，第三深入中華民族的精神生活。

甲、深入中國教友的家庭

無論那一個人接受基督的福音而得救恩，都是可喜慶的事，但是若是一個家庭接受基督的福音，則更是可喜慶的事。一個人受了洗，他的信仰隨著他的死亡而消滅；一個家庭信了基督，家庭的信仰，則由兒孫而流傳後代，家庭所以是一個民族的宗教信仰所有的根基。而且家庭也是信仰的搖籃，一個人的信仰在全家的信仰中而得到養育。現在我們臺灣的教友中，單獨信主者多，全家信主者少，因此教友的信仰不容易健全，反而許多教友的信仰日漸冷化。我們傳教工作的方向，便應走向建立教友家庭的途徑。首先，要求天主，並盡人力，使夫婦兩人能一同信主。前年，我曾向臺北教友傳教協進會提出一個工作標準，每一家增一人信主，目的就是在使全家的人都成爲基督的信徒。第二，我們要竭盡心力，培育家庭的宗教生活，使在教友家庭裡能夠養成好的習慣，主日參加彌撒，每天早晚祈禱，行事遵守十誡。有了健全的宗教家庭，宗教信仰才能在中國社會生根流傳。

乙、深入中華民族文化

宗教信仰爲生活的酵素，發酵整個人的生活。信仰深入人心，創造每個人的生活思想。每個人的生活思想，常由祖傳的文化留下了模型。祖傳的模型使同一社會的人，有共同的生活型態，結成一個民族的文明。宗教信仰爲能深入教友的心中，造成生活的思想，必要透過祖傳的文化模型。佛教傳進中國，帶來一套和中國傳統文化相反的宗教信仰和生活型態，受到儒家的猛烈攻擊。但是佛教接受了中國傳統的文化模型，加入了許多祖傳的宗教思想，建立一種中國的佛教，遂得遍傳中國民間，透進中國的哲學。我們福音的思想本來沒有地域色彩，但在歐洲流傳最久，穿上了歐洲文化的思想外衣。現在我們想使福音成爲中國人的生活哲學和型態，便應該把福音所穿戴的歐洲文化外衣，改穿中國的文化外衣。

福音爲信仰的根基，福音的解釋便是神學。神學是用人的理智去解釋福音。人的理智用言語去表達，用推理方式去思考，用人所習用的理論去解釋。每一民族的語言，推理方式和習用的理論多不相同，因此，神學在每一個民族裡，特別在一個古老文明的民族裡，必具有自己的特色。我們建設中國地方教會，最重要和最難的工作，乃是建立中國化的神學。

神學爲解釋福音，哲學則爲解釋現世事物的本性，指出人生的理想。福音的目標，即在於指明人生的歸宿和人生的意義，解釋福音的神學必定影響哲學。然而哲學由人的理智去思索，理智的運用常藉用祖傳的文字和思想遺產，中華民族已經有了祖傳哲學，我們爲建立天主教的哲學，應該也藉用中國的哲學成份，同時，哲學爲人的產物，常須改進中國祖傳哲學現在已在改進的時期，我們便可以採取天主教在歐洲所有哲學的優點，以改進中國哲學，再加以福音的光明，而建立中國天主教哲學。

福音既滲入整個的人生，教會按照福音解釋人生各種問題的思想，便要指導教友的生活。教會有社會思想，有政治思想，有家庭思想……我們爲建設地方教會，便也將教會關於人生的思想傳播給中國社會。

佛教信仰深入了中國思想界成了中華民族文化的部份，便長久在中華民族中存在。佛教從來不因爲是外來宗教而隱藏自己的信仰和思想，也不因爲是外來宗教而排除中國的文化。我們宣傳福音和教會的思想，也要不怕提出天主教哲學或天主教社會思想或天主教修養論的名稱，然而同時必要使福音和教會的各種思想進入中國祖傳的思想裡，革新中國的文化，使中國文化有福音的型態，也使天主教成爲中國文化的一部份。

丙、深入中華民族的精神生活

基督的信仰不是一種學說，只增加人的知識，而是一種精神的生活，同時，爲進入一個民族的文化裡，必定要進入民族的精神生活裡。我們教會在中國所傳的精神生活方式，直到現在還都是西洋的精神生活方式，所唸的經文，所行的默想，所作的退省，所守的齋戒，都是仿效西洋的方式。這並不是壞事，然而卻不能使基督信仰深入中國人的精神生活中。佛教的精神生活方式，爲印度的方式。但是佛教在中國採取了許多道家儒家的精神生活成份，又採取了中國古代宗教崇拜神靈的傳統，造成了上等的禪觀生活，低等的民間信仰生活。而且信佛的人，仍舊繼續儒家或道家的精神生活。我們宣傳福音時，第一注重講要理，看人信不信。第二，要求信的人領洗後來參加彌撒。對於教友的生活我們卻不注意，更又禁止參加祭天祭禮，禁止敬祖，以孔子之道爲異端。因此，我們的教友除參加彌撒以外沒有一種精神生活；又因此，我們的教會在中國常如同一種漂在水上的葉子。

爲求建立地方教會，最重要而且最能生效的工作，在於建設一種中國的精神生活方式。儒家的持敬守靜，道家的淡泊名利，佛教的齋戒修行。都可做我們精神生活的標榜。儒家的愼獨，道家的靜坐，佛教的坐禪，也可以作我們祈禱生活的方式。儒家的參天地化育，道家的與道相合爲一，佛教的入涅槃，融化於眞如，更可以作我們靜觀生活的方式。我們要善採這種種方式，建設我們的中國化精神生活。藉著這種生活我們進入中國的精神裡，我們便可以由精神生活而進入中國人的思想裡。

四、結　語

我說的話已經很多，現在我總結前面的三段，所有的大綱是第一段為自力：包括人力，財力，文化力。第二個為動向：包括走向教友，走向教會團體，走向社會，走向宗教。第三段為深入：深入教友家庭，深入中國文化，深入中國精神生活。

再總括一句說：我們今日傳教工作的方向，是大家起來集合力量，在中華民族建設基督救主的教會。

大公會議與傳教工作

民國五十五年八月三日在輔仁大學大公會議講習班演講

第二屆梵蒂岡大公會議，即教會的二十次大公會議裡，第一次討論傳教工作的大公會議。這次大公會議不僅是公佈了傳教法令；而且在論教會憲章，在論主教牧靈職責，論司鐸職責和生活，論教友使徒工作等法令裡，都提到有關傳教的部份。

但是對於傳教問題最重要的文件，當然是論傳教工作的法令。我們根據這宗法令，來研究大公會議對於傳教工作的指示。我們的研究分成兩份：第一、什麼是傳教工作？第二、怎麼樣去做傳教工作？

一、什麼是傳教工作？

大公會議的傳教委員會，在五年草寫傳教法令的集會中，常常提出了什麼是傳教工作的問題。每次提出時，都發生很長的爭論，不能得到結論。我們委員們因此決定在傳教法令裡不講什麼是傳教工作。但是大公會議的主教們，在討論傳教法令時，要求法令解釋什麼是傳教工作。因爲近幾年在法國產生了工人區的佈道工作，法國人稱呼這種工作爲傳教工作。同時中南美的許多傳教士，竭盡心力，要使他們的工作，被認爲傳教工作，以能分得教廷的傳教津貼費。傳教委員會乃在最後一次的傳教法令草案裡，對於傳教工作，予以解釋。

傳教法令第一章第六節，解釋傳教工作說：在尚未信仰基督的民族或民眾裡，宣傳福音，建立教會，乃是傳教工作。這類工作通常是在教廷所認爲傳教區以內進行。對於這項解釋，我們應注意三點。

甲、在尚未信仰基督的民族或民眾中

以往的傳教工作，以地區爲根據。教會法典第二百五十二條承認隸屬教廷傳信部的地區爲傳教區。隸屬傳信部的地區，乃是尚未建立聖統制的地區，或是雖已建立聖統制，但是一切都還是在開創階段的地區。在這種區域內工作的神父，稱爲傳教士，他們的工作稱爲傳教工作。簡單說來，就是在傳教區的教會工作，即是傳教工作。

關於這一點，大公會議有了改變，傳教工作應該以人爲根據，不該以地區爲根據；因爲宣傳福音，是向人宣傳，不是向地區宣傳。因此，傳教法令乃說「在尚未信仰基督的民族或民眾中」。

所說「民族或民眾」，因爲傳教的工作，以民族或民眾爲對象，不以單人爲對象。雖說在傳道時，屢屢向一個人一個人去講；然而整個的傳教工作，則是一個一個的民族，或至少向多數的民眾。

「在尚未信仰基督的民族或民眾中」，所重要的一點，是「尚未信仰基督」。這一點看來很簡單，也很明瞭；可是這一點所引起的爭論很多。首先是中南美的傳教主教們，提議要求修改。因爲他們所轄的區域內的人，都是領洗的教友，他們的工作便不是傳教工作了。在實際上，他們轄區內的教友，除了領了洗禮以外，則和外教人一樣，不懂教義，不守教規。他們的轄區內又沒有神父，又沒有教區的組織，較之於亞洲和非洲的傳教區還趕不上。可是中南美洲的國家，號稱天主教國家，以稱傳教區爲恥，不允許國內的教會是落後區域，或說教會不開發的區域，隸屬傳信部。這些區域內的主教們卻在大公會議裡大聲疾呼，說他們的工作是傳教工作。他們聯合中南美和歐洲的主教，一共七百多人，建議把法令所說「在尚未信仰基督的民族或民眾中」，改爲「特別在尙未信仰基督的民族或民眾中」。一說「特別」，言外便說「也可以在已經信仰基督的民族或民眾中」，把他們的地區人民就包括在內了。傳教委員會認爲不能採納這項建議，否則在法令裡傳教工作等於沒有定義。但是我們爲體貼中南美傳教士的困難，在法令第六節，加一註釋，說明中南美的傳教士的工作，乃爲建立當地教會，他們的工作，便也可稱爲傳教工作。

還有近年法國的工人區傳道工作，雖說法國工人有成千成萬不信基督的人，不過，法國民族是一個信仰基督的民族，法國工人區傳道工作咸可稱爲牧靈工作，不可稱爲傳教工作。

乙、宣傳福音

傳教的工作是基督的救世工作；人的得救在於信德。人若不信天主或救世主，人就不能得救。人爲能有信仰，先要聽別人宣講天主和救世主，然後因著天主的恩寵，才可以有信德。因此，救世的工作，首先在宣傳對於天主和救世主的信仰。宗徒們當時傳教，分行歐亞，宣傳耶穌的福音。這次大公會議特別強調宣講福音的重要。傳教士在傳教方面有多種工作，如創辦診所，設立醫院，建造學生中心，建設各級學校，發行天主教書報。這些工作，對於傳教都是很重要的工作。但是這些工作，都不能代替宣講福音的工作，只能協助宣講福音。宣講福音是要用口去講，或講教義，或講聖經或向少數人講，或向多數人講。那麼身爲傳教士的神父，便要勉勵滿全這項職責。

傳教士所講的，常是教義要理。教義要理可以說是信仰的大綱，不明大綱不能領受洗禮。但是教義要理因爲是信仰的大綱，便不足以代表全部的宗教信仰，尤其不能表現耶穌基督的精神。爲充實教友的信仰，爲提高教友的精神生活，便要多講福音，勉勵教友讀聖經。

傳教而不講福音，或是忽略了聖經，便是沒有走在傳教的正當道途上。以往的傳教士不大注意這一點，今後應該改正。

丙、建立本地教會

天主爲救世人，以得救者爲天主的子民。天主的子民結成一個團體，稱爲教會。教會是得救的標幟，也是得救的門戶。基督在升天時，遣發宗徒，散佈各國，宣傳福音，授給他們一切應有的權力，又指定伯多祿爲他們的首領。宗徒們到近東亞洲和歐洲各國的大城市，宣道授洗，組織教會團體，從當地信友中，選擇治理教會的人，以繼承他們的職位，繼續救世的工作。這樣教會總能逐漸發達，救世的工作總能繼續不斷。

後代傳教士的工作，首先是在於宣傳福音，使人領洗。得了領洗的人，便要組織教會團體。教會團體之能自立，而能代表教會的，是一個教區。教區的自立，在於有本區的主教，有本區的足以應用的司鐸，又有本區各項的教會機關。傳教士的傳教工作，便是在於籌備這些爲建立教區所應有的條件。

近四百年來，傳教的工作，都由歐洲的神父擔任，到了最近的半世紀，才有北美的傳教士。在當時的傳教士心目中，以爲傳教是他們的責任，傳教地區便是他們的領域，他們沒有注意建立本地教會的工作。到了第二十世紀，羅瑪教宗屢次鄭重聲明，傳教工作應該注重建立本地教會。庇護第十一，親身在羅瑪祝聖第一批中國主教、日本主教、印度主教、越南主教、非洲主教。庇護第十二更任命第一位中國樞機和第一位印度樞機。於是，在傳教區建立本地教會的工作，急轉直下，有如長江出了三峽，澎湃奔流，再沒有阻礙。在近四十年內，亞洲和非洲的教區主教，百分之九十，都是正式教區主教，而不是宗座代牧了，而且主教中之百分之四十，已有本國人。

但是爲建立本地教會，不僅僅是建立聖統制，也不僅是選位本地人爲主教，要緊的還是培植神父，增加教友，加增修士、修女，使能滿足教區的需要。目前傳教區的傳教工作，都是向著這方面走。

從此看來，傳教工作是聖教會的工作，傳教工作的性質和目的，和聖教會的性質和目的，是同樣的。聖教會即是基督的奧體，是基督的本身；傳教工作乃是基督的工作，那便也是教會自己的工作了。

丁、傳教工作的緊要和神學基礎

最近有些研究神學的人，倡言基督是爲救一切的人而死，每個人便都是天主的子民。不信仰基督的人，不知道自己是屬於基督的，實際上他們也是屬於基督。領洗信仰基督，則是自己知道是屬於基督了，自己也聲明是屬於基督。既然人都是屬於基督，自己聲明不聲明，並不是絕對緊要的事。而且若是要他們聲明自己信基督，而他們不願意接受，反倒使他們犯罪了。這樣說來，傳教工作便不是很要緊的事了。

可是在宗徒大事錄和宗徒的書信，以及先期教父的典籍裡，常常說到宣傳福音是絕對要緊的事。

沒有信仰，必不能得救；信仰通常是聽講福音而啓發的。爲能聽講福音，必是要有宣講的人，因此傳教是不能缺少的工作。

信仰通常由聽講而啓發；但是天主的全能是無限的，天主在聽講以外，能用其他方法以啓發信仰。所以我們不能說凡是沒有聽講福音的人，都不能得救。教外人只要自己盡力做好人，也沒有故意不聽從福音，天主能有其他方法，啓發他們的信仰，使他們因著信仰而得救。我們絕對不能說我們沒有領洗的祖先，都不能得救。一個人自己沒有犯罪，天主不會讓他下地獄，天主能用許多奧妙的方法，啓發他們的信仰。

可是這種啓發信仰的途徑，不是通常的途徑，而且一個人能夠遵循良心的天理，不陷於罪，更不是容易的事。因此，天主耶穌降生成人，教給我們得救之道，又賜給我們得救的方法，使我們有信望愛三德，有行善之聖寵。所以信仰耶穌，領洗入教，以再領其他聖事，乃是得救的通常途徑。爲能走上這條途徑，便要緊有傳教的工作。

傳教工作的神學根基，是基於天主願意救援人類的聖意。因著這項聖意，天主聖父遣發聖子，予以贖罪救世的使命。天主聖子奉命降世，取了人性，以成爲人。在人群中宣講福音，甘願受誣告而捐軀，代人贖罪。復活後將升天時，遣發宗徒，傳道授洗。升天後，又與聖父，遣發聖神，以助宗徒們聖化信徒。聖神降臨信徒心中，以德能和神恩，振起教友的信仰，鼓勵教友的望德，激動教友的愛心；尤其光照教友的心靈，使明白得救的大義，勇往行善，不畏難而退。

聖子和聖神的救贖工作，都由聖教會繼承；聖子和聖神且同在聖教會以內而工作。因此聖教會的傳教工作，便是天主聖子和天主聖神的救贖工作。

天主聖子和天主聖神的救贖工作，在舊約裡已經預先報告。爲保全這種報告，天主選擇了以色列民族，天主稱這種被選的民族爲天主子民。這被選的以色列人，象徵仗著天主聖子和聖神救贖工作而得救的人；仗著救贖而得救的人，才真正是天主的子民，因爲他們藉著洗禮，而取得耶穌的生命合成耶穌的奧體。傳教工作是使人受洗禮，再集合受洗禮的人而結成本地教會。傳教工作的神學根基，便是根之於天主選擇子民的聖意。天主願救人，又願意所救的人，合成爲自己的子民。

我們看到傳教的神學根基，以天主救拔人類而選擇子民的聖意爲根源，以聖子聖神的救贖工作爲基礎，我們便可以斷定傳教的工作，乃是絕對必要的救世工作，使人歸向天主，預備歡迎基督第二次降臨。

以上所講的，是傳教工作法令的第一章。

二、怎樣去做傳教工作？

傳教法令一共六章，第一章講傳教工作的神學學理，其餘五章都講傳教的方法。把這五章綜合起來，傳教法令指示我們推行傳教工作的方法，第一應該培植傳教士，第二應該組織傳教的工作，第三應該集合全教會的人來推進，第四應該有傳教工作的步驟。

甲、培植傳教士

傳教法令第四章論傳教士，章中所講的，特別偏重在傳教士的培植和傳教修會的重要。誰是傳教士呢?凡是得蒙天主召選，在尙未信仰的民族或民眾中去宣傳福音的，無論是本地的，或外籍的，也無論是神父或是修女，甚至於負有這種使命的教友，都稱爲傳教士。這一點，是這次大公會議的新主張。

傳教士的培植，一方面是精神訓練，一方面是學識訓練。傳教的精神訓練，重之在效法耶穌博愛和犧牲的精神。傳教士的生活和工作，通常是在困難中進行，因爲他們是開荒建設。大公會議指示傳教士應以耶穌的博愛和犧牲精神，作自己的精神。傳教士的學識訓練，應以傳教地區的文化知識爲最重要。外籍傳教士固然要充分研究傳教地區的語言、歷史、宗教和哲學思想，本籍傳教士也應當充分研究這些學術。大公會議指令在傳教區設立本地宗教和哲學的研究中心。

傳教士的訓練，不單是對於傳教神父而言，對於傳教修女，也是有同樣的要求。傳教教友也應受相當的訓練。

歐美所有的傳教修會，在目前傳教工作多由本籍主教負責時，是不是還有存在的必要。傳教法令鄭重聲明，所有的傳教修會在目前仍舊是很重要的。因爲傳教區的教區，還有一大部份由傳教修會負責。在由本籍主教負責的教區裡，神父同修女的數目不夠，需要外籍修會傳教士協助。還有一些傳教地區內情形特殊，有些特殊的問題，應有特殊訓練的人去應付；這些特別工作，也可以由歐美傳教士去執行。

乙、組織傳教工作

在現代的社會裡，各種事業都靠組織。爲能推進傳教工作，要加強傳教工作的組織。傳教法令對於傳教工作的組織，在第五章裡由上到下，分段加以說明：上面有全球性的中心組織，中間有主教會議，然後有教區，最後有修會。

全球性的傳教中心組織，乃是教廷的傳信部，大公會議決定加強傳信部的指導力，規定一切傳教工作由該部指導。中南美和菲律賓雖不屬於傳信部，該區內的傳教工作，由主管該區的各部，與傳信部取得聯絡。在傳信部的最高指導機構內，設指導委員廿四人：十二人爲傳教區的主教，四人爲歐美的主教，四人爲傳教修會的會長，四人爲勸募傳教經費的組織的代表。指導委員每年開會兩次，決定全球傳教的計劃。在指導委員以下，設一專家顧問會。

各國的主教會議，負責商量並決定本國內的共同傳教工作。歐美各國的主教會議，應設一傳教組，研究協助傳教工作的方法和工具。在傳教區的各國主教會議，更要研究共同的方針和共同的工作。而且一國的主教會議和鄰國的主教會議，也應互相關連。

在一教區內，傳教的工作，由主教指揮。主教爲教區的首腦和中心。無論修會的神父或是通常的神父，在傳教工作上，都要服從主教。然而所謂服從，不是被動的服從，而是積極的自動服從；因爲主教的指揮，並不摧毀神父和修會的創作精神。

主教和修會的關係，在傳教區內，和歐美的情形不同。非洲的本籍主教，在大公會議裡，曾經要求在法令內加以規定。傳教法令乃規定由各國主教團和修會會長，共同商訂這種關係的章程。但是章程的原則可由教廷釐訂。

還有各國將設立或已經設立的傳教研究中心或傳教學院，彼此中間，也應該有連繫。

丙、傳教合作

傳教法令第六章，討論傳教合作。

傳教的工作既是全教會的工作，大公會議便勸告全教會的人，都該負起傳教的責任。凡是領了洗的人，都是基督奧體的肢體，再以堅振和聖體聖事，更加強了和耶穌的結合，便應該從事基督奧體的發育長大，而從事傳教工作。可是並不是全教會的人都要做傳教士，傳教士乃是得有天主特別召選的人；但是全教會的人都要協助傳教士去做傳教工作。這就普通所說的傳教合作。

傳教會作首由教區和本堂團體表現出來。以往不大講這種團體的傳教合作，然而在事實上，已經有些教區和堂區，接濟傳教區或堂區。另外是一個教區或堂區有出生本地的傳教士在傳教區工作，便特別捐款協助這些傳教士，可以說是代表教區或本堂區在外做傳教工作。

但是正式對傳教合作的，應該是各教區的主教。全球的主教對全教會負責。傳教工作乃是全教會的工作，全球 的主教對於傳教事業便不能不負責。因此，主教在自己的教區內應盡力提倡協助傳教的各種組織，鼓勵各種傳教修會招收傳教士，量力捐助傳教經費。

主教的助手是神父，爲提倡傳教合作，主教也靠神父。神父分享基督的鐸品，每天舉行救贖的彌撒聖祭，怎麼能不和基督有同一的救世熱忱？要救世就要參加傳教工作。神父在堂區以內應激發教友們對於協助傳教的熱火，向教友灌輸傳教的消息，讚揚協助傳教的事業。

修會的修士、修女，以三願獻身於主，以成全自己的愛德。因著愛主愛人，修士、修女便應特別關心傳教工作，應爲傳教工作多行祈禱，多做克苦。凡是從事工作的修會都要檢討本會對傳教的貢獻，如在歐美有可減少的工作以加強在傳教區的工作，即設法實行。

教友爲協助傳教，捐款協助傳教經費，祈禱爲求天主降福傳教事業；並且可以到傳教區直接參加傳教工作，或協助傳教士發揚教會的社會思想，以助成傳教地區的健全社會組織。

丁、傳教工作的原則

自第六章我們回到傳教法令的第二章和第三章。在這兩章裡，大公會議指示了傳教工作的原則。這兩章本來是一章，第三章原來是第二章的最後一節。第二章以傳教工作應分四個步驟：預備，講道，訓練教友團體，組織本地教會。但是本籍主教認爲本地教會不能僅是傳教工作的對象，而且應該是傳教工作的主體；即是本籍主教和神父，應該是傳教工作的工作人。我在去年最後討論傳教法令的大會裡，提議把組織本地教會一節，由第二章分出來，另作一章。

傳教工作在現代的社會裡，是一件很困難的工作。困難既多，我們便要好好計劃。作事而沒有計劃，很難有成就。傳教工作又大又多，怎麼可以沒有計劃。全球的傳教工作，應該有整個的計劃。一個教區的傳教工作，也應該有通盤的計劃。在科學盛行的時代，一切事業都科學化了，傳教工作也應該科學化。

傳教法令指示傳教工作，應有四個步驟：預備，講道，培植教友團體，組織本地教會。

A、預備傳教

在尚未信奉基督的民族中，宣傳福音，應先行預備的工作，使教外人可以接近天主教，使天主教傳教士可以接近教外人。

爲使教外人接近天主教，最好的預備工作，是愛德的工作。傳教士懷著基督博愛的精神，爲教外人服務，設立診所和醫院，組織社會救濟工作；扶助貧苦人，憐恤窮兒童。不用救濟物品去吸引人進教，但爲使人知道天主教的博愛。博愛的工作，容易動人的心，容易受人重視；因此是爲宣傳福音的良好預備。

愛德爲基督福音的中心精神，爲作證福音的精神，傳教士和教友便要表現愛德。透過愛德，教外人可以認識基督的福音。

然而愛德工作，在傳教士方面，是一種外在的工作；傳教士爲預備傳教，還要有一種內在的預備，那就是學習傳教區的語言和文化遺傳。不通語言，不懂文化遺傳，無法展開宣傳福音的工作；而且更不能使福音思想深入民心。作好了這種預備，傳教士才可以和教外人相接近。外籍傳教士應該這樣做；本籍傳教士也應該這樣做。一個民族固有的文化，都應看爲福音的嚮導，沒有一個民族的文化，全盤是壞或錯的，其中必有真理的成份。

B、宣傳福音

宣傳福音，爲傳教士的第一項工作。工作的目的，爲引人進教。

向外人宣傳福音，首先向他們宣講教義大綱。在人稍明天主教的信仰以後，便要講述基督的福音。教義的大綱，固然是信仰的基礎；福音，則是信仰的精神。講教義大綱而不講福音，聽道的人和將來進教的教友，只能知道信仰的枯枝枯幹，不能明白天主教信仰的生動力量和內在的精神。

來聽道的人，不能馬上視爲望教人；望教人是聽了教義大綱而願進教受洗的人，因此望教人和聽道人應該分開，望教人已經可以看爲教會的人。

爲進入望教期，更好有公開的儀禮，使望教人知道望教的意義。望教的意義在預備領洗入教，不但要懂得領洗的高妙意義，還要懂得領洗以後的宗教生活和倫理生活。對於望教人當然要多講福音，但又要講明各項聖事和倫理誡命，並且進一步還要實習。這樣預備好了，才可領聖洗。

C、培植教友團體

領受聖洗，新生於基督，取得超性生命。超性生命是基督的生命；領受聖洗便得有基督的生命，和基督結成一體。凡是領洗的人都和基督結成一體，彼此便也都是成了一體。這種「一體」，便是基督的奧體。在奧體內的人因著天主聖子耶穌基督而成爲天主的義子，共成天主的子民。因此領洗是加入一個團體，這個團體乃是天主教會。天主教會的結構有教區有堂區，領洗的人，領了洗就加入一個堂區，加入了一個教區。

對於每個領洗的人，要緊培植這個團體意識，使他們能夠身體力行自己的團體生活。領洗的典禮，應在大節期堂區教友會聚的時候舉行；領洗的人可以看到自己所加入的團體，團體的人可以看到新加入的人。

堂區的宗教典禮，是培植教友團體意識最好的方法。聚齊堂區的教友，一心一意，共同參加彌撒祭典；同口同聲唸詠經文聖詠，尤其是領聖體聖事，大家在耶穌以內，加強團結。堂區的共同工作，集合教友去從事愛德工作或傳道工作，融洽人心，鍛鍊合作意志，也是培植教友團體的良好途徑。

教友的團體意識，不能限之於堂區，必是要伸張到教區。教區是教會的縮影，是教會活動的據點，是本地的教會。沒有教區，堂區就沒有所依附。培植教友有教區意識，從事教區的工作；乃是一種必要的訓練。

有了教區的意識，再進而培植教會意識。每個領洗的教友，應該知道是教會的一份子。教會是一個精神相通的團體，信仰相同，宗教生活相同。本地教會由整個教會取得信仰和教儀，本地教會可以向整個教會貢獻信仰的解釋和教儀的儀典，使整個教會的文化遺產可以增高。

D、本地教會

建立本地教會，爲傳教工作的第二項目的。傳教工作宜傾全力以赴。但是在什麼條件之下，才可以說是建立了本地教會？建立本地教會的條件，在傳教法第三章第十九節裡，簡略地條陳了出來；第一，教友數目有相當的多；第二，本籍神父和修士、修女，足供本教區之用；第三，教區的各種組織，可以使教區的事業具有發展的力量；第四，教會在本地的文化和社會生活裡，打下相當的基礎，使教會的生活相當穩定。達到了這四個條件，教會在一地區內，才是真正地建立了，可以脫離傳教區的名稱和體制。目前所有亞洲、非洲的本地教會，還是在初步建業的時期，仍舊是在傳教的階段中。

在傳教階段中，爲建立本地教會，最主要的工作，在培植本籍神父。神父乃教會工作幹部，沒有神父，不能建立教會。三十幾年以前，教宗和傳信部屢次頒佈訓令，迫令傳教士培植本籍神父，各區建設修院，修院改良教學課目，招收修生，培植神父人才。陞神父後，分與各種傳教工作，到了適當的程度，外籍神父和外籍主教把自己的職位讓於本籍聖職人員。因此，在三十年來，亞洲、非洲傳教區內繼續成立正式聖統制，任命本籍主教。

爲幫助神父傳教，宜訓練大批的傳教員。傳教員的重要，大公會議很明瞭地予以強調；並且指示教區主教對於傳教員予以適當待遇，又予以精神方面之支持。大公會議內曾有多數主教，提議組織一募捐善會，支持傳教員之培植費和生活費。傳教委員會雖沒有完全接受這項提議，但在傳教法令第十七節規定，如有必要時，可以組這種募捐善會，傳教法令又提到「助理傳教員」，稱讚他們的工作。這種助理傳教員，是每一堂區或團體自動出力幫助神父講要理的教友。傳教法令鼓勵神父主教，用心訓練這種助理傳教員。

凡是傳教員，必要接受適當的訓練；不但是在傳教學校受教育，而且應當在任傳教員以後，還要有定期性的訓練。

修會的建設，也是爲建立本地教會的要素；因爲修會生活，是宗教生活成熟的表現，又是宗教生活發揚的酵母。但是新修會的創立，則不宜過濫；在一個國家內，不應多設目的和形式相同的修會。

E、本地教會的責任

一個教區已經成了本地教區，便是成了一個本地教會；另外是一個國家的教會，已經大多數成了本地教區時，這一國的天主教會，更是成了本地教會。

本地教會是一個新興的教會，他的氣象應當是有朝氣，有生氣的教會。朝氣和生氣由工作去表現，本地教會便該當是工作很強的教會。

本地教會的工作，第一是傳教工作。本地主教和本地神父要有傳教的意識，他們不是爲保守，而是爲進取；一眼看著已經進教的教友，一眼看著尙未信仰基督的同胞；在工作方面，雙管齊下。

在訓練教友方面，本地教會要注意本地的文化遺產。聖教會的血脈，是不變的信仰；聖教會的骨肉，則是各處的本地文化。聖教會每到一地，便是本地的教會，不僅僅在組織上是這樣，在精神生活上也是這樣。本地教會用本地的學術思想，講解教會的信仰，結成本地的神學。

本地神學不是分裂的神學；乃是同一神學的本地講解法。本地教會也不是分裂的教會，乃是唯一教會的縮影。本地教會發揚本地的教會工作，就是發揚整個教會的工作；同時在發揚本地教會的工作時，也顧全整個教會的工作，對整個教會的工作負一部份的責任，盡一份的努力。

因此，本地教會宜參加整個教會的活動，也應派遣神父修女到他區去傳教。又應有教會的學術機關，和其他各處的教會學術機關，共同合作。

在本地教會可以參加整個教會的工作時，本地教會就建立穩固了，傳教階段可以結束了，傳教的目的也就達到了。

（民國五十五年八月三日講）

大公會議與聖統制

民國五十五年八月五日，在輔仁大學大公會議講習班演講

這次第二屆梵蒂岡大公會議，在神學法律方面，最大議決案，是關於主教院或主教團的規定。第一屆梵蒂岡會議，議決了關於教宗的權位；第二屆梵蒂岡會議，議決了關於主教的權位。教會的聖統制乃得了圓滿的解釋。今天我講這次大公會議對於聖統制的決議，我是彙合論教會憲章和論主教牧靈職責法令兩宗議決案中，有關聖統制的部份來講。我把所要講的題材，分作三段來講：第一，聖統制的神學意義；第二，教宗與主教院；第三，主教與神父。

一、聖統制的神學意義

由法律方面去講，每一個社團，必有自己的權力機關。若是一個社團爲一個完全的社

團，這個社團就必具有獨立的政權，以統治社團本身。天主教會乃是一個完全的社團，因而也就是有自己的統治權和統治制度。

可是反對教會聖統制的人，認爲天主教的聖統制乃是後代的法學家所造成的，按照神學去說，人和神的關係是直接的關係，用不著有第三者夾在中間，更用不著有統治的階級來主持。這次大公會議所討論的最大問題，就是討論教會的使命，對於教會的本身和組織，都由神學方面去講，不從法律方面去講，在論教會的憲章裡，根據神學講明了聖統制的意義。

甲、聖統制的意義

聖統制是基督奧體的組織系統（Organica coordinatio corporis mystic Christi）。按照聖保祿的神學，教會是基督的奧體。凡是領洗的人，都因著聖洗和基督結成了一體。這個身體稱爲妙體。身體上各肢體的組織是有系統的。聖保祿說：「就如身體只是一個，卻有許多肢體，而且身體的一切肢體雖多，仍是一個身體。基督也是這樣。因爲我們眾人，……都因一個聖神受了洗—成爲一個身體。」（格林多前書 第十二章第十二節——第十三節），身體是有機體，各肢體的結構有系統而且很緊密。基督的奧體所有的肢體，便不能不有結構的系統。

聖教會也稱爲天主的子民。這種聖經神學思想，在這次大公會議裡特別受提倡。按照古經和新經來說，恭敬天主的人，都合成天主的選民。古經所載的是以色列人，以色列人曾經受選爲天主的子民，及到耶穌遭他們迫害了以後，才被天主所棄。天主於是選定了一個新的選民，就是受洗而信耶穌的人。這些人按照聖保祿所說，乃是新的以色列人，乃是亞巴郎的精神子孫（迦拉達人書　第三章），乃是天主的子民。一個民族生存在世上，必定要有組織，要有秩序；因此教會便有聖統制。

天主教會聖統制的構成，以什麼元素呢？聖統制的構成，是教會的各種神聖職務（Varia Ministeria sacra）。《論教會憲章》第十八節上說：「耶穌基督爲照顧天主的子民，又爲繼續增加天主的子民，在自己的教會裡，創制多種的神聖職務，以謀求全奧體的福利。」基督既立定了這些職務，當然也立定了滿全這些職務的人。教會的各種神聖職務，便是聖統制的構成要素。有了職務，便有適當的權力。

聖統制的目的，是爲天主的子民服務。《論教會憲章》在同一節上說：是有神權的聖職人員們服侍自己弟兄，使一切是有基督信友身份而號稱天主的子民的人，大家有序地，自由地趨向同一的目的，以得永生。教會的聖統制，不是爲壓迫人，乃是爲服侍人，不是爲強迫人奔赴目的，而是爲使人自由地又有次序地奔赴目的。這種原則，是基督自己所定的：「人子來不是爲受服侍，而是爲服侍人。」（瑪竇福音　第廿章第廿八節）

乙、聖統制的神學根據

教會的聖統制不是教會後期法家所造的，乃是基督自己所立的。基督復活後，將要升天時，遣派十二宗徒去傳道：「天上地下一切的權柄都交給了我。所以你們要去使萬民成為門徒，你們要因父及子及聖神之名給他們授洗，教訓他遵守我所吩咐你們的一切。」（瑪竇福音 第二十八章第十八節）

而且耶穌還向宗徒們說了：誰聽從你們，就是聽從我。宗徒們基督手中領了一切應有的神權。伯多祿更是被耶穌立為宗徒之長，身為教會的磐石。

福音四傳所記載基督的這些言語，便是教會聖統制的聖經根據。聖保祿更明白地說出，在教會裡必定要有各品的聖職員：「你們便是基督的身體，各自都是肢體。天主在教會所設立的：第一是宗徒，第二是先知，第三是教師……。」（格林多前書 第十二章第二十七—二十八節）。「就如我們在一個身體上有許多肢體，但每個肢體都有不同的作用：同樣，我們眾人在基督內，也都是一個身體，每個彼此都是肢體。於是照我們各人所受的聖寵，我們也就有不同的恩賜；如果是說預言，就應按照信德的一致性；如果是服務，就應用在服務上；如果是教導，就應用在教導上。」（羅馬人書 第十二章第四節—第七節）。「神恩雖有區別，卻是同一聖神所賜；職分雖有區別，卻是同一的主所賜，功效雖有區別，卻是同一的天主在一切人身上行一切的事。不過每人所蒙受的聖神顯示全是爲人的好處。」（格林多前書 第十二章第四節—第七節）。

初期聖教會的聖傳（sacra traditio），都明明記述教會在初起時，就有聖統制。《論教會憲章》第三章第二十節，引證聖傳很多，明白地證明聖統制是一貫相承。

從神學理論去說，聖統制對於教會本身的性質很有關係。教會是基督的奧體，奧體是唯一的，奧體的肢體又是互相連結的。在內部的超性活動方面，基督奧體的肢體是藉著聖寵相結合；聖寵使人和基督有同一的生命，有聖寵的人再在基督以內彼此相結合。可是教會由人結合而成，是一個有形的團體，團體的結合以及本身的唯一性，則有賴於團體的統治系統。因此教會的聖統制，有保持教會唯一性和團結性的功效。這一點，在歷史的事實上，已經證明。

二、教宗與主教

聖統制的系統，有教宗、主教、神父、六品。

教宗爲聖伯多祿的繼承者，爲教會的元首。第二屆梵蒂岡大公會議完全接受第一屆梵蒂岡大公會議的規定，教宗元首的權力是至高的，是全部的，是直接的；對於教義和倫理的決議，是不能錯的。

關於主教，這次大公會議在《論教會憲章》的第三章和論主教牧靈職責的法令，有很詳細的討論和規定。

主教因著祝聖典禮，成爲主教的一員，身爲宗徒的繼承人。主教院繼承宗徒院，具有統治全教會的至高權力。主教在本教區內，則代表基督，爲教區之長。

A、主教院

主教院（Collegium Fpiscoporum）或稱主教團，是這次大公會議所立的新名詞，又是這次大公會議的一個很重要的據點，大公會議案裡的許多原則，都是根據這一點而定的。

主教院，是全教會的主教合成的團體。所謂院，沒有法律方面社團的意義，也不是普通社會上所稱會院的意義，而是具有本身的特別意義。

在福音上，十二宗徒合成一個團體，因而在聖經和聖傳有了「十二人」這個名詞。聖經和聖傳一說十二人，就是指著十二宗徒的團體。宗徒的團體便是後代所稱的宗徒院（Collegium Aportolorum），每位宗徒因爲是宗徒，從基督耶穌得有許多特權，如超出凡人的聖德，預言後事，醫治疾病見證，天主的默示，講道不能錯，這些特權特恩，是宗徒本人所有的，不能留給人。十二宗徒合成一個團體，這個團體從基督耶穌也得有一些特權。耶穌遺發十二宗徒，授給他們教誨世人的權，赦免或保留罪過的權，治理教會的權，立各地教會的權，即是包括爲救人和聖化人應有的一切權力。這兩點在聖經福音上都有明白的事證。

宗徒院有耶穌立的首領，是聖伯多祿宗徒。宗徒們在領受聖神後，議決分行天下去佈道並建立本地教會。後來初期教會發生了應當遵守梅瑟誡律的問題，由宗徒們在耶路撒冷集會決定辦法。這就表示宗徒當日治理整個的新興教會。

宗徒們殉道逝世，他們留有繼任的人。宗徒們繼任的人由教會證明是教會的主教；主教便是宗徒的繼承人。但是每位主教卻不能說自己是繼承某某宗徒，因爲宗徒們所建立的本地教會並不很多，主教繼承宗徒，是因身爲主教院的一員，主教院繼承宗徒院，主教乃繼承宗徒。

主教院繼承宗徒院，這是第二屆梵蒂岡大公會議所定的一宗重要的決議。

主教院有如宗徒院，有自己的首領；乃是教宗。我們一說主教院，就包括主教院的首領。教宗和主教院不是對立的，主教院若沒有教宗，例如身體沒有頭，不能獨立。主教院如有活動，應和首領教宗相連，而且應有首領教宗的指示。

主教院繼承宗徒院，又有教宗爲首領，主教院便具有統治教會的至高權力。主教院不能行使統治權，若不和自己的首領相連。主教院行使統治權，通常就是在教宗指導之下，治理自己的教區；特別的機會行使至高統治權，便是大公會議，或是教宗所召集或認可的主教院會議。

主教既都是主教院的一員。主教院對全教會負責，主教每人對教會便都要有責任心。彼此中間也應有聯絡，互相關切，互相協助。

B、主　教

主教被選任爲主教，即受祝聖禮。主教因著受祝聖爲主教，加入主教院。

主教的祝聖典禮，爲一件聖事。以往神學家對於這一點，意見不大相同；這次大公會議則有明白的決定。主教領受祝聖禮，領受聖事的聖寵，又領受聖品（神品）的印記。主教聖事是聖品聖事一部份，聖品聖事有五品六品聖事，有司鐸聖品聖事，有主教聖品聖事。主教聖品是鐸職的完成點，因爲主教聖品施給行聖品聖事之權。

主教聖品的神權，領了主教聖品聖事後立刻就有。同時主教加入主教院，也就取得主教院的權力。可是爲執行這些權力，還要緊有主教院首領教宗的規定。

主教院的權力，在於教導、治理、聖化之權。

主教受祝聖後，先加入主教院；然後由教宗指派爲一教區的主教。因此，主教不是務必要有一個教區，目前的領銜主教，必領一個教區主教的名銜，雖然所領銜的教區已經不存在了；這種制度將來可以改變。同時，主教對於整個教會，應當有責任心；因爲主教院是對全教會負責的。主教繼承宗徒爲教會的首長，爲人師，爲人父，完全表現基督司祭、先知、主子的身份和特權。主教的司祭品爲完滿的鐸品，爲鐸品的頂立。神父的品位則爲第二級鐸品，爲主教鐸品的助手。主教的先知身份使主教常有導師的職權，爲教義的正式講師。主教的主子身份，則使主子爲教會首長，爲教區之中心。

在教區內，教區主教代表基督，是教區的司祭，是教區的導師，是教區的主人。主教在教區內，做基督要做的工作：教導教友、聖化教友、治理教友，主教的權力，不是由於教區教民所給的，乃是因著聖品由基督所授的。即使主教由教友和神父所選，主教的權力仍舊由基督而來。主教權力的行使，則由教會上級權力予以規定。

在教區內，主教是教區一切工作的指導人，也是教區的中心。這次大公會議在各宗憲章和法令裡都強調這一點；另外是對於享有治外法權的修會，大公會議也規定在教區的工作上，應服從主教。

但是主教爲行使自己的職權，以滿全代表基督的職務，要緊有助手；因此聖統制在主教以下，有神父和六品。主教善用自己的助手，以教導、聖化、治理自己的教友，主教自己本人並不能免了這些職責。大公會議鼓勵主教們多多講道，且爲加強神父們工作的效力，主教在教區內，應有各種法令的組織。

三、主教與神父

神父是領有鐸品司鐸。鐸品乃是基督的鐸品;基督的鐸品,雖然是在主教的聖品內圓滿地表現出來,在司鐸的聖品裡,也充分表現自己的職權。主教和神父享有同一的鐸品,主教爲首領,司鐸爲肢體,彼此相連,不能分離。主教和神父負有同一的使命,爲人服務,使人能有超性生命,主教是主動的中心,神父是發揚工作的動力,彼此猶如腦神經系統和肢體神經系統,相連相通。(論司鐸生活法令 第七節)

主教和神父的連貫,不僅是法律上所有上司和屬下的關係,而是神學上聖品和救世使節的關係,而且還是基督奧體的神秘;因爲這種關係的基礎,就是基督的奧體。奧體的肢體,藉著聖品而相從屬。神父的鐸品由主教的鐸品而生,沒有主教,便沒有神父。神父和主教相脫離,不單單是違反法律的規定,乃是使自己的司鐸生活(聖事生活)缺乏了根基,就像肢體沒有頭顱,豈不是死了嗎?

同樣,主教也不能和自己的神父相脫離。主教和神父乃是相對關係(不是相對立的關係),神父和主教相連,主教和神父也相連。主教和本教區的神父合成一個鐸職。

因此,大公會議規定每個教區的神父,不在修會的和在修會的,合成教區的聖職員

(Clerus dioecesanus)，主教為教區聖職員的首領，神父為主教的必要助手和顧問。(論司鐸生活法令　第七節；論主教牧靈職責法令　第二十八節)

在主教和教區聖職員之間，大公會議希望有互相對話。主教有話向神父說，神父也有話向主教說；神父聽主教的話，主教也聽神父的話，兩方的立場雖說不同，然而總要兩方可以說話聽話，才有互相對話的可能和事實。

為使兩方對話，大公會議規定了一個新的制度，即司鐸代表會(Consiliumpraesbyterale)。(論司鐸生活法令　第七節)

在聖教開始時，主教和神父住在一處，神父是主教在行祭和牧靈的助手。聖教發揚以後，各處鄉間都有教友，主教乃派神父住在鄉間。住在鄉間的神父，在行祭和牧靈上，自作主動者，神父和主教便分散了，神父和神父也分散了，雖然法典上規定教區主教，應有主教座堂聖職團(Capitulum cathedrale)，或教區諮議會(Consilium consultorum)，以作司鐸的代表。但因這兩種機關的委員都是主教駐在地的城市裡之神父，且完全由主教選派，缺乏代表性質，這次大公會議乃規定組織司鐸代表會。這個代表會的性質，就是為修改座堂聖職團和教區諮議會的組織，而且在將來新法典中將取而代之。

這個司鐸代表會，在法令上沒有規定組織的辦法，法令說明將來由法典去規定。目前，若要組織這個代表會，應按照大公會議的精神，這個代表會的委員，真要可以代表全教區的司鐸。

司鐸代表會的職務，在於協助主教治理教區。法令明文規定「貢獻意見」。所以只是諮詢的機關。將來法典若以它代替主教座堂聖職團和諮議會時，則可以在法定的範圍內，對於教區行政行使同意權。

另一新的教區機構，是論主教牧靈職責法令第二十七節規定的牧靈委員會。這個機構按照法令的規定，由本教區主教任命神父修女和教友組成，主席爲本教區主教，職務爲研究牧靈的各種問題，並籌備或執行教區會議的議案。

大公會議規定了這兩個新組織，爲實現神父教友參加教區的牧靈工作。實際上，神父們早已參加牧靈工作，而且教區的牧靈工作，都是他們在做。大公會議所規定的參加牧靈工作，乃是參加教區牧靈工作的設計和指導。教會法典曾經規定每個教區有主教座堂聖職團或諮議會，這兩種機構，大公會議稱之爲主教的元老院，教區大事常在這種機構內商量或決議。但是因爲法典爲召集開會的便利起見，規定這兩個機構的會員，應該是主教所在的城市裡的神父，（傳教區可以例外），便不能代表整個教區的神父，特別是外縣鄉間的神父，沒有人代表他們伸說當地的需要。大公會議才規定了司鐸代表會。至於說牧靈委員會，則完全是新的機構，使修女和教友，參加討論教區牧靈的計劃。

主教和神父教友的關係，大公會議願意再恢復聖教初期時的精神。那時候主教和神父常在一起，共同生活，一齊工作，有如一個家庭，主教是家長，神父是家人。後來，在主教和神父關係裡，法律的成份多了，主教是一方的首長，神父是屬下，兩方距離遠了，一方發號施令，一方服從命令。這次大公會議特別強調教區爲一個家庭，以增進神父和主教的關係。大公會議也注意神父們的服從，勉勵神父們服從主教有如服從基督，勸誡神父們和主教相聯繫有如司鐸聖品出自主教聖品。但是基督的工作以及聖品的目的，是在於救人和光榮天主；因此，神父對於主教的服從，也必定要常在這條目的上，主教的命令不能出乎或甚而反乎這個目的，在同一目的上，神父和主教，神父和神父因著聖品相同，因著職務相同，彼此互相團結，合成一體一家。

教友對於主教的關係，是教會聖統制的關係，聖統制的意義在於統治，又在於服務，主教對於教友，是把他們看爲自己職務的目的，自己以幫助教友爲生活。然而主教也知道自己是代表基督，基督曾經命令宗徒們：「天上地上的一切權力都給了我，你們去訓誨萬民，教他們遵守我的一切誡命。」主教應該訓誨，應該指導，而且是用基督的權力去訓誨指導。教友對於主教，有因著領洗而成爲教會肢體的關係。基督的教會，由地方教會的教區爲代表，每個人領洗後屬於一個教區，教區的首領是主教，肢體是教友。肢體服從頭腦的指示，然而也和頭腦共同活動以維持並發育身體的生命。教友因此在教會裡，也是要和主教合作，參加教會的活動。此次大公會議不但頒佈了教友使徒工作的法令，督促教友協助傳教，也規定了教友代表參加教區牧靈委員會。這就是爲實現教友與主教的關係。

今日中國青年人的宗教信仰

各位修女都是從事傳教的修女，你們或是在學校，或是在補習班或是在學生中心，或是在本堂，你們常常和青年人相接觸，你們對於今日青年們的心理，有很多的經驗。可是在臺灣還有許多的青年，另外是男青年，他們和你們沒有什麼接觸，我今天便和你們談一談今日中國青年的宗教信仰。今日青年的宗教信仰，是我們的傳教的人，一個很主要的問題。

現代學苑月刊上，曾經登載兩篇文章，一篇是項退結神父對於臺南大專學生的宗教信仰，一篇是雷煥章神父所寫的中國當代的幾個思想潮流。這兩篇文章都是我託付項神父和雷神父研究今日中國青年人的宗教信仰問題，所有的一部份結論。

根據項神父的調查，臺南大專學生有百分之五十五不信宗教，有百分之十五，對於宗教信仰無所表示，只有百分之三十有宗教信仰。有宗教信仰的學生，因著父母的宗教信仰而信宗教的，出生於臺灣而信仰佛教者佔百分之十八。有百分之六十五，不信宗教的學生，屬於理學院的有百分之四十九。

這個調查表所有的數目，可以由臺南推廣到臺北，到臺灣全省，我們可以說今日臺灣的大專青年，百分之七十，沒有宗教信仰。鄉村裡的青年，則大半尚信祖傳的佛教、道教。

今日中國的大專青年，爲什麼大半不信宗教呢？

(一)上面我所說項神父的調查表不信宗教的大專學生，百分之四十九屬於理學院。可以說是一半不信宗教的學生，是理學院的學生，是學科學的學生。這一個數字，就告訴我們，今日中國青年人的心理，相信科學，而又相信科學反對宗教信仰。

科學是實驗的學術，是事事有腳踏實地的證據的學術。愛科學的人，便事事要求可以實驗的證據，他們便反對宗教，以爲宗教信仰不可以有確實的證據。這個思想，可以用胡適博士作代表。胡適之先生曾經說：「古代的人因爲想求得感情上的安慰，不惜犧牲理智上的要求，專靠信心(信仰)，不問證據，於是信鬼、信神、信上帝、信天堂、信淨土、信地獄。近世科學便不能這樣專靠信心了。科學並不菲薄感情上的安慰；科學只要求一切信仰須要禁得起理智的評判，須要有充分的證據。凡沒有充分證據的，只可存疑，不足信仰。」(胡適我們對於西洋近代文明的態度　胡適文存　第三集　頁八)，今日一般求學的青年，很多都有這種心理，他們並沒有認真去研究宗教，看那種宗教信仰禁不得理智的評判，他們很籠統地決定凡是宗教信仰，都是不合科學的，因爲沒有辦法可以證明神的存在。

(二)今日的青年，因爲喜歡科學，又造成第二種反宗教的心理，就是人力勝天的心理。這種心理也可以用胡適之先生作代表。適之先生在同一篇文章裡說：「從前人類受自然的支配，不能探討自然界的秘密，沒有能力抵抗自然的殘酷，所以對於自然，常懷畏懼之心。拜物、拜畜生、怕鬼、敬神。「小心翼翼，服侍上帝。」都是因為人類不信任自己的能力，不能不倚靠一種超自然的勢力。現代的人便不同了。人的智力居然征服了自然界的無數實力，上可以飛行無礙，下可以潛行海底，遠可以窺算星辰，近可以視察極微。這個兩隻手一個大腦的動物──人──已成了世界的主人翁，他不能不尊重自己了。……這是現代人的宗教，信任天不如信任人，靠上帝不如靠自己。」（同上）胡適之的這種心理，在他的《中國哲學史大綱》上冊裡盡量表現出來。他對於荀子和王充，很加讚揚，就是讚揚他們的人力勝天的思想。今日中國青年，也有許多人有這種心理，他們認為宗教是不開化的人的信仰，現代的文明人用不著宗教信仰，他們自己可以倚靠自己的天下。

㈢今日中國的青年，有些人不要宗教信仰，也不是完全相信科學萬能，而是相信一種人文主義，以人生是人的生活，由人自己作主。這派青年可以說是隨從錢穆、唐君毅、徐復觀幾位先生的人文主義。錢穆先生曾說：「西方人的態度在無限向前，無限動進。佛家的態度，同樣是在無限向前，無限動進。你不妨說：佛家是無限向後，無限靜退。這只是言語上不同，總之這兩種人生，都有他遼遠的嚮往。……中國儒家的人生，不偏向外，也不偏向內，不偏向心，也不偏向物。他也屹然中立，他也嚮往，但他只依著一條中間路線而前進。他的前進也將無限。但他隨時隨地，便是他的經極寧止點。因此儒家思想走不上宗教的路，也不在他外面建立一個上帝。他只說性善，說盡自己的性。如此則上帝便在自己的性分裡。」（錢穆 人生十講 頁五）錢穆先生又說：「然而（西方）追尋愈遠，其回向人生，亦將愈感疏闊，愈成隔閡。歐洲中古時期，正因宗教路程向前太遠遂致回啓人生，形成一片黑暗。近代歐洲，又是科學向前探索太遠，而發生流弊。人文科學追不上自然科學，形成目前之文化脫節。……中國人追求真理，主先向內，生內人生世界之本身求體驗。體驗所得，再本此轉向外面宇宙去觀照。故中國人之真理觀，乃爲現實而內在著。換言之，亦可謂主觀的。《尙書》言，天視自我民視，天聽自我民聽。要瞭解上帝，即在瞭解人生。孟子言，盡心則性，盡性知天，要瞭解天，即在瞭解人。如是何能有宗教？若有宗教，仍屬有限世界中之一種人之教，而非無限宇宙超越外在的一種神教與上帝教。」（同上，頁四六——四七），這是不做向科學的人文主義，這種人文主義企圖以中國傳統文化爲根據。

（四）最近呂實強先生出版一本書，書名是中國官紳反教的原因，他研究在清朝咸豐十年到同治十三年，即一八六〇年到一八七四年，十四年間教案發生的原因。研究的結果，他承認中國官紳反對天主教和基督教，第一是因爲儒家的傳統，以天主教和基督教爲洋教；第二是因爲教士的態度過於囂張，侮辱中國人，又有外國列強以武力保護傳教事業；第三則是因爲各地的迷信。這些反教的原因，在目前大部份人的心目中，已經不存在；可是在少數的知識階級和青年人的心中，仍舊還是保存的。他們不喜歡信仰天主教，說天主教是洋教，說天主教以救濟品吸引信徒。

（五）還有一些青年不信仰宗教，他們的緣因，是耶穌在福音上所講的播種譬喻，有的種子落在路上，落在石頭上，落在荊棘裡，都不能生長。這些青年和成年人一樣，有的因爲家道貧窮，一天忙著做工經商，或因功課忙，補習忙沒有時間，也沒有心思去研究宗教教義。耶穌在福音上還講了另一種譬喻，一個國王爲太子預備了婚筵，下了請帖。所請的客人，則都不來，說是買了田，買了牛，結了婚。這就是現代的享樂主義。歐美人現在的物質文明，進步到了很高的程度，他們的心理，只謀天天的物質享受，不但不想天主，而且不願想天主。今日中國臺灣的生活，也漸漸好了，物質的享受也高了。有物質享受的人，不願受宗教的束縛，追求物質享受的人就不會追求宗教信仰。

但是，我們不能以爲今日中國的青年，因著上面的原因，就都不信宗教了。我們在最近幾年的新教友中，多半是大學和中學的學生，他們進了教以後，大致也熱心。臺北的大專天主教學生，今年有兩千兩百多人。這表現什麼呢？這表現我們的青年，有一部份是有志氣的青年，他們不隨流合污。可是其他更多的青年，和宗教離得很遠，我們也要設法和他們相接近。

大公會議所鼓勵催促我們的就是叫我們和這般在教會以外的人，多發生接觸；又叫我們將傳道的方法，配合現代社會的環境和現代人的心理。上面所講的青年對於宗教信仰的心理，不是不能勝過的；只是要求我們解釋教義，也要科學化，也要中國化。科學既不反對宗教，中國傳統文化以信天爲根基。另外也要求我們指導青年的生活時，要尊重他們的人格，培植他們發展固有能力的自尊心，也指導他們善用正當的娛樂，常有愉快的心情。

各位修女，你們在講習班研究大公會議的法令和精神，你們要知道大公會議的目的，乃是在於使聖教會的工作，能夠現代化，使你們所做的事業，都能配合目前的時代。因此你們應該研究現代社會的問題。

（民國五十六年二月十二日在修女講習會講）

羅光總主教向聖母大會演講詞

諸位聖母會會員：

你們舉行全體大會為組織全國總會，我雖然很忙，也很高興接受鄭神父的邀請，來和各位說幾句話。聖母會，是特別恭敬聖母的善會；我則把主教任內的工作，都託給聖母的助佑，我的心常向著聖母。聖母會員，是組織嚴密，訓練完善，勇於負責的教友；我則把教區的事業，多多寄託於教友們的合作。因此我的精神和聖母會的精神很相近，我對聖母會的希望也很大。我所以很高興來向各位講幾句話。

你們這次大會的研究題目，是大公會議、論教會憲章所說的天主子民。你們要知道成了天主的子民，有什麼意義，你們要知道，於今在現世的生活中，走在人生的旅途上，天主的子民又有什麼意義。

一、天主的子民

原祖亞當，違背了天主的命令，犯了違命的罪過。亞當本是一個人，可是他是人類的原祖，在他以內隱藏著整個的人類，他是人類的代表。他犯了罪，就是整個人類犯了罪。整個人類在造物主跟前是整個一個人類，不僅僅是一個一個的人。爲救贖人類，也是一個人，這個人卻不是一個單獨的人，祂乃是天主聖子。天主聖子降生成人，取了人性，祂的人性也代表整個的人類；因此整個的人類也因祂而得救。聖保祿宗徒說：「就如因一人的過錯，眾人都定了罪；同樣也因一人的正義，眾人也都獲得了恩賜生命的正義。」（致羅瑪人書　第五章第十八節）

因著聖洗關係

洗滌人靈罪污

授給超性生命

人類的人，和亞當相連繫，是因著血統的關係；人類的人，和救主基督的關係，則是因著聖洗的關係。聖洗洗滌人靈魂的罪污，在血肉的生命上，授給超性的生命。超性的生命，乃是天主的生命，人在領洗時，便是生於天主，成爲天主的子女。聖若望福音說：「比接受祂（救主）的人，祂給他們，即那些信祂名字的人權能好成爲天主的子女。」（第一章第十二節）這是因爲人在領洗時所得的生命，就是天主聖子耶穌的生命，人和耶穌結成了一體。聖保祿稱我們領洗的人，都是耶穌的肢體。「我們眾人在基督內，也都是一個身體，彼此間每個都是肢體。」（致羅瑪人書　第十二章第五節）這個身體稱爲基督的奧體，就是基督的教會。基督的教會是多數人結合成的，雖是一個奧體，這個奧體也就是一個民族，這個民族不由血統關係而成，而由天主的寵愛而成，因此稱爲天主的子民。

天主的子民，在舊約古經上已經有了預示。天主和亞巴朗訂了約，以亞巴朗的子孫作爲自己的子民。亞巴朗的子孫就是猶太人，或稱以色列人。在舊約古經上，以色列人常稱爲天主的子民。這種子民象徵，而且也預示後代信耶穌的人而結成的教會。因此聖保祿稱我們信奉基督的人，是亞巴朗的義子，是亞巴朗的精神後裔。（致加拉太書　第三章第二九節）又說：天主和人類定了新約，以基督的血爲證。（格林多前書　第十一章第卅五節）大公會議《論教會憲章》說：「猶如在曠野中旅行的以色列民族已經被稱爲天主的教會；同樣，在現世旅途中，追求未來永存城邑的新以色列，也被稱爲基督的教會。就是基督用自己的法所獲得，又以其聖神所充滿，並以組織有形社團的適當方法所建立的教會。」（第二章第九節）

天主的子民
有天主生命
同天主一樣

二、旅途中的子民

聖若望宗徒說：「請看父賜給我們何等的愛情，使我們稱爲天主的子女，而且我們也真是。……可愛的諸位，現在我們是天主的子女，但是我們將來如何，還沒有顯明；可是我們則知道一切顯明了，我們必要相似他。」（聖若望第一書第三章第一節第二節）

天主的子女，有天主的生命，便應該如同天主一樣，享有完滿的精神福樂，不陷於罪；面對天主，欣使全人類歸向基督，賞天主的美善。但是在現世生活裡，我們是在「追求未來永存城邑」的旅途中，我們是走向天鄉的旅客。基督的整個教會，也是一個旅途的教會。整個教會的目標，因著基督而歸向天主，要到救主基督第二次降臨審判人類時，纔能夠完成。

旅途中的子民，所過的生活，是信德的生活，聖保祿宗徒說：「因爲我們現在藉著鏡子觀看，就像猜謎，到那時候就要面對面的觀看了。……現今存在的，有信望愛這三德，但其中最大的卻是愛。」（格林多前書 第十三章第十二節）在現世裡，我們認識天主，藉著我們的信德，我們並沒有看見祂。

我們對於天主所許給的精神產業，我們也只是希望。聖保祿告訴我們說：「所以你已經不再是奴隸，而是兒子，就賴天主的恩寵成了承繼人。」（迦太基書 第四章第七節）又說我們於今是等候義子地位的實現。「原來我們得救是在於希望；但所希望的若已看見，就不是希望了；因爲人何必再希望所看見的呢？但我們若希望那未看見的，必須堅忍等待。」（羅瑪人書 第八章第廿三節第廿四節）在旅途上的人，是等著回家，心常想自己家裡的親人。我們在現世生活，常傾心於天主。聖保祿宗徒指示我們：「所以你們既然與基督一同復活了，就該追求天上的事，在那裡有基督坐在天主的右邊。」（哥羅森書 第三章第一節）

三、最要緊的愛德生活

在旅途的生活中，最要緊的是愛德的生活。愛德使我們對於天主有孝子的心情，使我們和天主相結合，使我們和我們的首領基督相連接。另外愛德使諸聖相通功的信條能夠實現。

《論教會憲章》說：「直到主威嚴中與眾天神降來，並且摧毀死亡，一切都屈服於主的時候，基督信徒的一部份正在現世旅途中，另一部分已經度過此世而在滌煉中，另一部份則在光榮中，面見三位一體的天主真像；可是，這一切人，卻在不同的等級與方式之下，共融於同樣的愛主愛人之德。」（第七章第四十九節）

因著愛德，旅途中的天主子民，更能實現教會團體的生活。天主的子民，不是一個孤單的人，奔向天鄉；而是一個民族，共同向天鄉走，彼此互相呼應，互相照顧。而且教會的生活是團體生活。教會禮儀固然是團體的，教會的祈禱也是團體的，教會的工作也是團體的。天主的子民在旅途的教會內，都要知道各自的位置，各自的職務，各人都要分擔教會的工作。

爲能分擔旅途教會的工作，便要認識旅途的實現情形。旅途的天主子民（教會），是在人世社會裡行走。人世社會的情況，隨時隨地常有變遷。我們爲分擔旅途教會工作，先應認識這時這地的社會情況；然後可以用適當的方式，去做在教會內應做的工作。這種工作，也不過就是使我們在旅途中；更容易歸向天主，即是聖化自己而聖化人。

聖母會員的特徵是一生孝敬聖母這是聖母所愛的子女。

四、聖母會員與旅途中的天主子民

聖母會員以恭敬聖母爲特徵，一生孝敬聖母，爲聖母所愛的子女。聖母乃聖教會，即天主子民的母親，因爲她是聖教會頭腦耶穌基督的母親。耶穌基督孝愛自己的母親，也愛聖母所愛的子女。那麼聖母會員既是聖母所愛的子女，便也是耶穌所愛的；耶穌所愛的，也是天主聖父所愛的。因此你們聖母會員乃是天主子民中受天主寵愛的子女。

聖母會員奉聖母爲模範，努力修身，完成自己的精神生活。你們便充實自己的信德，提高自己的望德，另外加強自己的愛德；你們便是天主子民中的優秀份子。教宗庇護第十二世在《兩世紀通諭》上說：「然而最重要的是——這比會員人數之多寡更重要得多，莫過於遵守聖母會會規，因爲會規引領會員們走上精修的道路，直至聖德的最高峰。……因此，凡聖母會所傳到的地方，只要會員們能忠誠地遵行會規，風俗就變得更聖潔，宗教生活也就更堅強更充實。」（見聖母會簡介第三十五頁）

聖母會是一種善會，是一種組織嚴密的團體。會員的工作，這一點，便是養成會員的團體精神。天主的子民本來就是團體性的，只是普通大家都忽略了這一重要點。這次大公會議特別提倡教友的團體意識，尤其提倡教友的教會意識，使教友自知是天主子民的一份子，每個人和整個教會相關連。聖母會不但是具有嚴密的組織，而且很有教會的意識，和教會內其他組織相聯繫，共同爲聖教會服務。庇護第十二世在《兩世紀通諭》裡說：「聖母會值得我們稱許的另一理由，是他們一向，尤其是近年來，衷心渴望和其他的聖教善會以兄弟之精誠合作，並在聖統的管轄和領導下，群策群力爲基督的神國貢獻更大的力量。」

聖母會會員是子民前哨教友的模範

聖母會會員結成天主子民中的一種很大的力量，在現代的社會，聖化自己以聖化人。你們是走在天主子民中的前線，作爲天主子民的前哨。你們要作教友的模範，作教友組織中的中堅份子。你們的組織雖然已經四百年了，你們工作的方式，則常是新穎而合於現代的。今天，你們就在研究適應臺灣環境的傳教方式。

聖母會員們，我說了聖母會員在天主子民中的地位，你們一定就覺得自己責任的重大。可是你們都是青年人，青年人有膽量，有前進精神。青年人不看以往，只看將來。以往聖母會員做的工作很多很好。今天我在忙中趕來新竹，而且立刻就要回臺北，也是爲表示我對你們以往工作的欽佩。但是你們青年人是看將來的。以往做的好，將來做的要更好；以往做的多，將來做的要更多。今天比明天好，今年比去年好。

聖母會員們，我祝望你們常是日新又新的。

亞洲要理會議開幕詞

民國五十六年

四月二十三日，亞洲要理研究週。

赴馬尼拉，午後三點抵達，寓於聖母修女會總會。晚，亞洲要理研究週開幕，余以英語致開幕詞。

五月十四日，教區會議開幕。

上午，十點在聖多福堂，爲美僑小孩傳堅振。晚，七點，在主教座堂行大禮彌撒，教區會議開幕禮儀。

五月十五日教區會議開討論會。

上午，九點在主教座堂，教區會議，開討論大會。一點散會。

午後，六時半，在聖家堂爲大同工專及實踐家專天主教同學行祭，參加歡送畢業同學晚會。

開幕詞

主教閣下，可敬的神父修女，各位女士先生：

Rev. Hofinger S.J. 多年從事要理與傳教的研究，二十年前在上海已經成立要理研究中心，共黨佔據中國大陸以後，將要理研究中心設在馬尼拉。每年週流各國，組織研究班；又組織國際性研究週，集合各國專家，一九五九年在Nijmegen，一九六〇年在Eichstatt，從事專題研究。研究結果，集輯成書，供各國傳教士的參考。

我們翻開Eichstatt研究週的演講集，看那次所提出建議，我們很佩服當日的建議和第二屆梵蒂岡大公會議的法令及精神很相吻合，那次研究週的建議不但作了這次大公會議的材料，而是作了大公會議的嚮導，而被採入大公會議的法令以內。我們因此很佩服當日專家們的遠見。今日專家們又共聚一堂，再共同研究，則可以將大公會議對於傳教區要理問題所有的法令，在大公會議全部的指示及精神中再加以發揮。

這次研究週和前兩次的國際研究週有不同之點，即是在這研究週內注重要理問題，也注重傳教神學問題，因此這次研究週包括前後兩部份，前部份是傳教神學，後部份是教義要理。為研究這兩個問題，我們有從歐洲來的專家，他們也都是在大公會議的委員會充任專家，我很高興在這裡歡迎他們，再同他們來共同研究傳教神學和要理的問題。從亞洲各國來參加這次研究週的主教，人數不少。這點就表示主教都重視在傳教工作上，應該有學術性的基礎和方法，使我們的傳教工作，更適合時代。

各位參加研究週的朋友，我在開幕詞裡，不能進到各位專家的講演題目中去，也不能預言這研究週的結論，我只能簡單地說這次研究週所研究的問題，從第二屆梵蒂岡大公會議所能有的啓示，以便於我們在討論問題時，有所根據，得到指導。

一、要理訓練問題

目前在臺灣，我想在整個的傳教區，要理訓練成了一個很大的問題，而且還是一個很複雜的問題。臺灣的兒童爲了勝過升學的考試，整天在學校裡，沒有接受要理訓練的機會。已領洗的成人，則每天忙於自己的工作，很難得有時間研究教義。預備領洗的望教人，不願意用過長的時間來學要理，他們在領洗以前所學習的要理，只是一點基本的教義知識，對於教義的意義和精神，都不大明瞭。這些困難，已經很大了，但還不是最大的困難；最大的困難，則是教授要理的課本和教授要理的方法。我們大家都知道，今天我們所用的要理課本，已經不合用了，可是怎樣去改寫呢？我們找不到專心做這樣工作的適當人才。教授要理的方法，和要理課本是相連貫的，要理課本不改，教授方法也不能徹底改良。就這樣一年一年的延下去，傳教工作絕對做不好。

在理論方面，亞洲要理訓練中心和歷次傳教區要理訓練研究週，講的已經很透徹，很明瞭。雖然在梵蒂岡大公會議以後，我們要按照大公會議的指示，還要加以更徹底、更適合時地的研究；然而這種研究工作，並不是最困難的事。最困難點，則是怎麼樣使好的理論用在事實上去。我們知道新的要理本應該是怎麼樣的要理本，在理論方面我們知道編寫新要理本的原則；可是我們要知道在事實上我們有什麼好的方法去做，使要理本能夠編寫出來。這個問題乃是人才的問題。我們怎麼樣可以培植一批關於要理的專門人才。

連帶的一個問題，便是傳道員學校問題。傳道員學校的重要，大公會議傳教工作法令裡（第二章第十七節）曾鄭重加以聲明，並且訓令「要增設教區的及多數教區合辦的學校，使未來的傳道員，在這些學校內學習聖經及禮儀或重要的公教道理，以及畏理方法和靈牧實習，陶冶真正教友品德，虔心修練熱心聖善的生活。」但是問題就在於怎樣使傳道學校的課目，可以完成大公會議對於傳道員的要理學識和聖善生活標準。傳道員學校的課目要重新釐訂，傳道員的訓練要有新的方式。

這是我們大家所提出的這個重要問題，希望大家在這一週的研究期間，能夠予以討論，使能有美滿的結論。爲相幫大家的討論，我也願提出幾點小的意見。

二、在理論方面的意見

對於編寫新的要理課本，在理論方面，我們只要看上次在Eichstatt研究週的會議記錄，Teaching all maitons《往訓萬民》一書，就可以明瞭編寫新要理本的原則。這本會議記錄（Appesdicen）裡所列舉的原則。很新穎，很合於現代，很適用，而且在數次研究週裡，許多專家更要說明新的方法。但我願意稍微加以補充。

甲、古代的宗教哲學

在這次大公會議以前，討論傳教問題時，常提倡傳教的方法，要理本以及教友的生活，要適合於當地的文化和習慣，因此「適合」（adaptation）這一句話，成了傳教學上的一個專門名詞。這次梵蒂岡大公會議在教會傳教法令裡，沒有採用這個名詞，不是因爲這個名詞不好，而是因爲它不合用。「適當」（Adaptaton）表示教會是已經形成的一種生活制度，一種形成的文化。到了傳教區,教士要把這種制度文化,在外面上按照當地的需要,加以修改,使能適合當地人民的生活。這種理想是一種不正確的理想;因爲它以爲教會的生活制度和文化,就是在歐美已成的生活制度和文化,到了傳教區,外籍傳教士願意犧牲自己的習慣,以適合當地的習慣。可是大公會議明明告訴我們,聖教會的文化和生活制度不是由一地區搬到另一地區,而是在每個地方去建立,是用每個地方的文化遺產去建立,教會的教義是這種建築工程的基礎。因此,在教會傳教工作法令的第三章,論局部的教會,整個的教會由局部教會結合而成,整個教會是一統的,是唯一的;局部教會則有分別;在統一中有變化。

因此,我們爲講教義要理,不在於拿歐美所寫的新要理本,運到亞洲來,加上一些亞洲各國的色彩,或者印上當地各國的插圖,使亞洲人高興看。這些書,只能供我們的參考,做我們的模範。因爲我們不單是向教友講要理,尤其要向望教人講要理,我們所要做的,乃是大公會議所指示的:「新生教會,從所屬各民族的習慣傳統、智慧道德、藝術科學中把那些足以稱揚大道的榮耀,闡發救主的恩寵,並使教友生活走上軌道的事物,都全盤移置過來。爲實現這項計劃,必須在每一個所謂大的文化區域內,發起神學的檢討,就是在整個教會的傳統前導之下,把天主所啓示而記載於聖經內的史蹟和語言,又經教父們及教會訓導當局所闡述的,重新加以新的研究。如此可以明白看出,注意到各民族哲學與智慧,經過什麼途徑，信仰可以尋找理智；又可以看出各民族的習俗、生活意識和社會秩序，如何能夠和天主啓示的道德相調諧。」（教會傳教工作法令 第三章第二十二節）。中國的要理本，不僅僅要是用中文字的，還要是用中國的哲學和智慧寫的。印度的要理本，也是要不單單用印度文字還要用印度哲學和智慧寫的。每一民族的教會要理本，都應該是這樣的要理本。

傳教神學家以古代的宗教和哲學，爲福音的開路人，在這些古代的智慧裡，蘊藏著福音的種子。佛教、道教、印度教、日本神道教、儒家哲學傳統，都藏有福音的種子。儒家傳統的天的觀念，天是至上的精神體，掌管宇宙萬物，在人心沒有良心法律，人心有仁義的傾向，時加修養，乃成善人。道家主張去人貪慾，清靜無爭，使人心超出事物以上和「道」相接合。佛家提倡坐禪，清心以對佛。這些優美觀念，都是福音的種子應該作爲我們教義要理的材料。

乙、無神思想

亞洲的各種民族和國家，目前是在激烈劇變的時代，他們所有的文化傳統，都受到嚴重的打擊，歐美的各種唯物思想，都傳到了亞洲；而且歐美的無神論，也遍入亞洲青年人和中年知識份子的腦中。教廷爲無信仰者者的秘書處，目前已開始研究無神論的原因和現狀，把所得的結論將來給與各國主教團，作爲編寫要理課本的參考。我們在亞洲也要注意這一點，要明瞭無信仰者的心理，要知道他們的思想。若是我們能夠配合他們的心理和思想，我們向他們講要理，才可以引起他們的興趣，可以使他們懂得我們的話。

另外是亞洲的一大部分土地，目前在共產黨統治之下。共黨統治人民的政策，是毀滅一切的文化傳統，更換人民的頭腦，使人民所想的，所說的，所做的，都與自由世界不同。一切的問題和學術，都從唯物論證去講，神的觀念絕對摒棄。將來一旦天之賞賜共產統治下的人民再有自由，我們向他們講教義要理時，我們要按照他們的心理，要用他們的思想和名詞術語，宣講要理。若是事先沒有充分的預備，若是沒有適當的要理本，我們不能使他們懂得我們，更不能發展宣傳福音的工作。

丙、福音的緊要

「不信仰基督，不領洗的人，不能得救。不信仰基督的人，都沒有光明，坐在死亡的黑暗裡。」這是歷來的要理本所講的。

這次公教會議改換了這種說法，以爲「在他們中所有的經驗真善的成分，教會都視之爲接受福音的準備」。（論教會憲章 第一章第十六節）「而且那些非因自己的過失，而不知道基督的福音及其教會的人，都誠心尋求天主，並按照良心的指示，在天主聖寵感召下，實行天主的聖意，他們是可以得到永生的。」（同上）

一個現代非基督徒的人來聽要理，馬上聽見人說他一生是在罪惡的黑暗裡，他的反應不會太好。一個現代預備領洗的人，聽見神父向他驅魔，一次兩次三次，他的心理必定覺得不好。我們的領洗誓詞，許下棄絕魔鬼，棄絕魔鬼的行爲和虛僞光榮，現代的青年教友聽來，就不懂究竟是說什麼。這一切我們都應該改正。要用一種較爲禮貌的言詞，說明信仰的緊要，也說明領洗者和不領洗者的分別。

救贖乃是天主的恩愛，聖洗是由耶穌的血和聖神的火而成的。我們把這種恩惠給人時，要用愛德的言語。

但是，另一方面，我們在要理本上要肯定信仰的絕對緊要，「每一個人因教會的宣傳而認識基督，必須要歸附於祂，並和祂及稱爲祂的身體之教會藉聖洗連結在一起。」（教會傳教工作法令 第一章第七節）

三、在實際方面的意見

上面的幾條理論意見，是幾條淺而易見的意見，大家也都明瞭。但爲使理論的原則見諸實行，困難就很多了。爲改良教理訓練的方法，於今在教會內已經有很新式的要理訓練中心，培植了許多教授要理的專門人才。然而為能使亞洲的古代宗教和科學藝術等遺產，進到我們的教義要理內，或是說使我們的要理本，是我們亞洲各民族的智慧所完成的，我們尙沒有一所新式的研究所。大公會議的傳教法令裡說：「既然為妥善整齊地執行傳教工作，需要福音工作者對自己的任務，尤其對於非基督宗教及非基督文化商談，有學識的準備，並在實地執行時得到有力的幫助，所以希望研究傳教學及其他有益的學科或技術的——比如：人種學、語言學、宗教史與宗教學、社會學、靈牧技術及其他類似學科——傳教學院，為了傳教而友愛慷慨地合作起來。」（第三章第三十四節）為研究中國的宗教，我已經和耶穌會總長商量，請耶穌會在臺灣設立一研究中心。目前耶穌會士已經在預備了。為研究印度和日本的宗教思想，我以為也有設立研究中心的必要。這些中心怎樣設立，怎樣規定研究的範圍，又怎樣彼此間，以及和馬尼拉要理訓練中心間的合作，都是相當複雜的實際問題。我們主教們很希望你們專家們提出寶貴的意見。

為研究亞洲無神思想，為研究共產黨統治下人民的心理，也要有專人去研究。臺灣及和香港方面，我們已經開始這些工作；可是未能達到目的，我們需要多方面的合作，因為收集研究的資料，務必要從各方面去收集。香港、馬尼拉、東京，都是收集這種研究資料的重要地點。我們怎麼樣可以合作呢？

從臺灣來參加這次研究週的大都是負責管理傳道學校的神父修女。我想從別的來的，也必定有許多是負責傳道員學校的人。我希望他們同研究週的專家們，討論傳道員學校的課程表和生活訓練，以改進傳道員的教育。

各位朋友、各位同道，我說的話已經很長了。我這次承Hoffinger神父的邀請，來主持這次研究週，實覺不敢當。所幸的，這次研究週的神學專家，大都是大公會議傳教委員會的專家，我們曾經共同工作了四年或五年，這次又能夠再在一起做傳教工作，我便感覺輕鬆，感覺愉快。Hoffinger神父乃是這種研究週的一位最有經驗的指導人，在他指導之下，研究必定可以順利進行而達到有益的結論。我謹以天主的聖名，宣佈傳教區要理訓練研究週正式開幕。

教區會議開幕詞

（民國五十六年五月四日）

我們教區會議是愛火的工作

「至聖聖神，求祢降臨，充滿祢信徒的心，在他們心內燃起祢聖愛的火焰。」

「天主，祢今天以聖神的光明，訓導了眾信者的心靈；求祢恩賜我們也能藉此聖神，體味正當的事。」

在一千九百三十幾年以前的一個猶太五旬節期，耶穌復活了已經升天，宗徒們和門徒聖人齊聚在一個大廳裡，聖母瑪利亞坐在他中間，祈禱的時候，天主聖神像是一團一團的火球，降在他們頭上，他們心中馬上燃起了一種極強的愛火，他們的明悟馬上懂得了耶穌原先所講的道理。原來是很膽小的宗徒們，原來是不會講話的漁夫和小販；他們一領受了聖神，馬上變成大義無畏的人，變成了傳道化民的導師。聖神降臨的那一天，是聖教會誕生的日子，是基督升天後仍舊在世上工作的第一天。從那一天以後，天主聖神常在聖教會以內，常在信友們的心中；從那一天以後，天主聖神在世上不斷的工作。在那一天以前，天主聖神雖然也曾在世界上使用祂的工化，但那時的工化，是隱藏而不容易看見的，聖神降臨節以後，天主聖神的工化乃是很顯明，而且也是正式的了。

今天，我們用紀念聖神降臨節的彌撒，舉行教區會議的開幕大典。我們祈求聖神降臨，在我們每個人的心理燃起祢的愛火，並日光照我們的明悟，使能體味正當的事。

第一，我們的教區會議，是愛火的工作。在教區會議中我們所追求的，是愛火的工作；我們追求可以加強工作效率的優良方式，更能宣傳基督的福音，以表示我們愛主愛人的心情。在教區會議我們所作的，是愛火的工作；我們整個教區的神父，不分中外，不分會籍，還有教區內各個修女的代表，各個總鐸區的教友代表，大家共聚一堂，在主教的主持之下，開會討論發展教區工作的問題。我們不是和社會上別的會議一樣，會員有派別，有利害衝突，我們大家都是一心一意，追求唯一的目標，我們的利害相同，精神一致。對於每一個問題，大家雖然可以各有各的意見，而且可以自由發表，但是在討論時，我們每人不是爲求自己意見的勝利，而是求天主的勝利，求聖教會的利益。我們在發言時，大家的態度都將是熱烈的；可是我們說話的心情，都將是有愛德的，我們不攻擊人，也不排擠人。我們教區會議所有的七組提案，也都是愛火的工作，提案的第一條，就說：「當地教會應表現是一個愛的團體。」第二條則說：「當地教會應以社會服務工作，表現其純粹愛人的精神。」

在這新的社會裡，研究傳教新方法，發揮真誠愛德的精神。

教區會議既然是愛火的工作，我們祈求聖神，加增我們的愛火，使我們對於會議的進行，各方面都做得圓滿。使我們在開會時，大家真誠合作的愛德精神，在旁人看來，能夠是基督愛德的見證，尤其是在我們總教區的教友看來，明瞭我們確是一家人，確是具有基督的愛德。

第二，我們的教區會議，是議決正當的事。

第二屆梵蒂岡大公會議，指示我們在教會的各種工作上，應切合當前的環境；而且應當使教會的工作，對於社會的建設可以有所貢獻。我們臺灣的社會，目前是一個向前迅速進步的社會，因爲社會進步很快，社會上所有的問題也很多。尤其是在臺北首都，更能看到這種變動的現象。我們在臺北的傳教工作，便要配合這種非常的環境。爲著這種目的，我們才開教區會議，臺北總教區的教區會議，就是爲研究配合目前環境的正當工作。

教區會議不是一種偉大的宗教儀式，供人觀賞；也不是一種學術性或聯誼性的集會，單單聽人演講。教區會議乃是為切實研究加強我們工作效率的實際途徑。我們腳踏實地，實事求是。在新的，進步的，和變動的社會裡，研究我們應該有的正當傳教工作。可是我們都是學識有限的人，都是經驗有限的人，我們雖大家齊聚在一起，為集思廣益，我們仍舊不能就會找到配合時代的正當傳教工作。我們要求聖神光照我們的明悟，指導我們的討論，使我們所議決的事，真正是適應時代的正當傳教工作。在提案裡，我們有傳教的提案，有教育的提案，有文化的提案，有社會工作的提案；這每一組提案所建議的事，都是新的事，都是務必要和當前的環境相適合，不然，或者是不生效，或是不能夠做。還有教友使徒工作的提案，大家都知道是合於時代的需要，可是怎樣才可以有效地組織教友的使徒工作呢？新的環境裡，要有新的生活方式。臺灣目前社會的不安，乃是舊的社會生活方式已經不適合，新的生活方式還有沒建立起來。我們的傳教工作，也是害著同樣的病。我們在教區會議裡便要研究革新的方法。

當然，我們不能把所應當或可以做的事，一起都做。我們的能力有限，只能做一部份的事。我們因此求天主聖神，指導我們選擇在目前我們可以做的正當工作；我們的選擇，要恰得其當。

伏求聖神降臨，在我們心中，燃起聖愛的火焰，伏求聖神降臨，使我們體味正當的事。

在聖神降臨時，聖母瑪利亞和宗徒們在一起。我們求聖母——求中華聖母，同我們在一起，坐在我們中間。昨天正值法蒂馬聖母顯現五十週年，教宗保祿六世也赴法蒂馬朝聖，我們昨天也到淡水法蒂馬聖母堂朝聖，求聖母同我們一起開會。我們有聖母和我們一起開會，我們也就有聖神指導我們開會。我們有聖神的指導，我們的教區會議必定可以圓滿成功。

阿門

教區會議閉幕詞

民國五十六年
六月廿九日，教區會議閉幕。
上午，輔大畢業典禮，蔣總統夫人到會，接受董事長聘書。
中午，于總主教宴外賓，我作陪。
午後，教區會議在主教座堂，投票報告。
晚，七點，在中山堂舉行閉幕禮，本教區全體神父與我共祭。

閉幕詞

為結束我們總教區的教區會議，為開始紀念聖伯多祿聖保祿的信德年，我們臺北總教區參加會議的神父和本區總主教舉行共祭。

今天這次偉大共祭典禮，共祭人數之多，在全球各處，要算是第一次。這次偉大共祭的意義，在於實現一個教區的主教和神父完全是一體。因爲主教和神父共同分有唯一的司鐸聖品，共同舉行唯一的彌撒祭祀。這種唯一的司鐸聖品，是基督的鐸品；唯一的彌撒祭祀，是基督的祭祀。基督在教區內生活著，在教區內工作。教區就是基督的身體，主教是這個身體的頭，神父是這個身體的主管，教友則是這個身體的肢體。在我們的教區會議裡，我們已經表現了這樁事實，已經表現了我們的教區上下一體。今天在這種主教和神父的共祭裡，更表現出來這種真理。而且在教區會議我們所表現的教區上下一體，要由今天這種共祭的典禮予以成全，予以穩固，予以繼續。因爲我們要在唯一的基督祭祀裡，吸取基督的愛情；在唯一的基督祭祀裡，我們學習犧牲的精神。這兩種精神，乃是教區上下一體的基礎，也是我們將來爲實行教區會議議決案的兩項最基本的條件。

今天這種共祭，也表現信德年的意義。信德年的意義在那裡？信德年的意義，是在加強我們的信仰，是在實行信仰的生活，是在宣揚我們的信仰。

今天我們的共祭，是我們全教區的人士公開地向社會人士表示我們的信仰。我們所表示的是什麼信仰？是信耶穌基督犧牲自己以救人類，信耶穌基督以自己的生命替我們換取了新的生活。新的生活乃是愛的生命。因此我們教區會議的第一條款規定我們教區應表現一個愛的團體。共祭、信仰與教區會議的意義相同，互相連貫。

因此，教區會議閉幕了，信德年開始，而使兩者可以相連貫的，則是彌撒祭祀。各位教友，今天以後，我們要一步一步地實行教區會議的議決案。爲達到這個目的，需要我們大家一心一德，互相合作。爲使我們大家能夠一心一德，我們就要吸取彌撒裡耶穌的愛德和耶穌的犧牲。聖伯多祿和聖保祿是宣揚耶穌愛德福音的大宗徒，他們爲耶穌的愛德而犧牲了自己的性命。我們今天求這兩位大宗徒，幫助我們，在愛德和犧牲的精神裡，去完成教區會議給予我們的責任。

根據投票的統計，全部議案三百七十八條，其中共有二百〇七條受人投不贊成票，然其中有七十條僅有一票不贊成，超過十票不贊成的只有十六條，不贊成票數最多者，也不過廿七票。參加教區會議的會議員一共三百六十七人。因此可以說議案的每一條都有多數的贊成票，全部議案都通過了。

於今我們應該感謝天主，賞賜了教區會議圓滿成功，聖雅各伯宗徒曾經說：「我親愛的弟兄們，你們切不要錯誤，一切美好的恩惠，一切完善的贈禮，都是來自天上，都是來自光明之父。」（雅各伯書　第一章第六節）教區會議是天主賞賜我們的一個美好的恩惠，一個完善的贈禮。我們自心裡感謝天上光明之父，第二、我們感謝籌備教區會議的各組委員的委員和顧問。你們各位委員確實認真地爲教區會議預備了一個很好的討論根基，也按照大家的意見，將議案加以完善的修改。於今議案通過了，你們滿意，我們滿意。第三、我們要感謝秘書處的李神父、王神父和鄭小姐等，他們爲印刷議案、分發議案、紀錄各方意見、統計票數，費力很多。

教區會議的工作，在今天是完結了。可是教區會議的成績，在今天則才開始。教區會議產生了一本很好的議案，這是一種使人滿意的成績。但是若僅有議案而沒有實行，則將是一種使人失望的失敗。我們的第二步工作，便是去實行議案的條文。從今天以後，我對於教區的計劃，便要專心於這一點。爲達到這一點，我需要有各種委員會的幫助，更需要全教區的神父修女和教友的合作。我心裡相信，你們各位必定會一心一德，同我一起按照合理的計劃，去實現教區會議的規定。今天在聖伯多祿致命日，我用聖伯多祿的話結束教區會議："Deus autem omnisgratiae, qui vocavit nos in aeternam suam gloriam in Christo Jesu, modicum passos ipse perficiet, confirmabit solidabitque. Ipsa gloriaet imperium in saecula saeculorum. Amen"「恩賜萬惠的天主，即召叫你們由基督而進入祢永遠光榮的天主，對你們稍受痛苦的人，將來必更加以成全，使你們更堅定穩健。光榮與權威，永遠歸於天主，世世不斷。阿門。」（聖伯多祿前書 第五章第十節）

（民國五十六年六月廿九日）

教區會議結束致詞

各位神父、修女、先生、女士：

在聖神降臨的八天節期內，教區會議舉行了六天大會，因著聖神的啓示和聖母的助佑，大會的進行很順利，很使大家滿意，我們同心感謝天主。在這幾天的大會裡，有兩點特別使我心裡很感動。第一，參加大會的人數很多，本總教區的神父，雖然多數是在學校及文化機關或醫院服務，每天上午很難抽身。但是在這六天裡，神父來參加大會的人數，常在一百五十或六十位，教友代表，更是每天都有自己的工作，可是每天來出席的，也常是三十到四十位。修女的代表，則更整齊，每天都是全數到會。這一點，表示大家很重視教區會議，也表示大家認真做教區的事。

第二，發言的人很踴躍，而且所言都很有建設性。除了第一天，發言的人所說的話是對教區會議一般的希望以外；以後幾天，發言的人都是就所討論的問題，扼要地發表意見，又送來書面意見書，這一點表示大家對於開會的訓練，已經很成熟，已經很高。

我敢坦白向大家說，這兩點超出我的希望以上。在開會以前，在開會的幾天裡，我爲這兩點，常是提心吊膽，在今天大會結束時，我心中是很滿意很快樂。對大家我很感激。現在我宣布教區會議大會結束。六月廿九日下午兩點半，在主教座堂舉行投票大會。當天晚上七時，在中山堂中正廳舉行教區會議閉幕禮。閉幕禮時本區總主教與參加教區會議神父共同行祭，並舉行信德年信仰宣誓禮。

教區會議提案委員會，在大會結束後的兩星期內，要將提案，按照大家所發表的意見或提供的書面意見，加以修改。因此在下星期二，五月二十三日下午三點，委員會各組主任委員和秘書以及秘書處全體負責人，在主教公署，與總主教舉行會議，對於修改提案和籌備閉幕大典有關事宜，加以規定。

民國五十六年五月二十一日

節育與墮胎

一、

內政部擬訂了「中華民國人口政策綱領」、「臺灣地區人口調劑方案」、「臺灣地區家庭計劃實施辦法」，爲節制臺灣的人口生育。這三項人口政策的目的，據說是倡導節制生育，提高人口品質，注重優生保健。

臺灣人口每年的生殖率，是否真能妨害將來臺灣的繁榮，有的人說是有嚴重的妨害，有的人反說是有助於臺灣的經濟發展。對於這個問題，我不想參加辯論。

人口節育的問題，則是全球各國的普遍問題，也是我們教會當前的普遍問題。我們大家都在等候教宗的指示。在教宗的指示沒有頒佈以前，我也不願直接討論這個問題。我只簡單提出這個問題在我們教會裡，重點是在那裡。

夫婦可以節育，這一點現在已經不成問題了。第二屆梵蒂岡大公會議在論現代社會的憲章裡，明明說到夫婦有權可以按照家庭環境的需要，決定生育子女。但是怎樣節制生育呢？

法。

這就是這問題中的難題。

夫婦自行節慾，或是在不孕期交接，這兩種天然避孕法是大家公認可以實行的節育方法。

可是大部份的男女，不願意承擔這兩種節育方法所加的犧牲，他們便用人工方法使夫婦間的性行爲不能懷孕。人工方法避孕，是否合理呢？這就是節育問題的焦點。

我們天主教會從開始到如今，是以人工避孕，爲不合理爲不道德的行爲。教宗庇護第十一世在論婚姻的通諭裡且聲明人工避孕使兩性的性行爲不能達到生育的目的，乃是本性不合道德的事。教宗庇護第十二世和若望第二十三世，也都有同樣的聲明。

現在願意修改教宗庇護第十一世的聲明，困難就在怎麼樣解釋教會以往常認爲不道德的事，現在成爲合於道德。固然教會從來沒有正式決定人工節育爲本性不合道德的事，庇護第十一世的聲明，無非有關教義；然而爲使教會多年常認爲不道德的事今日認爲合於道德，理由一定要很多很強。教宗目前正在檢討這些理由。

二、

在各國的節育方案裡，除了人工節育外，有墮胎一項；因爲人口節育的方法，常不能有百分之百的成效，而且有些婦人或不暇採用人工避孕，於是便有准許墮胎的法律。日本的節制人口法，便是一個明顯的例。美國現在也正在擬訂這種法令。

中國內政部所擬的人口政策綱領第九條規定：「懷孕婦女患有惡性遺傳或傳染惡疾，或因疾病及其他防止生命危險之必要，得請求醫師施行人工流產。」

對於墮胎的規定，從條文上去看，和美國最近有兩州通過的墮胎法頗相同。美國通過墮胎法的兩州是Colonudo和North Canolina。兩州的墮胎不能罪以殺人。另外一個反對墮胎的美國醫生答覆說：我否認這個譬喻的相等性。胚胎不能比之於一個圖樣，圖樣和建築物沒有相同的性質；胚胎和人，則有同一的生命。

有的人說胚胎雖然有人的生命，但是尚不是人。這些人的說法，有似馬克斯的唯物辯證法。唯物辯證法三項大原則之一，即是量的變化進到相當程度，成爲質的變化，胚胎漸漸長大，到了相當時期，胚胎變成爲人，人和胚胎是本質不相同的。這種說法，我們不承認是合於哲學原理的。

在我們天主教的神學上，中古時代曾有流產的胚胎是否可以受洗的問題。歐洲中古有些神學家，隋從亞立斯多德的學說主張胚胎在母腹中，未成人形以前，沒有人的靈魂，因此不是人，便不能受洗。他們的理由，是胚胎在沒有人身的器官以前，天主不會賦予靈魂。但是這種理由在哲學上、在生物學上和在神學上都站不住。我們的信理相信聖母瑪利亞在受孕母胎的一刻，就無染原罪，假使受孕的胚胎沒有天主所賦的靈魂，又何必說在受孕時沒有原罪呢？所以現代的神學家大都放棄了這種主張，都承認胚胎是人，流產時的胚胎若尚活著，可以受洗。因此故意墮胎，等於毀殘一個人的生命。

三、

內政部人口政策綱要第九條允許墮胎，第十條又允許在同樣情形下可以施行結紮手術，以求人口品質的提高。

德國國社黨執政時，希特勒曾厲行德國民族主義，強迫品質不良的德國男女，接受手術，不能生育，或已孕婦女，強迫墮胎，又殺害德國政權下的猶太人，以培植一種優於其他民族的德國民族。這種行動，後來成爲聯合國和全球各國控告希特勒的罪名，現在有些德國人還異想天開，假罪於教宗庇護第十二世，詆毀教宗當時沒有阻止希特勒的這些暴行。生育的本能，是男女所有天賦的權利，國家不能爲行優生政策，剝奪國民所有的這種天賦人權。大家因此控告希特勒的優生政策爲侵害人權的罪惡。

但是父母兩人，爲什麼又可以爲優生而行墮胎呢？爲行結紮手術，父母是願意犧牲一己的權利，若是優生的理由，是一種適當的理由，還可以接受手術。（優生是不是適當理由，和人工避孕有關，我現在不加以討論）。可是爲優生而墮胎，父母不是犧牲自己的權利，而是犧牲胎兒的生命。胚胎既已生活，便有本人的生命權。一個生下來的嬰兒，無論怎樣不成立，國法予以保障，父母不能加以殺害；爲什麼國法竟允許殺害未生下來的胎兒呢？

若說優生所以強種，使民族優秀；這種政策應該是國家政府的事，由政府去執行。因爲墮胎法加有應用於被強姦而懷孕的女子的條文。女子被強姦懷孕，可以請求醫師予以流產。美國人在互相爭辯時，大家都沒有注意法律條文所想提高人口品質和優生保健的事，只是注意這種法令爲節制生育的方法。因爲實際上凡是一個懷孕的婦女，若想墮胎，她都有方法可使自己的墮胎行爲，合於法律的規定。她不必一定要說自己有遺傳惡疾，但她總可以說爲防止生命危險。於是每次的墮胎，都是合法了。

在中國現行刑法裡，第二十四章，專章規定墮胎的罪刑。懷孕婦女無論自行墮胎或聽從他人墮胎，均負刑責。爲婦女墮胎的人，不論是否受婦人的請託，均一律受刑事處分。在這章刑法沒有取消以前，在臺灣婦女墮胎，尙是違法的罪行。

爲實行人口政策的法案，是否可以停止刑法的第二十四章。法學家都以爲不可。刑法所禁止的，是一般的墮胎的行爲，人口政策所許的，是有惡病和防止生命危險的懷孕婦女，可以墮胎。若禁止墮胎的刑法停止了，一切的懷孕的行爲，都不在禁止之列了，這又不是內政部擬訂人口政策的本意。而且將鼓勵非婚姻關係懷孕的墮胎，豈不是有傷風化了嗎？

內政部必定將要求立法院修改刑法第二十四章，立法院爲貫徹人口政策，大約將要把墮胎刑予以修正。於是節制生育的墮胎，將成爲合法的行爲。

四、

節制生育而墮胎，如果成爲合法，是不是就成爲合理的事，成爲合於道德的事呢？

對於這一點，天主教的答案是相當明白的；即是或爲優生，或爲節育的墮胎，即使不違犯刑法，仍舊是不合道德的事。

婦人的卵在受精而成胚胎以後，胚胎即有人的生命，直接致胚胎於死，便是摧殘人的生命。爲節制人口而摧殘人的生命，這是一種罪行。若說社會的人口過多，政府便許把嬰兒或老人殺死，大家都會以爲不道德，大家都會說是違背人性，聯合國也會控告這個政府違反人權憲章。可是胚胎既有人的生命，殺害胎兒，不是等於殺人嗎？

贊成墮胎的人說：胚胎不是人，只是有可以成人的可能性。美國有個贊成墮胎的醫生說：胚胎好比一個工程師所畫的建築圖樣，把圖樣燒了，不能罪以焚燒建築物，同樣使胚胎流產，子女的優秀或病弱，對於父母的關係，較比對於國家民族的關係還要輕。爲求人口品質提高，應該是國家政府可以使婦女墮胎。實際上國家政府不能爲優生而使婦女墮胎，爲什麼父母爲優生可以墮胎呢？這一點在法理上說不通。

五、

爲防止母親的生命危險，准許墮胎，我們的倫理神學上也有這一條；可是所附加的條件很多。神學家普通不允許援用抵抗侵害生命的原則。通常我們還遇著有人侵害我們生命時，我們可以自衛，甚而可以殺害侵害我們生命的人。墮胎在母胎裡，雖有時能夠妨害母親的生命，但他並沒有侵害母親的行爲，不能說爲抵抗他而把他殺了。神學家也不允許援用割除肢體以保全生命的原則。通常若是人的肢體有病，危害全身的生命，便可以把肢體割除。胚胎不是母親的肢體，他雖脫離母親尚不能生活，可是他已經是一個另外的生命，不能因爲他危害母親的生命，便像割手足胃腸一樣把他除去。

那麼當胎兒危害母親生命時，應當怎樣辦呢？醫生可以下藥或施行手術，療治母親的病。若是所用下的藥或所行的手術，使胎兒因而流產，算無罪惡。醫生沒有直接下藥或行手術，使婦人墮胎，而是因治病間接使胎兒流產。

因此，爲防止母親生命的危險，也不能簡單地就准許墮胎。何況這一條最容易被人濫用，使一種爲優生保健的法令，成爲普通的一種節育方法。日本的前例，已經足以使我們寒心。

我們總教區的耕莘醫院，三月內將開始啓用。想到產科方面醫師和看護所能遇到的困難。因此提出這個問題，加以說明，並不是我們反對政府的人口政策，而是我們希望政府能實行一種合於倫理，尤其合於中國傳統道德的人口政策。

民國五十七年正月二十七日

祝福牧靈研習中心

「民國五十九年三月三十一日，午後四點，在永和的台北總教區牧靈工作研習中心，為傳教員退省、行祭、講道。祭畢，主持牧靈研習中心會員及顧問座談會，檢討三月來的工作，和最近數月的工作計劃。」

以上是我的一段日記，那是我第一次主持牧靈研習中心的會議，日記上沒有記載中心的工作計劃。但是我記得當時韓德力會長和我商量過多次，關於牧靈研習中心的宗旨和性質，一方面注重培植高等的牧靈人才，一方面研習牧靈的新學理和新方法。韓會長的傳教思想，常站在發動的地位。

中央大樓落成以後，韓會長代表聖母聖心會，我代表台北總教區，我們簽署了一項協約，同意牧靈研習中心遷入中央大樓，又同意台北總教區牧靈研習中心改爲台灣牧靈研習中心，組織董事會指導研習中心事務，台北總主教任董事長。因此，我對於牧靈研習中心歷年的工作，可以說是相當清楚。

牧靈中心培植牧靈人才的目標，在於培植大專畢業的在俗青年教友。對於修女，有輔大神學院可以盡責培植。在開始時，所收修女很少，後來在俗青年來求學者不足規定的人數，修女申請入學者又多，便漸漸收納修女入學，然仍不能超過三分之一。

研習中心在講課以外，還有其他牧靈研習活動，有學術講演，有夜間部神學，有牧靈活動。不僅是中心的學員參加，台北區的修女和教友，也都樂於參加，如與主同行的信仰郊遊，常有幾百人同行。

牧靈研習中心，現在已經成了中國教會的一員，教會人士都認識它，也都愛護它。研習中心的學員到台灣的各教區實習，都能帶動一股牧靈和信仰的熱情，也表演新的牧靈方式。

在牧靈中心以外的人，少有能夠知道研習中心的困難。中心主任，是肩負中心所有困難的主腦，中心董事會的董事長則是主任所有困難的分享者。我在台北的總主教公署辦公時，多次看見宋之鈞主任司鐸來述說困難，說明解決困難的途徑。而支持解決困難的人，則是聖母聖心會的會長。在最後一次我去主持董事會推薦新董事長時，林會長還提議請我任名譽董事。

每屆學員舉行結業典禮時，我常以點燃聖燭交給他們，祝他們把基督的光和愛帶到人群裡去。今天，在牧靈研習中心十週年時，我以同樣的心情祝福牧靈中心將基督的光和愛帶給台澎金馬的同胞。

我與中國教友傳教協進會

民國六十年，我的日記有幾則關於教友傳教的事：

八月六日　午後三點半，在台北總主教公署設茶會，歡迎教廷的教友傳教委員會委員安齊神先生。安先生日本人。台北八教友組織代表參加。

八月廿三日　上午，在台北總主教公署，召開主教團教友傳教委員會會議，到有六教區代表。台北八教友團體，聯合招待午宴。

午後，繼續開會，議定：組織中國天主教教友傳教促進會籌備委員會，於十一月廿一日開會，又於明年年假舉辦會教友傳教講習班。

十一月十九日　鄭聖沖神父來，將台中全國教友會議提案呈閱。修改一兩點。

十一月廿一日　星期日　主日。

晨，七點，動身，乘光華號往台中，九點半抵達，往惠華醫院休息。

十一點，在台中教友中心，召開中國天主教教友傳教促進會籌備會議，討論組織章程。

中午一點休會，午餐。

二點一刻，繼續開會，通過暫章，正式成立中國天主教教友傳教促進會。選舉理事，再選舉主席副主席，繼續進行討論提議案。五點閉會，余致閉幕詞。舉行彌撒。彌撒畢回惠華醫院，晚餐六點五十分，搭莒光號，回台北。

民國六十一年的日記，有下列幾則：

正月三日　王志聖，林南敏，聶增榮三位先生來見，報告三德會事務，三峽墓地道路已開。又談組織台北總教區教友傳教促進會事，余定邀潘秀江女士充秘書，負責推行。暫組臨時促進會籌備召開各本堂教友代表會。

正月八日　潘秀江女士由聶增榮，王志聖兩先生陪來見，余請潘女士來公署爲教友組織辦公，彼云可考慮。

四月三十日　主日，台北總教區教友傳教促進會成立。十點開會，八十三本堂區派代表，十五教友組織參加代表，籌備委員十一位，特約委員七位，神父列席者三十餘位。上午，通過會章，選舉蔣復聰院長爲主席，王志聖爲副主席。選舉十三理事，我任命四理事。蔣院長宣佈所聘總幹事和四位幹事。

十二點聚餐，席設十二桌。

午後，舉行成立大會，討論提議案，三點半，討論畢，舉行慶祝　蔣總統連任大會。

四點一刻，共祭彌撒，我主祭。華視攝新聞片。

今天爲一重要日，感謝天主，一切尙稱順利。

八月十三日　在台北總主教公署，舉行教友傳教促進會全國理事會第二次會議，教廷代辦高樂天蒙席致詞，討論議案多件，以示範講習班第一重要議案。

十點半，我離開會場，往明倫國小，參觀小小公園遊園會，小小公園共十組，學生八百人，輔導二十五人。

中飯，與理事聚餐。飯後，繼續開會，四點半，閉會，我致閉幕詞。

我抄寫了上面幾段日記，使我回憶教友傳教協進會當初成立時的情形。日記很簡單，祗記下了事件的骨架；但也就使我想起當年的甜酸苦辣。我當時任主教團社會發展和教友傳教委員會主任委員，心中常有義大利公教進行會的觀念和第二屆梵蒂岡大公會議對教友傳教的法令，便想在台灣成立全國教友組織，因此興起了全國教友傳教促進會的構想，先組織全國促進會，再組織教區促進會，然後組織本堂區促進會。

按照普通程序說，先有本堂區促進會，後有教區促進會，最後組織全國促進會。但是，這種程序是在大家已明瞭一種運動的觀念，大家都不明瞭，而且還藏有很大的阻力，等待觀念宣傳，大家接受以後，纔從下組織起，至少須待十年，或竟沒有成立組織的可能。

我只有採從上向下的路途，組織了全國促進會，負責宣傳，進行推動，結果，有了實效。主教團批准了章程，改名為教友傳教協進會。

當時所遇到的阻力，從各方面來的都有最大的阻力，來自一些神父們，他們以為教友傳教協進會為一個善會，本堂區已有別的善會，不需要一種新的善會。來自教友們的阻力，則是不知道怎樣組織，也不願過問教會的事。一些唱高調的，則說這是老式的高壓手段，由上面指派下面去做。有的說是一些明星教友的排場，好名不做事。

幸而當時擔任全國傳教協進會的理事和擔任教區協進會的理事們，都能虛聲下氣，苦口婆心向各方面解說教友傳教協進會服從聖職人員，為本堂，教區，主教團服務，又力勸教友們明瞭自己領洗後對教會的責任。同時，在各教區和本堂區，得有神長同意可以工作時，表現實事求是的精神。

經過了十年的時間，教友傳教協進會可以說是腳踏實地了。大家也漸漸明瞭，協進會不是種善會，而是一種組織，對外，代表全國的、教區的、本堂區的教友、對內策劃、推動全國的、教區的、本堂區的教友傳教工作。

我誠心感謝十年內教友傳教協進會的負責人，他們以耐心，虛心和愛心推動這種組織。我非常誠心感謝天主。保護了，降福了這種組織，使它不僅沒有夭折，而且茁長強壯了。

對於全國的傳教工作，我懷樂觀的心。全國的教友都能團結起來，同主教神父一起來尋找傳教的方針，來擔負傳教的責任，沒有困難是不能勝過的了。

民國七十年七月二十九日天母牧廬

愛的祭祀

民國六十一年元月十四日，在神學講習會彌撒中講道。這次神學講習會研究聖體聖事，參加者爲神父和修女。當天的彌撒爲光榮十字架的彌撒。

一、司鐸的祭祀

耶穌基督被舉在十字架上，完結了人類一切對天主的祭祀，完結了而且完成了以色列人的舊約祭祀，也完結了以色列民族所有宗教的祭祀。十字架的祭祀成了祭祀天主的唯一祭典，完全表現了祭祀天主的意義，也實現了人類救恩的希望。

從十字架上，基督離開了人世，回到派遣你來世的聖父那裡，坐在聖父的右邊，常常爲我們代禱，但是你仍舊活在人世，你用聖洗造成了你的奧體，結成了天主的子民繼承基督的工作，延長基督在世的生活。十字架的祭祀也由天主子民繼續舉行，教會乃有彌撒聖祭。

十字架祭祀爲愛的祭祀，爲愛的工作。天主聖子愛惜人類，不吝惜自己的獨子，叫祂在十字架上做了犧牲。聖子愛慕天父,奉獻自己的生命,作爲贖罪的羔羊,又愛惜人類,以自己的體血,充作他們的精神日糧,彌撒聖祭因此是愛的祭祀,是愛的聖事,是天主和人的結合,是人和人的結合。

天主子民奉獻愛的祭祀,以司鐸爲司祭。司祭以基督代表的身份,以天主子民的名義,奉獻彌撒聖祭。司祭在彌撒裡將聖子獻於天主聖父,將聖子的體血分給天主子民,同時將天主子民也奉獻於天主,使他們在基督的體血內結合爲一。

在奉獻天主子民時,司祭將自己也奉獻於天主;因爲他是天主子民之一,而且是天主子民的代表。司祭奉獻自己時,也因爲他是基督舉行祭祀的代表。在十字架聖祭裡,基督向聖父奉獻了整個的自己,使彌撒成了他自己的全燔祭。全燔之祭的表現,便是祭嗎?所以司祭也奉獻了整固自己,使彌撒成了他自己的全燔祭。全燔之祭的表現,便是司祭司鐸的守貞,獨身不娶。司鐸守貞,乃是以自身作爲祭品,獻於天主。司鐸守貞,便是司祭自己的全燔之祭,也就是司祭的愛之祭祀。在守貞裡,司鐸在自己身上實現彌撒聖祭的意義,繼續彌撒聖祭的效力。

司祭奉獻了十字聖架的祭祀,再以基督的體血分給參禮的天主子民。基督在十字架上向聖父奉獻了自己的生命,是爲完成聖父對人類的愛,引導人類和聖父相結合。祂就把自己的體血施給人類，叫人在祂的體血裡，同祂又同聖父結成一體，而且彼此也互相結成一身，以實現聖父愛人的計劃。司鐸在彌撒聖祭中祭獻了自己的身體，目的也在於爲天主子民服務，把自己的血汗，把自的身體，爲天主子民而用。司祭或是主教或是神父，我們在奉獻彌撒聖祭時，奉獻自己的生命爲愛天主子民。天主子民的精神福利，成爲我們的福利；天主子民的要求，成爲我們工作的目的；天主子民的災禍，成爲我們的憂慮。所以神修指導者常說：主教和神父的一生，就是一台彌撒，到了去世的一刻，才向大家說：彌撒禮成。大家也可以答說：感謝天主！感謝天主賞賜他一生完成了司祭的聖職。

二、修女的祭祀

修女爲天主子民的一份子，你們參加彌撒聖祭時，你們將你們自己奉獻與天主；而且你們因著天主的聖召，甘心願意效法基督，把你們自身作爲祭祀天主的全燔之祭。你們宣讀三願時，是在彌撒中宣讀，你們雙眼看著祭壇，心中想著祭壇上的祭品，口中所宣讀的三願把你們自身供在祭壇上，和祭壇上的祭品——即是耶穌，一同獻於天主。你們宣讀三願的心情，即是耶穌在十字架上祭獻自己的心情。耶穌的心情爲愛慕聖父的心情，爲愛惜人類的心情；你們宣讀三願的心情也就在心愛天主愛人。因此修女的三願乃是愛的祭祀，修女的生活，乃是愛的工作。若把三願跟彌撒聖祭分開，三願就成爲人類的一種普通諾言，失去了本來的意義，同時三願也要變成一種很重的負擔，沒有人可以負擔得起來。但是你們修女把三願和彌撒聖祭連結在一起，三願變成愛的祭祀，三願的擔子變輕了，背負起來，心中充滿愛的愉快。

以三願把自己作爲愛天主的祭祀，你們修女也是爲愛人；因爲在現世，愛天主之情祇有在愛旁人才可以實踐。你們修女愛同會的姊妹，愛天主的一切子民，你們爲他們服務；爲人服務乃是三願的目的。修女發願時向天主說：主，爲愛祢，我把自己奉獻給祢。天主回答說：好！我接受你的奉獻，以後你要盡心愛我，我是在你的旁人身上，你愛旁人便是愛我。修女既然以三願把自己作爲愛天主的祭品，難道不願爲愛天主而愛人嗎？基督在彌撒裡把獻於天主的體血，分給天主子民；你們修女便要把用三願獻於天主的一身，爲天主的子民服務。你們修女的生活也成了愛的祭祀，你們修女的生活也成了愛的工作。

那麼，你們修女每天參與彌撒聖祭時，每次都想起你們的三願，重新把自己供到祭壇上，用三願的言詞獻於天主。你們便常是一位新發願的修女，常充滿三願的精神。

三、結　語

彌撒爲愛的祭祀；在舉行彌撒時，天主的子民和基督結成一位司祭，大家同心合意，用同一的口舌，用同一的話語，歌頌唯一的天主。把各自的身靈和基督的身體結成一個祭品，在同一的愛情裡，奉獻於天主聖父。彼此在這同一的愛中，和天主和旁人，相合爲一，實現耶穌最後晚餐中的祈禱：「我將祢賜給我的光榮賜給了他們，爲叫他們合而爲一，就如我們原爲一體，我在他們內，祢在我內，使他們完全合而爲一，爲叫世界知道是祢派遣了我，並且祢愛了他們，如愛了我一樣。」（若望福音　第十七章第二二——二三節）

傳播福音與促進發展

民國六十一年三月八日在社會講習會講詞

開始我要「正名」，免得在講演裡和討論時發生誤會。「傳教」和「傳播福音」這兩個名詞在拉丁文或英文裡常用爲兩種意義。「傳教」的原文Missio或Mission，有廣義和狹義。廣義是「使命」，常用之於教會的整個使命，例如有人主張教會的Missio「使命」等於「發展」；在狹義則是中文的「傳教」。「傳播福音」原文（拉丁文或英文）Evangelisation或Evangelizatio也有廣狹兩義。廣義是「福音化」，把社會的生活用福音的精神予以聖化；狹義則是宣傳福音。廣狹兩義的意義互相連接，而且在原文同是一個名詞，常常能混合不分，在討論傳教與發展或傳播福音與發展時，便能發生誤解。例如拉秧神父（SamuelRayan S.J. -Development and Evangelization講稿）。講傳教與發展，所要證明的是狹義的傳教等於發展，而在證明理由中的「傳教」則是廣義的「使命」。在第二屆梵蒂岡大公會議的文件裡，「教會在現在世界中」憲章裡，Missio是用於廣義，即教會使命，在「傳教工作」法令裡，Missio是用於狹義，即傳教。因此在這兩件文獻裡，Missio的意義仍不同。拉秧神父表示驚訝。

在我這篇講詞裡，「傳播福音」廣狹兩義都用。每次我將會加以說明。在次序上說，我先講廣義的傳播福音和促進發展的關係，然後再講狹義的傳播福音與促進發展的關係。至於「發展」這個名詞的意義，我接受教會學者們的意見，「發展」無論是國家的發展或人類的發展，是「發展整個的人」。普通所講發展，重在經濟，又重在物質享受。而真正的發展，是以人爲主體；經濟和物質祇是發展的工具，以這些工具發展整個的人。整個的人是精神和物質相連，成爲這個人，成爲這個我，成爲天主的子民，發展是使人發展的社會工作。

這次講習會研究傳播福音與促進發展，研究的程序分爲四層：先講發展的意義，後講教會應參加社會發展；第三講發展和教會使命的關係，最後講教會怎樣參加社會發展。主講的人，一共四人。第一和第二講，從社會學和教會社會組織方面去講。第三講從神學方面去講。第四講由我主講，從中國哲學方面來說，因爲我們是在中國傳播福音促進中國社會的發展。

一、中國儒家的發展哲學

《中庸》第二十二章說：「唯天下至誠，爲能盡其性。能盡其性，則能盡人之性，能盡人之性，則能盡物之性；能盡物之性，則可以贊天地之化育；可以贊天地之化育，則可以與天地參矣」。

《大學》第一章說：「大學之道，在明明德，在親民，在止於至善」。

研究中國的社會發展思想，〈中庸〉，〈大學〉的這兩篇文章，乃是基本的理論，再加上《論語》，《孟子》和《禮記》三本書裡的思想，我們可以有一個系統的（發展）哲學。在中國講天主教的（發展）神學，我們不能夠把儒家的「發展」哲學撇開，而且還要把儒家的思想融合在我們的神學裡。

儒家的「發展」哲學，包括有下列的幾點主要思想：

甲、社會的發展在發展人性

儒家的人生哲學，以天爲基礎，天爲「人道」的根源。《中庸》第一章說：「天命之謂性」天道又爲人道的模範，人的生活應該效法天的動作。

天的動作因天的運行而表現，天的運行即是宇宙間的四季和雨，晴，冷，熱。孔子曾說：「天何言哉，四時行焉，百物生焉。天何言哉！」（論語 陽貨）。《易經》以天的運行，以生爲目標，稱爲天德。天德使萬物發生，成長，供人的使用，人爲宇宙的中心。儒家常講天，地，人三才，人在天地之間，頂天立地。因此，儒家的政治哲學爲民本思想。孟子曰：「民爲本，社稷次之，君爲輕。」（孟子）

在春秋戰國時候，諸侯都以富國強兵爲治國的目的，孔子和孟子反對這種思想，提倡仁政，仁政即是謀人民的福利。謀人民福利的步驟，《論語》上說：「子適衛，冉有僕。子曰：庶矣哉！冉有曰：既庶矣，又何加焉？子曰：富之。曰：既富矣，又何加焉？曰：教之」（論語 子路）

孟子也說：

「無恒產而有恒心者，惟士為能。若民則無恒產，因無恒心，放僻邪侈，無不為己。及陷於罪，然後從而刑之，是罔民也。焉有仁人在位，罔民而可為也。是故明君制民之產，必使仰足以事父母，俯足以畜妻子，樂歲終身飽，凶年免於死亡，然後驅而之善，故民之從之也輕。」（孟子 梁惠王上）

儒家的發展哲學，第一步要使人民富有衣食。每一個男子所得的收入，要能夠養家。這種收入還應該是常有的產業，成爲一家的「恒產」。

第二步在「謹庠序之教，申之以孝悌之義。」（梁惠王上），即孔子所謂教，教民以孝悌仁義。

仁義在人性上有基本，教民行仁義，便是發展人性。孟子說：「仁，人心也。義，人路也。」（孟子　告子上）。人心有仁義禮智四端，「人之有是四端，猶其有四體也。」（孟子　公孫丑上）

教人發展人心的仁義禮智四端，就是發揚人性，明人性所有的明德，也就是中庸所講的「誠」。

第三步，勉勵人做君子聖人。孔子教育弟子，所有的目的，在於「下學而上達」，（論語　憲問），從普通日常起居的事上，能夠貫徹人性的天理，則「盡人性」，則是誠，則是聖人，聖人仍是一位成全的人。

乙、人性的發展爲仁

從儒家對人性的發展去研究，各方面都是「仁愛」。

第一，皇帝（政府）爲發展百姓的人性，應施行仁政。仁政也稱爲德政，德政在於愛民，皇帝代天行道，治理百姓。百姓乃是天的子女，皇帝便要愛民如同父親愛兒女。《書經》說：「天子作民父母」（書經 洪範）。愛民則要養民教民。《大學》說：「大學之道，在明明德，在親民。」明明德是發展人性，發展人性使愛親、愛百姓。

第二，人性在百姓心中發展，使百姓彼此相親相愛。孟子說：「老吾老，以及人之老；幼吾幼，以及人之幼。……故推恩足以保四海，不推恩無以保妻子。」（孟子 梁惠王下）。孔子說：「己所不欲，勿施於人。」（論語 顏淵、衛靈公）《大學》說：「在明明德，在親民。」

丙、仁愛的發展，使世界大同

《論語》裡說：「子夏曰：商聞之矣。……四海之內，皆兄弟也」（論語 顏淵）。子夏所聽到的這項大道理，必定是從孔子所聽見的。孔子主張四海以內的人，彼此都是兄弟，彼此要互相親愛。

儒家根據這項大道理，主張世界大同。《禮記》裡有大同的正確思想：

「大道之行也，天下為公。選賢任能，講信修睦。故人不獨親其親，不獨子其子，使老有所終，壯有所用，幼有所長，鰥寡孤獨廢疾者，皆有所養。

男有分，女有歸。貨惡其棄於地也，不必藏於己，力惡其不出於身也，不必為己。是故謀閉而不興，盜竊亂賊而不作，故外户而不閉，是謂大同。」（禮記　禮運）

孫中山先生奉〈禮運篇〉的大同思想，作爲三民主義的最高標準。我們現在讀這篇文章，可以認爲是現在的最新「發展」哲學。

丁、「發展」的至善，在於天人合一

大同雖然可以奉爲政治的最高標準，但是人性發展的最高境界還要更高，《大學》所說：「在明明德，在親民，在止於至善」。人性發展所止的至善，是天人合一。《中庸》說至誠的人能盡人性，然後能盡物性，最後能贊天地的化育，與天地相參合。儒家主張宇宙萬物相聯接，成爲一體，人爲宇宙一體的一部份。人若能發展自己的人性，便可以和萬物的物性相通。人的動作，不但使自己和別人好，也能使萬物好，即是說使萬物各得其生，各得其用。王陽明稱這種人和萬物相通之道爲仁：

「大人之能以天地萬物為一體也，非意之也，其心之仁本者是其與天地萬

物而為一也。豈惟大人，雖小人之心，亦莫不然，彼自顧小之耳。」（王陽明 大學問）

仁爲人性的天德，仁的發展，最後能以天地萬物爲一體，和天地萬物的造物者，即是天相接合，贊襄天的工作，使萬物生生。生生爲天的天德，仁爲人性的天德。

中國的畫和建築，表明這種思想。人和建築都不是獨立的對象，而要和週圍的自然界物體相融合，相調和。

二、歷史哲學的發展論

我們講「發展神學」，以主張爲「發展」的中心。基督降生成人，參加人類的歷史，而且創造人類的新歷史。爲能懂得基督參加人類歷史的意義，更爲講明宣傳福音和促進發展的關係，我們要從歷史哲學去看人類歷史發展的趨勢。

歷史從書本去看，是人類生活的記錄，從記錄的內容去看，是人類的生活。我們爲研究人類的生活，只有從歷史去研究，就以往所有的經驗，推論將來的趨勢。

歷史所揭示的中心思想，即是人類的發展，在發展自己的人性。人類從原始時期，漸漸開化，漸漸認識自己是人，認識人是什麼。人類越進化，越知道自己反省，越有自我的意識。從這種自我意識的發展，人類歷史有幾項重要的趨勢。

甲、尊重人權

在原始時代無所謂人權，隨著社會的進步，人權的思想，逐漸建立，現在聯合國有人權大憲章。除政治以外，每個人自己現在也知道自己有「自我」，要求別人尊重。將來的世界，必定是向尊重人權的方向走，一代比一代更加擴充人權的意義。

乙、人人要求更大的享受

人心虛靈，動作靈捷，沒有止境；因此人心自然有無限的要求。老子所主張的歸真返璞，一切自然；乃不合於人性。人類所以有進步，就因於人心要求的促進。人要求更高更深的知識，人類在學術上將繼續前進。人對於自然科學的研究，對於物質的利用，將繼續加增。

人對於物質的享受，必不會以現有者爲滿足，將繼續要求增多。物質文明的進步，也是人類發展的象徵。

在精神方面，人類也要求更高的享受。在精神不能得到享受時，人類感覺苦悶，感覺徬徨，感覺失望。

丙、人類趨向合一

人類本是一家人，四海之內皆是兄弟。從人類歷史的發展看，人類由家而進到族，由家族進到部落，由部落進到國家，由國家進到種族，由種族進到洲際，由洲際進向國際，由國際進向星際。各大洲的聯邦，如歐洲聯邦已經在理想之中，百年或幾百年後，必可實現。將來每洲大聯邦，最後地球上將是一個大聯邦。這是人類歷史所表現的趨勢。

丁、爲善之心不因人類發展而繼續上長

荀子稱善爲僞，僞是人爲而不是天生。孟子雖主張性善，但祗主張人心有善端，善端的發育靠人去努力。因此善是人努力的成就。

知識本也是人努力的成就，可是智識可以紀錄在書上，可以表現在建設上，書本和建設可以留給後人，知識更是累積的，隨著時代而加增。

行善是人心的活動，人心的活動屬於每一個人，沒有留給後人的可能。因此，現代的文

明人，應不比古代未開化的人更好。臺北市的市民，並不比高山族的山胞更善。每個人應自己努力爲善，而且要從自己的零點開始；所可得於前人的，祇是一些行善的方法和鼓勵。

戊、人類的前進常受罪惡的阻撓

人類的發展不單不足以長進人類爲善的心，而且人類的每項發展，常與罪惡伴隨著。現代的發展，如自由，平等，男女戀愛，原子能造生了多少罪惡。人類的發展推動人類文化往前進，前進的文化階層和後面所留下的階層，雖不是如同馬克思唯物辯證史觀所談的常相衝突，常相鬥爭，但兩階層間常起摩擦，前進的文化常受阻撓。這是因爲人類負有罪惡，即是原罪；原罪的流毒使人失去身心的平衡，造成自身的罪，阻撓人類文化一直前進。

三、福音與促進發展

上面所講的，叫我們明瞭在中國促進社會的發展，還要進一步以基督的福音，使發展有救恩的價值。基督的福音對於儒家的發展哲學有什麼可以補充的地方呢？基督的福音，對於歷史哲學可以有那種指示呢？

我們講在中國傳播福音與促進發展，我們從廣義方面講傳播福音，即是講中國社會發展的基督化。基督化也可以有兩層意義：第一，表示按照福音的思想和精神去作發展的工作。第二，表示以基督的精神從事發展工作。在中國參加社會發展，我們會不能夠實際地要求常按福音的思想去做，但是我們不能不宣講福音的思想，而且在我們參加發展工作時，必定用基督的精神去做。

甲、福音說明儒家的天

《中庸》說：「天命之謂性」，但對於天命兩字沒有說明。《書經》和《易經》的「天」字，雖常指上帝，然而在春秋戰國時代，「天」字也指著自然和命運。而且在書和詩經裡，也不講上帝的本性。這一點要等到基督降生成人，祂才啓示了我們。基督的福音便可以說明儒家的上天或上帝，也可以說明人性來自天主，有點相似天主；而且天主提攜人成爲自己的子女，予以天主性的生命。人對於天主不單是敬，而還要愛。

乙、福音說明儒家的人

儒家以人爲萬物之靈，和天地人爲三才；儒家很看重人。但是福音更看重人，福音啓示我們，人不但是造物主所造，而又是救世主所救贖。人雖在天地之中，乃超出天地之上。

儒家以人的心虛靈不昧，神妙莫測。福音啓示我們：人心在受洗以後，享有天主性的生命，不但和天主相似，而是和天主聖子結成一體。

儒家以人的生命，在現世應有幸福。福音則啓示我們：人的生命超乎現世，將來永遠存在。永遠的存在，可以與天主同在，欣享真善美的根源。

福音的人，是個完全的人。人的生命由現世童年，青年，成年繼續發展，雖到老衰敗，抵於死亡，將來仍然復活，永遠長存。

丙、福音加強儒家的仁愛

儒家以仁爲人心所固有，人爲愛人在於發展自己內心的善端，仁愛發展到極端可以「體萬物而無遺」。

福音的仁愛爲天主的愛，由聖神貫注在人心中。人愛別人以天主的愛愛人，又爲愛天主而愛人。

錢穆先生認爲，基督福音的愛爲一外在的愛，來自天主，再轉到天主，然後才轉到別人。儒家的仁愛，則出自人心，由自己的心而到別人的心裡，較比基督福音的愛更高深。（見錢穆著人生十講。如何探究人生眞理，如何安放我們的心）

但錢先生的看法並不正確。基督福音的愛雖來自天主聖神，但在人心中所有愛情相合，成爲人的愛。人愛天主，愛發自人心，並不是用天主聖神的愛套在自己面上，而作愛情的表現。爲愛天主而愛人，雖經過天主而到人，然而天主也不在人心以外。我愛天主時，在心裡和天主相接合，同時，我以別人代表天主而愛他，天主也在別人以內，因此，基督福音的愛，不是外在的愛，而是人心的愛；而且把人心的愛，用天主聖神的愛，加以充實，加以擴充，加以潔淨。人心和人心相通時，常能遇到阻礙。一個人愛一個人時，所要求的條件很多；況且情慾的發動，多不順從人心的支配，常不能中節。人與人之間，相愛的機會並不多見。基督福音的愛，以天主爲對象，把旁人附在天主的愛中；人有這種愛便能常愛人，不看人的條件若何，也不求自己的利益。儒家的仁愛若融洽在福音的愛中，真正能夠達到泛愛眾人，常常因愛天主而有促進加強的力量。

丁、福音洗滌人心

儒家除荀子外，大都主張性善；但同時卻也承認人心有情慾，情慾常逼人爲惡。福音啓示人有原罪，人心向惡。基督降生成人，把人從罪惡中解放出來，賜人可以戰勝罪惡的力量，使人得救。救恩是福音的中心思想。

天主造人的原始計劃，在於人和天主相結合，原罪卻破壞了天主的計劃，但是人的本性尙存，人一步一步地發揚自己的人性，人類文化繼續進步，但是人常自作罪惡，不能歸向天主。天主乃遣聖子降生，重新整理原始的計劃，引人和天主相結，從罪惡中解放出來，成爲天主的義子。聖若望在福音第一章說：「凡信從祂的人，就給他們成爲天主義子的權力」。權力就是聖寵，聖寵洗淨人心，聖寵又使人加入基督妙身，或爲肢體。

儒家教人爲善，人卻缺乏爲善的力量；基督引導人向善，又賜人爲善的能力。爲發展儒家所講人心的仁義禮智四種善端，應有基督所賜的聖寵。於是人性的發展乃能實現，才可以完成。

戊、福音指示歷史的趨勢

歷史哲學推論歷史的趨勢，在求尊重人權，在求享受，在趨向大同。基督降生成人，加入人類的歷史中，更明白地指示人類歷史的趨勢應向這方向走，而且指示趨勢的正當途徑。人權的解釋，從福音的啓示裡，得到新的意義。人類的享受，在天主的真美善裡才能夠圓滿。大同的理想在福音所啓示人爲天主子女的大道理中，可以完成。

己、福音啓示天人合一的真實意義

儒家以發展的至善，在於天下大同，天人合一。這種思想應視爲聖神的原始啓示，不是一般人所可以想到的。但是福音的啓示，則更圓滿、更高深。

基督降生成人，使宇宙萬物重新得到自己存在的意義；因爲在基督以前，萬物由於人類的罪惡，而失去了光榮天主的目標，它們的存在乃爲作人類罪惡的工具。基督降生，引人歸於天主，萬物因著人的歸於天主也重歸於天主。聖保祿宗徒說：「使天地萬有，在基督內合爲一體，而統於一尊」。（厄弗所書 第一章第十節）「宇宙也，生也，死也，現在也，將來也，一切之一切也，皆屬於爾等，爾等則屬於基督，而基督屬於天主。」（格林多前書第三章第二十二—二十三節）

第二屆梵蒂岡的傳教法令說：「天主的計劃要使全人類形成祂的惟一民族，組成基督的一個身體，建造爲聖神的一座聖殿。這項兄弟和樂之情，亦正符合人類的切望。基督爲了派遣他的聖父的光榮，曾謙順地獻身於聖父的計劃。這項計劃也因傳教工作得以完成。」（第七節）

庚、福音啓示人類歷史的最後目的

人類的歷史有個終點，福音啓示這個終點是基督的第二次降臨。人類的發展無論是個人，無論是人類整體，都趨向這個終點。

這個終點不是毀滅，不是痛苦，而是光榮，而是福樂，而是完成。

凡是發展不能忘記這個終點，不能撇開這個終點，也不能不承認這個終天。

儒家的發展哲學不知道這個終點，歷史哲學也不知道這個終點，惟有基督啓示這項真理。而這項真理使人類生活有目的、有意義，也使人類歷史有歸宿。

四、傳播福音與促進發展

講了上面的三段，我們已經可以看到傳播福音和促進發展的關係。

儒家的發展哲學要有基督的福音，予以充實，予以加強，予以動力，予以圓滿。基督降生成人，參入人類歷史，使人類從罪惡和痛苦中解放出來。基督的福音便要參入儒家的發展哲學中，促進中國社會的發展。

同時，人爲得到救恩，和天主相結合，要經過基督。在天主造人的計劃裡，天主決定整個人類和祂的親密關係。原始計劃被罪惡破毁了，基督降生加以整理。基督整理人和天主相結合的計劃，要人自己回向天主，因爲在罪惡裡是人離開天主。人歸向天主，先皈依基督，由基督再同天主結合。爲使發展充份地表現救恩的價值，還使中國人也信奉基督。因此便看到傳播福音和促進發展的密切關係。

甲、傳播福音有兩部份工作

聖瑪竇福音記載耶穌對宗徒所給的傳播福音使命：

「你們去教訓萬民，因父及子及聖神之名給他們授洗，教導他們遵守我對你們所講的一切誡命。」(瑪竇福音 第二十八章十九節)

在給宗徒們這項使命時，耶穌鄭重聲明天上地下的一切權力，聖父都授給了祂，祂用這種權加給宗徒們傳播福音的使命。這種使命乃是正式的使命。

在這種傳播福音的使命裡，包含兩個部份：第一部份是教訓萬民，給人授洗；第二部份是教導人遵守規誡。

教訓萬民爲預備人領洗，這是宣講福音。聖保祿宗徒說：「我基督所授的使命，不是爲授洗，乃是爲傳道。」(格林多前書 第一章第十七節)。保祿以授洗可由他人代行，他的重要使命，則是傳播福音。

教導人遵守規誡，一面是勸導，一面是力行。耶穌曾經告訴門徒說：「經師和法利塞人坐在梅瑟的講壇上所教訓你們的話，你們該當聽從，但不可以效法他們的行爲，因爲他們言而不行。」(瑪竇 二十三章一——三節)。言而不行，不足以爲訓。聖保祿宗徒乃勸教友們說：「至於我們和你們相處，怎樣絜身自好，正直無私沒有可指責的行爲；這一點不但是你們知道，天主也可以作證。……你們一聽到我們口中所傳授的天主福音，便不以爲是世俗的教訓，知道真正是天主的聖道，欣然接納。（得撒洛尼前書第一章十—十三節）保祿身體力行，以行爲作證所講的福音，才能使人信服。同時接受了福音的信友，也要以行爲作證所信的福音，使教外人佩服。聖保祿讚美得撒洛尼的教友說：「你們不計危難，勇敢地服膺聖道；且受聖神的靈感，以受苦爲樂。你們不僅認我們作你們的模範，你們更直接以救主爲規範了。因此你們已經成了馬其頓一切信友的模範，主的聖道已經從你們向外傳揚了」（得撒洛尼前書一章六—八節）。第二屆梵蒂岡大公會議所提倡的爲福音作證，就是聖保祿的思想。

傳播福音包含兩部份：口講福音和力行作證。口講福音是宣講聖道，力行作證可以解釋爲促進發展。因爲力行基督的愛，在現代的社會裡，在於促進社會發展。

乙、宣傳福音和促進發展是同一使命的兩方面工作

宣講福音和促進發展，是兩種工作，不是兩項抽象原則。這兩種工作，彼此不同，但同屬於一種使命，即是兩相結合，實現傳播福音的使命。

傳播福音的部份工作，在於宣講。聖保祿宗徒說：「凡呼號上主名號的人，必然獲救。但是人若不信祂，又怎能信呢？沒有宣講者，又怎能聽到呢？若沒有奉派遣，又怎能去宣講

呢？正如經上所說的：傳佈福音者的足跡是多麼可羨慕啊！」（羅瑪書 十章十三節）。福音沒有負有傳播福音使命的人去宣講，別人不能知道。既然不能知道，當然也不能信仰基督。因此宣講福音是傳播福音的一部份，是不可缺少的神聖工作。「但是有了信仰，若是不遵守規誡，在行爲上爲福音作證，信仰便是死的，同樣信德沒有行爲也是死的。」（雅歌二章二十六節）。基督自己也說過：「不是凡向我說：『主啊！主啊！』的人就能進天國，而是那承行我天父之旨意的人，纔能進天國。」（瑪竇 七章二十一節）。奉行天父的旨意，遵行規誡，在行爲上，按照福音的訓示去做，就是爲福音作證。

福音的誡命，總歸於一個「愛」字。聖保祿說：「在一切以上，尤該有愛德，因爲愛德是全德的聯繫。」（哥羅森書 三章十四節）。現時代的要求基督之愛的對象，不但是對每一個人，而且另外要對於社會群眾，對於社會群眾實行基督的愛，就是促進社會發展。

丙、兩者不可分，不可缺，互相完成

基督降生，給人救恩。救恩的對象是每一個整體的人，又是整個人類，使每一個人成爲基督的肢體，使人類成爲天主的子民。救恩的實現，要人明瞭天主自無始之始，對於人類的愛。天主的愛是一種很高的奧義，由基督啓示我們，由教會向人傳揚。聖保祿宗徒說：「我依照天主所授與我爲你們要盡的職責，作了這教會的公僕，好把天主的道理充分地宣揚出

去。這道理就是從世世代代以來所隱藏，而如今卻顯示給祢的聖徒的奧秘。天主願意他們知道，這奧秘爲外邦人是有如何豐盛的光榮。這奧秘就是基督在你們中，做了你們得光榮的希望。我們所傳揚的，就這位基督。因而我們以各種智慧，勸告一切的人，教訓一切的人，好把一切的人，呈獻於天主前，成爲在基督內的成全人。我就是爲這事而勞苦，按他以大能在我身上所發動的力量，盡力奮鬥。」(哥羅森書　一章二十五——二十九節)

教會不能不宣傳福音的奧秘，教會在中國必定也要宣傳基督的福音，使中國人知道由儒家的仁愛進到基督的神愛。教會不宣傳，中國人不能認識基督福音。第二屆梵蒂岡大公會議的傳教法令解釋傳教的意義時，說明是在尚未信仰基督的民族或民眾裡宣傳福音，建立教會(第六節)。這是狹義的傳播福音，適用於中國。近年教廷傳信部(宣道部)因我們常談牧靈工作，便怕我們忽略傳教工作，提醒我們多加注意，勿忘傳教。

但是聖保祿說：他自己宣揚基督，使一切的人成爲「在基督內的成全人」。在基督內成爲成全人，不但是認識福音，不但是信仰基督，還要遵守基督的一切規誡。在天主的愛裡成熟。

現在實行基督的愛，怎麼可以對於社會的不平等、不正義而不求改革呢？怎麼可以看到整個民族的大多數人受窮苦而不想辦法提高他們的境遇呢？單單談愛德，對於人的窮苦和被欺壓而不動手去幫助他們，別人怎麼可以相信基督的愛呢？福音中撒馬里亞人的譬喻和拉匝祿乞丐的譬喻，都教訓我們以實行去作證愛德。對一個窮人行愛德，稱爲救濟；對一個階級或一個民族行愛德，稱爲促進發展。

「發展」是使人在基督以內做一個成全的人。有精神的發展而沒有身體的發展，不是成全的人。有身體的發展而沒有精神的發展，更不是成全的人。

因此，促進發展和宣傳福音是傳揚救恩的兩部份，彼此不可分離，不可缺一。若是缺少一部份，宣傳福音要失去救恩的目的，促進發展更要失去救恩的成效。兩者合起來，才可以完成傳播福音的工作。

我不贊成有些神父的主張，他們認爲促進發展不是傳播福音的工作；理由我在上面已經說了。我也不贊成另一些神父的主張，他們認爲促進發展在神學上就是宣傳福音，兩者相同爲一，我的理由是這兩種工作在實現上可以分而不合。例如政府和社會團體都在促進發展，他們絕對不是爲宣傳福音，促進發展要和宣傳福音互相聯繫，纔成爲傳播福音的工作。

丁、兩者的工作者可以不相同，但都爲基督

現在有些傳教神父指責促進發展的神父，認爲他們是旁門左道，不做傳教工作。有些促進發展的神父輕視傳教的神父，批評他們爲落後的保守派，不明瞭新時代的傳教方法。實際上，兩種批評都是偏見。兩方若能充實基督福音的精神，偏見立即可以消除。宣傳福音的神

父，既然愛天主的愛很高，就應發揚愛人之愛，注意現代社會的要求，而注意社會發展。促進發展的神父，既然像墨子一樣席不暇煖爲人服務，也要發揚愛天主之愛，力求和天主相接近，不敢疏忽彌撒聖祭和祈禱。兩方面的神父便會同在基督的愛中，分工合作。

分工不分地盤，分工不分目標，分工不分精神：宣傳福音和促進發展，同是爲實現基督的救恩，使人類和宇宙因著基督而歸於聖父，敬頌天主的光榮。

五、結　語

在現在自由中國傳播福音，我們要認清現在自由中國的時代。自由中國現在是復興固有文化的時代，是發展經濟建設的時代。中國固有文化的主流，是儒家思想；爲發揚經濟建設時代的新中國文化，將是復興儒家的文化。我們在自由中國傳播福音，我們便要將福音滲入儒家的發展哲學以內，使儒家的發展哲學得有新的力量，有新的精神，而蔚成一種新儒家文化。

福音滲入儒家的發展哲學，要從兩方面進去：第一，由思想方面進去，這是宣傳的工作，宣傳福音的啓示，尤其宣傳啓示和儒家哲學融合之道。第二，由實行方面進去，這是促進發展的具體工作，加入社會的發展計劃，和政府合作。

自由中國的經濟，正在成長時期，農業的發展進入機械化，早已有大地主的剝削現象。工業的發展由輕工業進入重工業，工人待遇逐漸增高。政府的發展計劃向國民福利的方面走，以倫理、民主、科學，三者並重。這一點和福音的思想和精神相合，我們教會便可以和政府合作。

工業時代的社會，是動的社會，是群眾活動的社會，工業社會的發展計劃是整體的計劃。

我們目前的傳教計劃就也應該是整體的計劃；僅僅死守成規的傳道，不是以應付目前的時局。零碎的社會工作，不足以建立福音的作證。我們要集合大家的學識和經驗，平心靜氣，埋頭苦幹，研究出一種整體傳播福音計劃，從思想上怎樣下手，從實際上怎樣下手，在大眾傳播工具上、在學校裡、在教友組織內、在農村、在工廠、分頭進行，通力合作。我們才可以打破近年傳道的停滯關頭，邁向儒家福音化的坦途。請我們大家共同努力，共同祈禱。

彌撒與祭天的神學意義

民國六十六年十月廿五日在司鐸進修班講

德國著名的神學家拉能（Kari Rahner）在一篇論司鐸的文章裡說：「司鐸是一個受教會付託而舉行祭祀的人，他要重複基督最後晚餐的典禮。這種付託乃是司鐸本身的最深最高的特點。我們隆重地慶賀司鐸生命的開始，不是用司鐸首次舉行的洗禮，也不是用他第一次宣讀赦罪的經文，而是用他首次同我們一齊所奉獻的彌撒聖祭。」（Sul Sacerdozio meditazioni telolgiche, Queriniana）。

彌撒聖祭對於一位神父，在自己私人的精神生活上，在自己的牧靈工作上，都具有很重大的意義。所以一位神父必定很關心彌撒聖祭，今天我來從神學的觀點討論中國本地教會的彌撒。

一、彌撒的神學意義

主耶穌基督在最後晚餐時，舉行了以色列人的逾越節儀典：主耶穌的最後晚餐也就是以色列的逾越禮。在這個逾越禮的最後晚餐裡，主耶穌建立了聖體聖事，又命宗徒們繼續舉行這種聖事。

以色列人的逾越禮不是一種祭祀，而是一種感恩禮，感謝天主救了以色列先祖。感恩典禮在於重新舉行當年以色列先祖在埃及所吃的最後晚餐。但是在感恩典禮中，以色列人吃在耶路撒冷聖殿已經祭獻於天主的羔羊，因此，逾越禮有兩段的儀禮，第一段是耶路撒冷祭獻羔羊的祭祀，第二段是在家中吃已經祭獻的羔羊。

主耶穌的最後晚餐也便包含了這兩層的意義，祂仿效以色列人的逾越禮，先行祭祀。因此祂在成聖體時說：「這是我爲你們祭獻的身體。」（路加福音 第二十二章第十九節），在成聖血時說：「這是我的血，爲赦眾人的罪而傾流。」（瑪竇福音 第二十六章第二十八節）主耶穌以自己身體充作犧牲，祭獻於聖父，爲赦人類的罪。然後祂把體血分給宗徒們，吩咐他們拿著吃，拿著喝，祂就舉行了聖體聖事。聖祭和聖事合起來，便是主耶穌的最後晚餐，便是我們所稱的彌撒。

當主耶穌舉行最後晚餐時，祂還沒有被釘在十字架上，作爲流血的犧牲，舉行祭獻天父的祭祀。祂卻以祂的全能，以不流血的方式，提前祭獻了自己的體血，就是後一天在十字架上所祭獻的體血，舉行祭祀的司祭，也同是祂自己本人。最後晚餐的不流血祭祀便和十字架上的祭祀是同一的祭祀。在晚餐裡主耶穌命令宗徒們繼續舉行祂在最後晚餐的不流血方式的祭祀，因此，現在我們所舉行的彌撒聖祭，是繼承最後晚餐的聖祭。但是和十字架上的聖祭，也是同一聖祭。

主耶穌所建立的聖祭，和其他宗教的聖祭有所不同，不僅是因爲司祭和犧牲是祂自己，祂自己乃是天主聖子，也是因爲主耶穌的聖祭又是一件聖事：聖事象徵天主的寵祐，主耶穌在最後晚餐的聖祭裡，把自己的體血，分給了宗徒們。因宗徒們領受祂的體血，祂和宗徒們在生命上結成一體，宗徒們彼此也因著同一基督的體血，彼此在生命上也結成一體，結成一體，爲生命的結合，爲愛情的最高點。

聖祭和聖事合成基督的最後晚餐，基督最後晚餐的意義以以色列人逾越禮爲象徵。逾越禮象徵以色列人的得救，又象徵以色列人開始途程離開埃及人的迫害。基督的最後晚餐便包含著天主子民離開罪惡世界而得救。

因此彌撒，第一表示天主子民的團體，象徵基督的教會。從祭祀方面說，彌撒是教會團體的聖祭，來參加彌撒聖祭的人是一個團的人。從聖事方面說，彌撒是基督和這個舉行聖祭的團體合成一體，舉行這個聖祭團體的人也因基督而合成一體。這就是所謂共融。

第二，彌撒表示人起程離開現世，走向天鄉，因此便洋溢著末世的氣氛。在彌撒裡，我們高唱期待基督的再度來臨。我們雖然還在現世，然而因著基督奉獻自己的體血，而又將體血賜給我們，我們在精神有超出現世的體驗，我們的心已經飛向天主。

第三，彌撒表示救恩。拉丁教會禮儀在彌撒裡歌頌救恩的實效。參加彌撒的人，都是領了洗得有救恩的人，又聯合在天堂的天使聖人，歌頌上主，開始體驗在天堂的幸福，表現復活的喜樂，希臘禮儀則以參加彌撒的人仍在世上，大家努力追求救恩，救恩來自十字架，因此便強調十字架的犧牲克苦，表現悲哀祈禱的心情。

二、中國祭天典禮的意義

從上面所講彌撒的神學意義，現在我們來研究中國古代的祭天典禮，怎麼樣可以適用於中國本地教會的彌撒禮儀。

中國古代祭天的郊祭，所祭的對象，爲至高尊神皇天上帝，皇天上帝在中國古人的信仰裡就是我們所信的天主。祭天的郊祭爲整個中華民族的祭祀，由民族的領袖皇帝主祭。郊祭便是一個民族團體的祭祀，好像彌撒聖祭爲天主子民的祭祀。中國所有的祭祀，無論祭天，祭地，祭神，祭祖都是團體的祭祀，由團體的領袖主祭。因此主祭的人，或是皇帝或是諸侯，或是政府首長，或是家族長子。

祭天郊祭的祭品有三種：一種是供品，一種是犧牲，一種是獻品。供品是供在祭壇上，犧牲是先殺死洗清供在祭壇前的三牲，獻品是主祭所獻的爵酒。三種祭品在祭祀時，由主祭獻爵作代表。主祭獻爵，即是奉獻犧牲，奉獻供品，奉獻酒。

祭祀時，有三獻，都是獻爵，三字在中國的哲學裡有特別的意義，《易經》的卦都是三爻，重卦雖是六爻，實際上重卦祇是兩卦相合。三爻的三字象徵天地人，天地人則代表宇宙萬物。祭祀的祭禮便常是三獻。最隆重的敬禮，便是三跪九叩。三獻的意義象徵宇宙萬物的祭獻。在彌撒聖祭裡沒有正式的祭獻儀式，因爲主耶穌的祭獻是自己在十字架上祭獻了自己的生命，祂斷氣時就是祂的奉獻。在彌撒中所謂奉獻禮，是我們人奉獻餅酒，爲成聖體聖血，又奉獻我們的工作和產品，作爲陪同基督體血的祭品。但是我們可以從彌撒禮儀的意義中，看到三獻的意義，第一，奉獻餅酒爲成基督的體血，第二，成聖體聖血時，基督自己奉獻自己的性命，以體血作犧牲。第三，高舉基督的體血，作爲救贖的代價，同天朝的神聖，讚頌天父的光榮，如同默示錄所說，天使和元老們跪拜在地，向羔羊和天父高呼萬歲。這三獻,結合了人、物和天使聖人,上天下地,欽崇天主。

祭天的祭祀,以及中國別的祭祀,所有祭壇,祇供祭品。主祭立在祭壇下面,祇在奉獻祭品時,祭壇奉獻。這是尊重祭壇,也表明唯有奉獻祭品爲祭祀的主要成份,應在祭壇上舉行,其餘儀節都在祭臺以外完成。彌撒的祭壇代表基督,地位崇高,除酒餅以外,其他祭祀用品不宜放在祭壇上。行彌撒的儀節,讀經部份和領聖體以後部份,都在祭壇以外去行。唯有感恩頌則在祭壇上誦唸。然而按彌撒的本身說,並不絕對要求務必在祭壇上唸感恩頌,也可以在祭壇下面唸。中國祭天的祭天頌,則在祭壇側誦讀。

郊祭有迎神送神,乃是迎送皇天上帝的神位。其他祭祀也有迎神送神,意義乃是孔子所說:「祭神,如神在」,迎接皇天上帝或是神靈來歆饗祭祀。祭祀以後,送別皇天或神靈。既然行祭祀,便應該信有皇天上帝和神靈。在彌撒裡沒有這一類的典禮;然而迎接爲成聖體聖血的酒餅,護送聖體聖血下祭壇而到一小供桌,爲行祭者及參加彌撒者領聖體,可以看爲迎神送神。

祭天以後,有受福賜胙,受福是主祭的皇帝,受上天的賜福。賜胙,是主祭皇帝以祭品——特別是犧牲,分賜大臣,大臣供領到家中享用。彌撒在結束以前,有共融的典禮,主祭以所獻的聖體聖血,分給參禮的信友,信友領取基督的聖體,和基督結成一體,彼此可因基督而結成一體，乃實現共融的意義。

祭天的祭祀有樂有舞，三獻時，每獻有一曲樂和一陣舞，樂舞都爲歌頌皇天上帝。彌撒中有聖歌，爲讚頌天主。舞蹈，在拉丁禮儀中沒有形跡，在希臘禮儀式的彌撒中則有，埃及和厄立約比的彌撒，輔祭者舉著樂器來回旋轉，有些像中國祭祀中的舞蹈。因此，若在中國本地彌撒中在三獻時，有歌有舞，也是適當的事，祇是彌撒中的舞，應是以手式變動，而不以步伐變動和身體姿態去表現。

祭天的祭祀，在結束時有望燎一禮。主祭者站在行祭的地方，看著在外面焚燒祭品。祭地的社祭則有望瘞，把祭品埋在地中。彌撒沒有這種典儀，然而在領聖體後，或供奉所餘聖體於聖龕內，或捧聖爵聖盒到祭壇外面小桌上，也可以有望燎的意義。因爲祭天的祭品都賜於大臣，祇以少許而焚燒以望燎。

這是從祭天郊祭典禮和彌撒典禮的主要部份，看看相似的意義，以便在創制中國本地教會彌撒禮儀時，作爲參考。

三、結語

彌撒聖祭的神學意義，影響彌撒的禮儀。彌撒既是祭祀，又是聖事。祭祀的禮儀非常嚴肅，聖事的禮儀則容易近人。又因主耶穌建立了聖祭和聖體聖事，是在最後的晚餐裡，晚餐乃是大家團聚快樂的現象。近來便有許多人主張彌撒禮儀應該是團聚快樂的儀式，以表現晚餐的精神。

但是我們應該注意，聖祭和晚餐不能分開成兩件事，因爲主耶穌在最後晚餐建立了聖祭和聖體聖事，聖體召事是晚餐，聖祭也是晚餐。不過，主耶穌最後的晚餐，乃是以色列人的逾越晚餐，是一種宗教儀式的晚餐，不是通常的宴會。教會初期的宗徒和主教們，常在教友家裡行彌撒，稱之爲「擘餅」，行彌撒後有教友的聚餐。那種現象是適應當時教會初期的社會環境。後來教會在羅瑪帝國有了自己的地位，建築了聖堂，彌撒聖祭便在聖堂舉行，禮儀嚴肅隆重。漸漸祇有祭祀的形式，而沒有聖餐的形式了。現在我們的工業社會，流動性非常大，不便多受空間和時間的限制。青年人的心理，傾於簡單和自然的表情。因此，傳統的嚴肅而複雜的彌撒禮儀不大適合他們的嗜好。他們喜歡看彌撒爲共融的聖宴，不喜歡看彌撒爲祭天的祭祀。我們研究創制中國本地教會的彌撒禮儀便遇著許多困難的問題。但是我們要堅定上面所講的神學原則，以求解決的途徑。在神學上，彌撒是聖祭又是聖事，兩者不能分裂。彌撒是主基督的最後晚餐，主基督的最後晚餐爲宗教儀式的晚餐，不是普通宴會。既然是晚餐當然表現團聚共融的快樂，然而不是普通宴會的俗情快樂。

中國祭天的郊祭，乃是祭天的祭祀，雖有團體祭祀和賜胙的共融意義，究意絕對沒有晚餐的意義，所以非常嚴肅隆重。

在中國以餐會的方式行祭，不合中國民情。普通民間的拜拜，乃是在行祭以後聚餐。若以宗教餐會的方式行祭，中國的民情還可以領會。民間而有孝子，備辦菜肴一桌，供奉已故父母，家人然後共餐。共餐必須有敬有誠，和普通吃飯不同。

中國祭天的郊祭，乃最隆重的祭祀，不時常舉行。因此，仿郊祭天典禮而創制的中國本地教會的彌撒，應是隆重大典的彌撒，祇在很隆重的慶節時舉行。通常的彌撒則可以就拉丁禮儀式的彌撒禮儀，稍加修改，加添中國禮儀的成份。

中國傳統文化中的我和非我的關係，都以一個「敬」字作規律。對於父母要敬，對於師長要敬，兄弟夫婦要相敬，朋友也要相敬。對於皇天上帝和神靈，當然更要敬。在行祭時要敬，在行別的典禮時也要敬，在行宴會時還要敬，宴會喝酒稱敬酒。西洋文化的我與非我的關係，以親熱爲規律，愈表示親熱，則關係越好。因此對於天主也要親熱。但是在西洋的公共典禮中，敬字也是重要的。彌撒爲基督的晚餐，作爲感恩宴，既不能除掉祭祀的意義，也不能去掉敬的精神。敬並不排除愛，也不排除喜樂，以敬去行彌撒，則能表現聖祭和聖事的感恩宴所具的神聖意義。

誰若願意跟隨我，該棄絕自己，背著自己的十字架來跟隨我。

與非基督教會交談

民國六十九年三月十三日在宗教聯繫講習會講

一、交談的條件

我們天主教傳入中國的——利瑪竇在肇慶計劃仿效佛教，自稱西僧，著僧服。所住院落號爲僊花寺。到韶州時，借住南華寺，與佛教通好。但那時他遇上了瞿太素，太素勸他改變計劃，離開南華寺，脫去僧服，穿著儒生衣冠，自稱向慕儒學，來華向化，他乃和儒家通好了。後來，他到南昌、南京和北京，都和儒士相交。對於佛教在心攻擊，與蓮池和尙針鋒相對。利氏好友徐光啓、李之藻、楊廷筠既信奉天主耶穌，又保全孔、孟之道，徐光啓且以利氏的天學可以補儒學的不足。利氏去世，龍華民繼長中華耶穌會，改變利氏的方策，道明會士黎玉範，方濟會士利安當，巴黎外方傳教會士顏璫群起反對利氏用上帝上天名詞，責斥中國人祭祖祭孔的迷信，教宗接受了他們的意見，頒佈禁令，中國天主教便和儒家傳統脫節，

完全孤立，如今保持外國教會的面貌。（參考羅光著　教廷與中國使節　傳記文學社印行）

民國成立以後，中國天主教會漸漸企圖打破這種自己孤立自己的圈套，馬相伯進入中國學術界，雷鳴遠進入中國新聞界，剛恆毅代表進入中國外交界，于斌樞機進入中國政治界，與各方面人士交談。

羅瑪教廷於一九三九年十二月八日，由傳信部頒佈部令，准許中國教友敬孔敬祖，于斌樞機在重慶組織了天主教、基督教、佛教、回教四教教徒的宗教聯誼會，我在北京成立了宗教座談會，包括中國所有合法的八個教會：天主教、基督教、佛教、道教、回教、理教、軒轅教、天理教。現在我們中國天主教已經開始和非基督教會，互相交談，互相合作。

爲能進行交談，我們應要在心理上有所準備，遵守交談的條件，這些條件就是交談的原則。

（一）交談時，兩方處在平等的地位。我們天主教人士不能懷著一種心理，以爲唯獨我們教會是真的教會，我們的教義是唯一的真理。這種心理有優越感。用這種心理去交談，對於交談的另一教會的人，免不了有由上向下看的態度。

（二）交談時，兩方說明自己的教理，不加辯論或政擊。交談是朋友談話，不是開辯論，更不是互相政擊。否則，交談便會中止，無法繼續。

（三）交談時，我們天主教人士要明瞭自己的教義，要堅定自己的信仰。交談應該是誠懇的，是認真的。因此我們講論我們的教義，便要認識清楚自己所談的，也應當確實相信自己所談的，絕對不能馬虎苟且，否則必會給人家很壞的印象。

（四）交談不是要勸化別人進我們的教會，而是彼此講論自己的教義。我們尊重對方的信仰，我們相信別人的信仰裡也能有部份真理，也能有天主聖神的光照。但不能因此便看著交談不是傳教工作，既然我們講論我們的教義，就是傳教。

（五）交談時，對於交談的人所有宗教信仰，應有相當認識，纔能找到雙方的共同點而深入研究。

上面所列舉的五點，爲我們宗教交談的原則。大家可以問交談有什麼結果呢？對於宣傳福音有什麼好處呢？在現代的多元社會裡，沒有一個人，也沒有一個組織，可閉關自守，否則必定是自己孤獨自己。我們教會今天在台灣，應與別的教會通往來，在許多方面進行合作。合作便是交談的結果，也就是實際的交談。這種合作可以打開我們的門戶，使別人認識我們的教會；也可以敞開別人的心，使他們對基督的福音因認識而表同情。

二、與非基督教會的交談

1. 儒家

我們和別的教會交談，先要對交談的教會有基本的認識。去年亞洲主教團代表開會研究與佛教，與回教交談，都慨嘆我們教會沒有交談的人才。

我就我們中國教會處境的情形，給大家很簡單地介紹儒釋道三教的交談共同點。這些共同點是基本共同點。

儒家不是宗教，然而具有宗教的信仰。儒家信上天。中國的讀書人，不分老少，對於上天，心理都保存有幾分信仰，普通一般人更相信。中國俗語說：「人窮則呼天」。中國人誰不相信命，命來自上天。儒家敬祖，敬祖則相信有魂。「事死如事生」，雖祇代表孝子的心情，然也代表對魂靈長在的信心。

儒家的倫理道德，跟天主教的倫理道德相合，這是大家都知道的事，我卻要提出一點，普通不研究中國哲學的人不加注意，而卻是儒家倫理道德的中心，可以成為新儒學思想的基礎，就是儒家的生命哲學，也就是「仁的哲學」。

《易經》為儒家哲學的基本經典，《易經》講宇宙的變化。變化的起點為太極，變化的要素為陰陽。陰陽兩元素因著內在的動力，時常結合，時常分離。結合則成一物，分離則一物毀滅。結合分離繼續不斷，整個宇宙常在變化之中，《易經》說：「一陰一陽之謂道，繼之者善也，成之者性也。」（繫辭上 第五章）這種陰陽的變化，不僅是物物的生滅，而且在每一個既成的物體裡，仍繼續變動，祇因物性不變，物體乃不變。《易經》以每一物在本體內常有陰陽變化，便以為每一個物體具有生命，稱每個物體為生。陰陽的變化既是成為一物體，便是為化生一物。因為《易經》說：「生生之為易」（繫辭上 第五章）陰陽的變化為整個宇宙的變化，宇宙以天地為代表，《易經》乃說：「天地之大德曰生。」（繫辭下 第一章）整個宇宙為一道生命的洪流，周流不絕。中國的畫家，無論畫什麼畫，都要有生氣，要有神韻。儒家的孝道，表現生命的延續，兒子的生命和父母生命結成一個，兒子的身體稱為父母的遺體。祭祖的典禮，由嗣子主祭，嗣子為亡者的子或孫，而不是外族養子。人死有祭禮，即是生命沒有斷絕。

宋朝理學家發揮《易經》的思想—以仁為生命。人手痲木沒有生命，稱為痲木不仁。桃子杏子的生命點，稱為桃仁杏仁。《易經》以「天地之大德曰生」，朱熹說：「天地以生物為心」，（語錄）天地之心便是仁。朱熹又說：「人得天地之心為心」，（語錄）人心也就是仁。因此孟子曾說：「仁，人心也」（告子上）。又說：「仁也者人也。」（盡心下）《中庸》也說：「仁者人也」（第二十章）人的心便是仁，不仁便不是仁，仁，當然不僅指著生命，而是指著愛惜生命。天地以生物爲心，是說天地愛惜萬物的生命，使萬物有生命。人心爲仁，人心愛惜自己生命，也愛惜萬物的生命。理學家說：「仁是愛公理。」（朱子語錄）

天地萬物在生命中互相連結，合成一體，王陽明稱爲一體之仁。（大學問）人爲維持自己的生命，須要飲水，吃肉吃蔬菜水果，還要吃藥。這就表示人的生命和動植礦等物互相關連。人不能孤立，孤立就會消滅。儒家乃說愛人愛物，孟子說：「仁民而愛物」。

我們相信天主是愛，人心也是愛，在愛中結合人又結合天主。儒家說天地是仁，人是仁。孔子說：「仁者，己欲立而立人，己欲達而達人」。儒家生命哲學繼續發揚，如中庸所說贊天地的化育，天地人爲三，達到天人合一。

2. 佛教

佛教的基本原理爲四諦三法印。四諦說人生是痛苦，痛苦來自十二因緣，能除痛苦因緣，人便入涅槃而得常樂我淨。三法印是萬法無常，諸法無我，涅槃寂靜。人生充滿痛苦，痛苦爲人己所造成，爲免除痛苦，人要絕慾。由守戒律開始，用坐禪以求心靈，心定而能悟道，乃得無上智慧。

我們教會的靈修學，在中古時，常以人生爲苦，世界爲罪惡，人要克除情慾，避免罪惡。當代靈修學承認萬物爲天主所造，皆是美善，世界事物是有自己的積極價值，現生應有快樂的享受。祇是要以萬物的美善，萬事的價值，現生的快樂，都要歸之於上主。這種快樂靈修較比中古克苦靈修，更需要堅強的意志和不斷的和天主的結合。

佛教無上的智慧，在於直接體驗絕對的真如。宇宙萬物和我們人自己，都不是真真存在的實體，而祇是一個絕對實體的表相。這個實體稱爲真如，稱爲佛，稱爲如來，稱爲涅槃。人的心如靈明，有如一盆水。水若污濁，則顯出點點的污點，心若清明則顯出水底的一切。宇宙萬物，乃是人心污濁所顯，人心若清明則顯出心的本體真如。禪宗指點人絕對不要貪想世物，絕對不要有思慮，而且就是坐禪行善的方法也不要想，心中完全任其自然，什麼都不動念，人便能體驗他自心的真如，真如是光明，是清潔，是絕對。人體驗真如，人看到真如，體驗到真如，和真如結合為一。一切的想念都消散了，世物完全是空，人心絕對安定而快樂。這就是入涅槃，涅槃則是常樂我淨。

我們天主教靈修的終極點，在於靜觀，靜觀剝削一切的念慮，不僅是惡念，非關重要的念慮，連善的思念都剝削乾淨，心中完全空虛，好比一張純白的紙，沒有字跡沾污，即是純潔的精神。純潔的精神對天主，乃能反照天主的肖像，直接體驗到天主的存在，天主的美善，天主的愛。

禪宗不主張坐禪，也不必要靜坐，而是在通常的事上或言語上，直接體驗到事物的本體真如，但是最重要的，是人心的空虛，不以事物而掛心。惡事不掛心，善事也不掛心。

我們教會靈修學的最妙境地，也不在於久坐默想和唸經，而是在於自己的心不牽掛世物，一心遵行天主的聖意，常與天主相結合，使能在一切事上直接體驗天主在跟前。這種境界即是天堂永生的開始，也就是現世的永生。

3. 道　教

道教的教義，可以說較比佛教還複雜，道教的書較比佛教大藏經還更難懂。因爲道教的信仰綜合中國古代的各種民間信仰。道教長生不死的鍊丹術，更是包括陰陽五行的各種學說。

不過，道教有兩點，可以作爲交談的共通點，第一點道教信神靈，信神靈投胎下凡。這樣爲道教信徒—天主聖子降生成人，不會難懂，也不能是不可相信。第二點，道教相信長生，信有仙人，仙人脫骨換胎，變成非物質的人，不飲不食，飛行自如。我們天主教相信永生，相信復活，復活後的人有如仙人。

三、結　論

簡單地我指出儒釋道的重要理論，這些理論在今日的新思潮裡，還可以不被淘汰，而和我們教會的理論有共同點，我們可以交換研究。

但是在實際上，我們談論教義的時候不多，怕引起爭論，所以普通的教會交談，都是在實際的工作上，互相合作。在實際的宗教生活上，我們有的神父修女學習佛道的靜坐，有的修女實習坐禪，有的用坐禪的方法行默想。這些實際的經驗可以使我們更深入瞭解佛道的宗教意義。但是有的神父修女採用印度宗教儀式行彌撒，則不適合中國傳統和民情。印度宗教的生活是祈禱的生活，不是祭祀典禮。我們中國的古代傳統則有祭祀禮，而沒有共同的公開祈禱。爲中國天主教會的彌撒禮儀，我們應向中國古代祭天或近代祭孔的典禮去學習，在中國席地而坐以行彌撒，在一般中國人看來，有點不倫不類。

另一種實際的交談則爲社會工作的合作，宗教工作委員會，宗教聯誼會，宗教座談會常在青年輔導，社會福利家庭輔導，學校教育各方面，尋求合作，在合作裡彼此認識，彼此交往。透過合作的友誼，漸漸進入教義的瞭解。目前，我們國內在教章雜誌上，宗教互相攻擊的言論，已經很少，這就是一種令人愉快的進步現象。

第五屆全球主教代表會議

一、

本年九月廿六日，上午九點半，教宗若望保祿二世在教廷西斯篤殿主持第五屆全球主教代表會開幕禮，彌撒中，教宗講道，說明這次會議的重要性。

這次會議的主題爲：「教友家庭的職務」，包括的問題有男女兩性的愛情，兩性的生活，男女的婚姻，家庭對夫婦的職務，家庭對子女的職務，家庭對社會的職務，家庭對教會的職務。

九月廿九日，主教代表會議正式開會，教宗親臨主持。自廿九日到十月六日舉行全體會議，十月四號星期六及五號星期日休會。六天全體大會，聽取各國主教發言，發言主教共一百三十五人，不發言而以講稿送秘書處者二十三人。

參加這次主教代表會議的樞機五十人，主教一百六十九人，修會會長十人，列席旁聽的專家二十七人。主教來自的國家，亞洲十九國，（只有高棉沒有代表），非洲三十二國，南北美洲二十四國，歐洲廿三國，(東歐國家都有代表出席)，大洋洲四國，共一百一十二國。教廷各部會首長也正式出席。

六天全體大會都由教宗主持，教宗靜坐細心聽取主教們的發言。發言主教先期向秘書處申請發言，將發言講稿一份和講稿內容大綱一份送交秘書處，大會將由主持會議的樞機唱名，依次發言，發言時間爲八分鐘，有自鳴鐘報告時間，發言的語言，以拉丁文爲主，英、法、德、西、義五種語言也可用，同時有五種翻譯。發言的內容都是就會議主題所包各項問題表示意見，陳說各國的文化傳統和社會環境。我於廿六日第二次大會時發言，簡明說明中國傳統文化對婚姻和家庭的思想，以教會在亞、非的國家裡，宜融和當地的文化。

六天的功夫，上午從九點到十二點半，下午從五點到七點，靜坐不動，專心聽取各種語言的議論，有時發言者說話太快，專心聽也跟不上，大家都覺得非常累。當十月三號下午閉會前，秘書長報告次日星期六休會時，全體報以熱烈鼓掌，教宗也開顏大笑。我們全體變成了坐在課室的學生，聽說放假，心情就很愉快。

全體大會只是聽取報告，沒有深入討論問題。十月六日開始小組討論會。小組會前，在全體大會中，總報告人德國慕尼黑總主教拉辛克樞機就主教們所有的發言內容，作一綜合報告，然後列出六個問題，每個問題中再列出細節，作爲小組會議的研究材料。小組按語言分組，拉丁文一組，義大利文又一組，英文兩組，法文兩組，西班牙文三組，德文一組，共十小組。我參加義大利文組。

每個小組就綜合報告所列的六個問題中，選擇每一問題的一個節目深入研究。十月十日小組會議結束，每組繕寫一份報告。這天爲我國國慶，下午五點，周書楷大使率領留羅瑪的中國神父、修女和華僑教友及義大利友人，在梵蒂岡附近一聖堂，參與彌撒，彌撒由我和單國璽主教共同主持。彌撒後，周大使在一旅館舉行酒會，招待外賓。

十月十三日，全體大會，教宗自任主席，每個小組由一人向大會作報告，報告文已印好，分送與會人員。次日，十四日，星期二，舉行大會，就各小組所提報告，研究討論，主教仍先後相繼發言，我也說了話，以各小組對混合婚姻，即教友與非教友結婚，沒有加以注意，而教會的牧靈工作，對於這類婚姻，在婚前婚後都應特別輔導。這種討論舉行了兩天，因發言時間只有三分鐘，發言人乃多。十月十六日，全體大會時，由教廷各部會首長報告，簡明說明部會三年來（主教代表大會每三年舉行一次），即自上次大會以來所有的工作，每部會報告後，，主教們發言質詢。今天爲教宗當選兩週年，教宗於下午到會，全體人員熱烈致賀，歌詠團唱聖詠爲教宗祈福。大會中，總報告人就各小組的報告和大會的討論。作一綜合性報告，但沒有作結論，建議由各小組依照他所提的大綱，每組分別提出結論。旋即舉行小組會議，會議兩天。

十月十九日主日，傳教節，教宗往傳信大學，主持若望保祿廳啓用典禮，在傳信書院和學生們聚餐，主教代表會主教們被邀與宴。

十月二十日，全體大會，宣讀大會向教友家庭的宣言和會結論稿。宣言將由大會以大會名義宣佈，大會結論則將呈教宗，作研究資料，由教宗另撰一公文，以教宗名義公佈。

十月廿一日，就宣言和結論，分段投票表決。表決方式，宣言稿和結論稿分段所列「贊成」，「不贊成」，「贊成修改」的款式裡畫勾，若贊成修改，則須送修改的文字。大會中，一面投票，一面由教廷部會首長作報告，我曾就報告文發言兩次，一次就教育部長的報告，一次就爲非基督者委員會主席的報告。

十月廿一日，中午，我被教宗召宴。被召宴者共九人：菲律賓辛樞機及該國主教三人，韓國金樞機，印尼主教二人，日本主教一人，還有中國主教的我。午宴在教宗日用的餐廳裡。餐前，教宗在一大廳分別接見每位召宴人，又分別攝影。我被接見時，以輔仁大學名義，呈獻一琺瑯質中國彩色聖爵，聖爵爲郭明橋爵士的作品，仿古銅器的觚而製，花紋精工，顏色鮮艷，教宗很欣賞。後來，副國務卿致我一函，深致謝意。進餐時教宗與我們談話，態度自然，就好像一家人。

十月廿二日，上午，繼續由部會長報告。下午，由列席旁的教友夫婦，報告他們家庭生活的經驗。教宗親臨，由五點到七點半。

十月廿三日，全體會議，選舉主教代表會議秘書處委員，委員共十五人，襄助秘書長在三年中預備下次會議。三人由教宗委派，其餘十二由大會選，亞洲和大洋洲三人，非洲三人，美洲三人，歐洲三人。

十月廿四日，大會，就修改的宣言和結論，舉行投票，午後，報告投票結果，兩文件都由大多數通過，最後秘書長請對大會程序及下次大會議題，主教們提出建議，我建議小組討論的時間宜加長，下次議題可爲青年人格教育。

十月廿五日，舉行閉幕典禮。先在西斯篤殿由大會秘書長宣讀大會宣言，並以大會結論呈獻教宗。大家唱日間經，教宗發表閉會演說，綜合大會結論的內容。演說後，教宗率領全體與會人員，步行入聖伯祿殿，一面走，一面唱謝主聖詠。入殿後到聖伯祿墓前，全體唱信經，表示全球教會的同一信仰。唱完信經，教宗接見全體與會人員。我們列隊，魚貫近前，教宗擁抱每一人，賜送特別印製的紀念書一冊。教宗擁抱我後，握手說：爲你同胞祈禱。上午，十一點，出聖伯祿殿，第五屆全球主教代表會議結束。主教們大家握手言別。

二、

這次大會的議題，所牽涉的問題很難，目前各國社會的趨勢，以男女兩性愛情和性行為相連，有愛情即有性行為；又將性行為和生育相分離，性行為祇為性慾的享受，沒有生產的義務；以婚姻的結合，為兩性互助的結合，而不是永久對子女負責的結合。因此，婚前的性行為氾濫於青年中，離婚數目逐漸加多，人工節育及合法墮胎及絕育結紮手術，連成一線，父母對於子女教育無法實踐。而且許多在共產集權政府下的家庭，以及因戰爭而流離國外的家庭，無法維持通常的家庭生活。宗教意識和情緒，一般性的降低。因著這些困難，現在的教友家庭，都很難履行所有的職務。在亞洲和非洲的各國社會裡，青年們都趨向西方化；又因國際組織以經濟和政治的力量，進行宣傳和逼迫在開發中的國民實行人工節育和墮胎，傳統的家庭道德和組織，逐漸都被破壞。

在這樣的情形下，我們怎樣提倡恢復教友家庭的道德，鼓勵教友夫婦擔負自己的責任呢？

大會擬定的原則是不從悲觀消極方面說話，而從樂觀積極方面說話。

大會的樂觀在於仰望天主，天主與我們同在，且與各個教友家庭同在。教友夫婦若能把握這種信心，每天舉行祈禱，必定能有力量勝過一切困難，使家庭成爲一個小教會，即家庭教會，天天奉獻祈禱和犧牲，天天宣傳基督福音。

大會的積極看法，在於說明愛情，婚姻，家庭的意義，指出家庭的職務。

天主造生人類，造了男女兩性，而人則是按照天主的肖像造的。天主是愛，聖父、聖子、聖神永恆相愛；愛便是人的本性。男女的愛情，發自人性，代表每人的人格。天主造了男女，使男女相合爲一；男女愛情的結合，使兩人的人格結合爲一人格，彼此互相成全。因此男女的愛情，並不是以男女身體的結合爲唯一目的，而以人格的結合爲目標。人格的結合包括整個人的結合；精神的結合，心理的結合，生活的結合，身體的結合。身體的結合乃是最後的階段，而這最後的階段，是因天主造生男女的目的而成，即是爲生育新的生命。

人爲生育新的生命，不像禽獸的結合，而是人的結合。人有精神有身體，尤其有理想和自由。人的結合，先有理想，而後自由決定，決定的結合便是婚姻。

天主所定的婚姻，是一男一女的終身結合；而且後來基督使婚姻成爲聖事，婚姻乃終身不能分離。婚姻的結合爲夫婦雙方人格的結合，在精神、心理、生活、身體上，完全合爲一個。這種結合使夫婦雙方的人格更爲成全，乃能參加天主的造化工程，生育子女，象徵天主聖三的父子關係。聖保祿宗徒曾說夫婦的結合，象徵基督和教會的結合，基督愛教會，犧牲自己使教會成爲聖化的奧蹟，給聖父產生許多的子女。

有些主教要求神學家研究男女兩性的意義和關係，結成一個系統的性神學。因爲兩性原是天主所造，在造化的工程裡有特別的意義。兩性的關係不能僅僅看爲「食色，性也」，僅僅爲自然性慾的傾向，而是具有天主造化男女時所說的：你們繁殖罷！你們統治宇宙！兩性的關係是爲生育，是爲教育人作宇宙主人。

有些主教也要求能有一種關於人身體的神學。身體由天主用黃土所造，將來仍要歸於土。女人的身體，由天主以男人的肋骨所造成，是男人的骨肉。聖經的兩種記述，雖不是記載天主造生男女的實況，然而是表示男女身體在神學上的意義。人是一個全人，有靈魂有身體，身體爲全人的一部份，分有人的人格意義。在男女兩性的關係裡，身體的意義固然重大，然而身體的意義要由靈魂的精神意義予以目標，予以成全。

家庭由夫婦結合而成，夫婦的結合使雙方的人格更成全，適合生育子女而予以教育。因此家庭要有子女，纔是一所成全的家庭。

目前，生育子女成爲家庭的一大問題。節育的宣傳，瀰漫全世界；各國的家庭都實行節育，而且都用人工節育方法。人工節育不收效時，方進行墮胎；墮胎仍不足防止生育，便實行絕育的手術。這種實事困擾無數的男女，也造成牧靈工作上非常棘手的問題。

主教代表會議重新聲明人工節育，墮胎，絕育手術都不合法，都不合理，都是壞事。然而人口問題確爲一實際不容忽視的問題，主教代表會議勸行自然節育。自然節育代表夫婦對於爲父爲母的責任，互相承擔，彼此尊重對方的人格，使性的結合爲經過理性考慮和自由決定的行爲，加深並淨化彼此的愛情。

目前，另一種重大的家庭問題，爲離婚問題。許多男女已不承認婚姻是永久性的結合，有的實行試婚，有的祇行同居，有的結婚而離婚，離婚又再婚。在牧靈上對於這類教友怎樣辦呢？試婚，同居，離再婚又再婚，依照教義都不能許可。在牧靈上祇能關心這類教友，不加重他們的心靈負擔，在精神上予以輔導。

一個圓滿的家庭，夫婦子女具有天倫之樂，且與天主同在。每天祈禱，誦讀聖經，父母子女互相交談，互相協助。宗教信仰被視爲家庭的基石，也被看爲家庭的遺產。中國傳統的家庭道德，夫婦子女共同實踐。

父母有責任教育子女，也有全權。子女的宗教教育、人格教育、生活教育，以及性教育，父母自己負責，又選擇學校以完成子女的教育。當前社會，男女出門工作，但不能因此便疏忽教育子女的職務。

在許多國家裡，婚姻、家庭、子女教育，都被極權政府所干涉，男女沒有履行權利義務的自由。主教代表會議建議公佈一項家庭權利的憲章，籲請聯合國承認。主教代表會議也促教友家庭互相團結，組合家庭協會，攜手合作，共爭自由。

主教代表會議宣言的結語說：「對於婚姻和家庭，我們所說的一切，可以總括於天主的愛和生命中成長。我們謙卑地懇求你們爲我們祈禱，使我們也同你們一樣地成長，最後我們用聖保祿致哥羅森書的話向你們致候：『在這一切以上，尤該有愛德，因爲愛德是全德的聯繫。還要叫基督的平安，在你們心中作主；你們蒙召存於一個身體內，你們便該有感恩之心。』」（第三章第十四節——第十五節）

益世雜誌發刊詞

民國六十九年十月創刊號

孟子曾經說：「予豈好辯哉，予不得已也！」有什麼不得已呢？孟子說他有責任「正人心，息邪說，距詖行。」（滕文公下）

當今天下，共產主義橫行全球，姑息主義瀰漫世界，臺獨邪說煽惑人心。正義不張，祇圖私利，沒有遠大政策，徒求避免眼前難關。號稱自由世界裡，青年人呼求改革，創立新生活理想，成年人卻醉心名利，沈酣酒色，社會沒有領導的思想。西方昔日領導社會的宗教教義，被人視爲與科學相衝突的古董，中國歷代領導社會的儒家思想，被人看作不合時代的舊物。今日的青年人心靈渴望一種指導他們創立人格的思想，他們追求激發他們向前的勇氣活力。臺灣今日的青年多嚮往一個光明偉大的民族憧憬，切望瞭解自己民族的美好特性。三民主義是中華民國立國的基礎，是民族生活的嚮導。然而爲引導今日的青年，爲激起當今臺灣社會的民族情緒，需要把國父思想深入國民生活的各方面，從紙上的空談，加入活躍的靈魂，成爲一個活潑的生活觀。

價值觀，在今日的社會裡不僅是哲學者的爭論點，乃是每個人切身生活的感受。青年人開始踏進生活的建設階段，價值觀成爲他們的焦慮。孟子曾說人有小體大體，小體爲感覺之官，大體爲心思之官，「從其大體爲大人，從其小體爲小人。」（告子下）明末東林學院顧憲成說：「人身之生死，有形者也；人心之生死，無形者也。衆人見有形之生死，不見無形之生死，故常以有形者爲主。聖賢見無形之生死，不見有形之生死，故常以無形者爲主。」（小心齋劄記 明儒學案 卷五十八 東林學案二）耶穌基督的山中聖訓，曾以八端真福推翻了一般人所說的福利，以精神上的守貧好義，純淨愛人爲真福；孔子也曾稱讚顏回居陋巷而樂；宋明儒家以求顏回之樂而樂爲求學目標。在今天價值觀錯亂倒置，青年人不知遵從的時代，不能沒有人來向他人指出真正價值觀。

臺灣近年來新出雜誌刊物，各形各色的充斥市面。我們卻又來發行「益世雜誌」，不是爲錦上添花，不是爲增加紛亂；我們是想豎立一個中正的目標，以正確的思想來面對社會各種問題，不自誇大，實事求是，「正人心，息邪說，距詖行。」先總統 蔣公曾說：「社會生活不能隨物質生活的進步而改造，則人類不能役使外物，而爲外物所役，科學技術不能爲人生服務，反而支配人生，戕賊人生。」（為何漢奸必亡侵略必敗）又說：「人的建設——心理建設——爲一切建設的基本，而文化教育，就是人類建設的基本，亦就是國家建設的基本。」（復國建國事業的基礎）「益世雜誌」的目標，在向全國同胞，尤其向熱血的青年們提供正確的人生價值觀，中正的社會原則，以解答社會問題，建立高尚的人格。

外籍傳教士與中國文化

民國七十一年三月廿三日講於南部外籍教士研習會

緒論

到中國來傳道的外籍教士，心目中所有的困難，第一是學中國話，第二是適合中國的生活習慣。在中國住了幾年以後，外籍教士就感到是活在自己家鄉一樣，沒有了語言和生活習慣的困難。每天和中國人相接觸，一切都很自然，也都感到愉快。但是在中國住久了以後，卻感覺到傳道的工作，愈來愈難，似乎看到或摸到前面有一道牆，擋住福音進入中國社會，而基督的教會仍被看為外國洋教。

在國外旅行時，常有外國的教會人士問我，為什麼在中國傳教四百年信教的人數那麼少？在非洲傳教祇一百年，信教的人數那麼多，這是什麼緣故呢？我祇能答說：具有長遠文化傳統的民族，不容易改換生活方式，而信仰了一宗教。然而另一樁事實又擺在我們眼前，中國的佛教由印度傳來，從漢末到唐朝，不過兩百多年，竟能傳遍中國，使全國的人都相信，這又是什麼緣故呢？這個問題的答案，利瑪竇在四百年前就找到了，就是在有長遠文化傳統的中國傳教，要適應中國的文化，而且要用中國的學術思想。佛教採用中國道家的思想，造成天合，華嚴，禪宗的哲學，利瑪竇則採儒家的思想，可惜他去世以後，沒有人繼續，到現在還沒有中國的基督神學和哲學。

但是有些同道們要問：若走佛教的路線，是不是要改變基督的教義，而成爲一種中國的基督教呢？我想當聖奧思定用柏拉圖的哲學，解釋基督的教義，並沒有把教義改變，當聖多瑪斯寫《神學大全》時，他也沒有改變基督的教義，爲什麼用中國哲學思想解釋基督教義，就要改變教義呢？

一、以人為中心的文化

我想各位同道們都相信這項原則，應適應中國文化去傳道，然而各位要問我：什麼是中國文化？這個問題非常大，非常深，絕對不是用幾句話可以答覆。我現在勉強用幾段話說明中國文明的性質。

中國文化是以人爲中心的文化

《易經》以天地人代表萬物，天在上，地在下，天覆地載，天地之中的萬物就是人。不是說天地之中祇有人，而是有各色的物，但是各色的物以人爲代表，人爲萬物之靈，《禮記・禮運》說人得天地的秀氣而生，天地間的一切都是爲著人。

人的生活以人性爲規律，《中庸》第一章說「率性之謂道」，按照人性生活就是善，人性代表天道。人生活的目的在於「仁」，仁即是愛護一切生命，《中庸》乃說「贊天地之化育」。（第二十二章）孔子一生常講「仁道」，仁道成爲儒家一貫之道，由仁而發生的五倫：君臣、父子、兄弟、夫婦、朋友，都是人的關係，並沒有人對上天的關係。

中國文化的人，爲「倫理人」，即人的本性即是倫理的。西洋哲學以人爲「有理性的動物」，中國哲學以人爲「有心靈的」，心靈的本體則是倫理的。孟子主張人的心是惻隱之心，羞惡之心，辭讓之心，是非之心。因爲心靈是精神的，精神生活規律爲倫理規律，精神生活的完成是倫理的善。

中國的儒家哲理，所以專講倫理哲學。《大學》第一章所舉出的人生該做的事有八件：格物、致知、誠意、正心、修身、齊家、治國、平天下。前面四件是修身之道，後面四件是人生的目的。若一個人能做到這八件事，便是一個完人，即是完成了人所該和所可作的事。這八件事都是關於人的事。修身是關於自己，齊家治國平天下是關於別人，這些人生的事，都限於現在一生之內，也限於宇宙以內，沒有提到關於超於人世的宗教信仰和宗教生活。中國的文化就是由這些事的方式和思相而構成的，完全以人爲中心。中國的文化爲倫理的文化，政治的制度和措施，家庭的組織和生活，個人的嗜好和追求，所表現在文化裡的，都具有倫理的價值。

但是中國人的文化，雖是倫理的文化，然並不都由孔子的倫理規律而成，也有道家的思想。道家的人生觀在於享樂，道家的享樂在求安逸，在求藝術的美。儒家的人生觀也有享樂的一部份，告子曾以「食色，性也。」中國文化中有追求自然美景的幽閒藝術，有追求盤餐美味的烹調藝術，有追求美女的歌妓藝術。中國以人爲中心爲文化，乃不是枯乾呆板的文化，也不是寺院的克慾文化；而是一有血肉的人，在適當的規矩內生活的文化。

二、信天敬神的文化

雖然孔子講人的生活，祇講現生的倫理，不講死後的遭遇，但是中國文化仍舊是充滿宗教氣氛的文化。

中華民族從古就信上天，上天是至上的神明，掌理人世的一切事物，操握人行善惡的賞罰權。國家的皇帝爲上天所選，代天行道，稱爲天子。天子祭祀上天，代表全國人民謝恩永福。這種上天的信仰深入民心，千古不易。古代的哲學家雖在學術思想裡不提上天，然在自己生活裡沒有不信上天的。

但是上天的信仰，祇在人的良心裡，人在生活所表現的信仰，則是敬神，神的在上天以下的神明，直接干預人的生活。中國古人相信天上的現象，地上的事物都有神明管理。天上有日月風雨雷電等等現象的神明，地上有有高山大河城市家屋的神明佛教道教興盛以後，地獄輪迴和長生仙人的信仰，流行民間。道佛的寺觀遍滿天下，佛家神像家家供奉。及到現在的台灣還是到處有寺廟，寺廟滿滿朝香的人眾。中國人對於現世的生活，遵從儒家的倫理，關於一生的禍福，則依著菩薩鬼神。

中國人特別敬禮自己的祖先，從古代就祭祖。祭祖爲孝道的一部份，孝道乃是儒家倫理的最重要一種責任，使兒子一生孝敬父母。父母活著，兒子要奉養，父母死了，兒子要祭祀。祭祖遂爲中國文化的特色。

中國民間的習慣和風俗，都含有宗教信仰的成份。農曆新年，以往從陰曆十二月中旬，一直到農曆元旦，有一連串的家庭典禮，祭祀有關家中生活的神明。元旦祭祖乃是新年初一的大事。民間節日如清明節，爲掃墓祭祖的日子，端午節，祭弔投江的屈原。中秋節，紀念嫦娥奔月。還有七七晚的牛郎織女相逢日，九九日的登高避災。

若還天旱霪雨，地方官無論信不信神，都要上廟求雨求晴。若還大地震或日食月食，乃是上天將要因人君或人民的罪而降罰，皇帝便要下詔罪己。若還動兵作戰，皇帝要告祭祖廟。國家最大的典禮，是祭天的郊祀。

孔子雖主張「敬鬼神而遠之」，然仍教訓門生「祭神如神在」。中國民間的結婚典禮，有拜天地和拜祖先的禮。民間的喪禮，更充滿宗教信仰的節目。

中國人當然不像歐洲的人，也不像遠東和泰國錫蘭印尼的人，他們祖傳都信任一種宗教；或是天主教，或是基督教，或是佛教，或是回教。他們的文化都會有高度的宗教成份，在藝術和倫理上，便表現宗教的思想。然而中國的文化裡，也含有不少的宗教成份。民間的生活更充滿宗教信仰的色彩，就連台灣高山族生活的最隆重點，不是一年一度的豐年祭嗎？

台北市縣各區民眾生活的最熱門場合不是各區的拜拜嗎？不過也有人說，中華民族是沒有宗教信仰的民族，這種肯定，實在沒有根據。中國的哲學不講宗教，中國文人不信佛不信鬼，然而中國人誰不信上天，中國民間的一般民眾又誰不信佛信神呢？可是一個民族的文化，不僅是由文化和哲學而構成，乃是由一般民眾的生活而構成。因此我說中國的文化是信天信神的文化。

三、看重生命的文化

中國的文化，看重人的生命，祭祖的典禮代表什麼思想呢？代表示生命的延續。孟子曾說：「不孝有三，無後爲大。」人的生命由子孫而延續下去，所以中國古代以婚姻爲「繼萬世之嗣」。中國祭祖以自己的長子或長孫主祭，一個人死後有子孫祭祀，就表示他的生命沒有絕。

生命由陰陽兩個元素而構成，陰陽兩個元素不僅是男女兩夫婦，而是陰陽兩氣，周遊在宇宙以內，宇宙一切都由陰陽兩氣結合而成。陰陽兩氣運行不停，宇宙間的萬有便生生不息。《易經・繫辭》說：「一陰一陽之謂道，繼之者善也，成之者性也。」（繫辭上　第五章)中國古人看著宇宙好比一道生命的洪流，長流不斷。一年四季繼續流轉，萬物繼續生發，春生夏長，秋收冬藏，象徵時間變遷的意義。中華民族本是一個農業民族，他的心目常看著五穀的生長。

生命不是孤獨存在的，而是互相連繫，互相依賴。人的生命，靠互相合作以求發展，又靠動植物礦物的供養才能生存。動植物的生命，也彼此相連，而且還靠太陽和雨水。若是風不調，雨不順，動植物不能生長。因此，中國文化常有中庸的原則，事事要合於時合於地，又有宇宙一體的大同精神。中國畫家作畫，無論畫什麼，都要有生氣，畫人像，要有山水作背景。中國的詩歌，常用山水花木和月亮星辰，表達人的感情。萬物一體的大同思想不是來自佛教的輪迴信條，而是來自《易經》的生命思想。先總統 蔣公乃說：「生活的目的在增進人類全體之生活，生命的意義在創造宇宙繼起之生命」，儒家的最高的人格，就是「贊天地之化育」的至誠之人。

四、結　語

我很簡單地給各位同道說明中國文化的內容，但是目前中國文化因著社會的改變也起了變化。倫理人的觀念逐漸變成經濟人，人生命的目的在賺錢，在享受錢；道德的仁道漸漸變成自利，自利產生了社會的新罪態，暴力罪和經濟罪。生命的可愛，漸漸變成了生命的可怕，人口膨脹迫使實行墮胎，家庭的幸福已不在多子多孫，卻在節制生育，宗教的信仰常被視為迷信，不合於科學的時代，在這種西化的潮流裡，基督教義怎樣可以融會進去呢？這是我們的一個大課題，我們應該共同研究。

東西鴻儒聚一堂

——記中西文化交流國際學術會議

楔子——利氏東來記略

利瑪竇Matteo Ricci義大利人，生於公元一五五二年，天資聰穎，好學強記；年十九，入耶穌會，精通天學（宗教、神學）及俗學（哲學、地理、曆算等科學）。一五八三年與羅明堅奉派來華，是爲天主教繼唐元之後第三次傳入中國並奠定傳教基礎之「大」傳教士。

利氏初入中國，一字不識，不一、二年盡通中國語文，熟讀中國經書，儒衣儒冠，恂恂有禮，入京朝貢，蒙受明帝優渥；平日除晉接應酬之外，更著作譯述，先後多達二十餘種，而用字遣詞，亦請第一流學者如徐光啓、馮應京等爲之潤色；所言既皆至理名言，文字亦甚流暢華麗，即如討論科學之《幾何原本》，梁啓超譽爲「字字精金美玉，爲千古不朽之作」

(見三百年學術史)。其《天主實義》一書,更與儒學互爲發明,並補充其不足,故當年學術界人士多爲之傾倒而信奉其教,徐光啓、李之藻、楊廷筠等爲最著者。又如反對天主教之陳候光,在其所著《辨學芻言》敘中「有近有大西夷國,航海而來,以事天之學倡,其標號甚尊,其立言甚辨,其持躬甚潔。闢二氏而宗孔子,世或喜而信之,且曰聖人生矣。」利氏之甚爲時人推重,可以想見。竺可楨〈近代科學先驅徐光啓〉文中有「公遇利子瑪竇,而後知西學之足以進德,利用厚生,而爲之心折。」

利氏影響我國學術,尤在治學精神,即以科學方法研究學問。梁啓超謂「明朝以八股取士;學界……衰弱可憐……後世清朝一代學者喜歡談經世致用之學,大概受利、徐諸人的影響不小。」(三百年學術史)。胡適在「考證學方法的來歷」演說中「有中國近三百年來思想學問皆趨於精密細緻科學化……全係受到利瑪竇來華影響……」

萬曆三十八年(一六一〇年)利氏病逝北京,年五十有九,神宗皇帝賜葬阜城外柵欄。

我人紀念利氏來華四百週年,實具有多方面的意義。

多國學者盍興乎來

四百年前，利氏來到遙遠神秘的中國，身爲一位牧人，他希望在這塊肥沃的土地上，植下根深的種子。而四百年的歲月倏忽而逝，四百年來中西文化交流也經歷了種種波折，今日紀念利瑪竇神父來華四百年，撫今追昔，應該有其積極的層面。

九月十日下午六點鐘於圓山大飯店崑崙廳，隆重而又盛大的歡迎酒會，爲「紀念利瑪竇來四百週年中西文化文流國學術會議」揭開了序幕。

歡迎酒會貴賓包括了九國駐華使節，教廷駐華代辦及國內全體主教，與會人士則含括了此次國內外發表論文的學者、評論者、旁聽人士等；眞可謂羽扇綸巾，一時多少豪傑。

在「有朋自遠方來」的喜悅中，九月十一日上午九時，「利瑪竇來華四百週年中西文化交流國際學術會議」於士林矚目中開幕，也展開了一連串有意義的學術研討活動。

開幕典禮由羅總主教主持，他指出：

「舉辦這次學術會議，在於研究一連貫的歷史事實，爲明瞭在我們中國，中西文化交流開始時的經過。」而「希望這次學術會議，對於中華民族新文化形態的建立，能提供反省的資料。」

嚴前總統家淦先生亦說明：

「今天我們舉行中西文化交流會議……最主要的是，他們能看到中國所需要的是西方的科學，西方感興趣的是中國的哲學，所以他們以宗教家獻身的精神，鍥而不捨的毅力，不怕艱危，不計名，利致力播種與交流的工作，給後代從事學術工作者，樹立良好的典範。」「當前的世界，由於科學的突飛猛進，我們的物質生活日益豐富，但是我們的精神生活未能同時提升……面對這種情勢，優秀的東方精神文明，應該當仁不讓的負起拯救人類的時代使命，我們學術文化人士必有提升整個人類精神生活的歷史使命感。」

由此可知，此次學術會議最重要的使命在於匡濟日益衰頹的精神文明，思藉助古老的東方文化與西方物質文明相輔爲用，臻而發揮天下爲公世人一家的博愛精神，而此亦爲耶穌基督所倡之「至愛」，亦爲利氏等千辛萬苦遠遙跋涉東來之終極目的！

開幕典禮的高潮是由總統府秘書長馬紀壯先生頌讀　蔣總統賀辭爲最，馬紀壯先生頌讀曰：

「他們於努力學習西方科技並接納天主教的信仰之外，便指出中西文化的交流，不祇在表面的溝通，更重要的是內在精神能夠實質融合，如此相互擇善固執，精益求精，當不難創造出一個超高的文化型態。」「在利瑪竇來華四百年後的今日，科學與技術的進步，資訊與交通的發達，已非當年所能想像，然而盱衡世局，人類生活的缺憾，仍然到處可見，……

撫今思昔，凡足以指導人類行為與滋潤心靈的人文思想與宗教精神，當可替人類指出一條光明大道。中國儒家的仁義與忠恕的思想，以及基督教的博愛精神，仍為今日人類所必需。」

蔣總統經國先生的賀辭不僅揭櫫了此次會議的意義，更陳道了東方思想與基督宗教相遇的光輝——這光輝適足以濟溺眾生，使人平等快樂。

析疑問難相互切磋

第一次大會假圓山飯店舉行，主講人為呂實強先生及甘易逢神父㈠；學術會議正式進入緊鑼密鼓的重頭戲了。

第一次大會後，全體學者移往故宮博物院，爾後所有會議均在故宮舉行。

此次會議共有中外學者九十人參加，提出論文四十篇，會議進行時不乏令人繫節讚賞論辨，令與會學者印象深刻而獲益良多。

呂實強先生的論題為「由明清之際中國知識份子反教言論看中西文化交流」，呂先生乃中央研究院近代史研究所所長，學養深厚。他在論文中指出，當時知識份子反教不外乎下列因素：一、以佛教立論者執稱輪迴之辨，對天主的解釋難以自我論解；二、基於對國家、社會之安定，一般士大夫乃對多人之深入內地傳教者，益增敏感，且亦以白蓮教為禍之鉅引為殷鑑，以為白蓮乃無為之教，其潛伏為患尚不過僅止其本身，而天主教尚有其國家為奧援，危險自較更為嚴重；三、基於政統與天子權威者，以為「天無二日，地無二主」，事奉「天主」為妄于天道，而無法一統皇尊天下的權威；其他的相關因素尚有固執舊有之學排斥新知者；基於一般迷信之觀念習俗者；然其最要原因乃於儒家傳統人文主義與天主信仰的觀念相互重疊。

反教的知識份子以爲經書中既已諄諄言上帝、天與事之道，則此道已經足備，何需「該教」再創新說？且自宋明以降大致均以天與理合一，天地萬物渾爲一體，所謂「太極」者即爲宇宙間根本之理，天地人萬物均自太極而來，故曰人人一太極萬物爲一體；此與上帝創造與主宰天地人萬物之教義自然相牴觸；因之知識份子之反教，當爲意料中事。再就晚近情形來看，民初五四運動以來，爲中國知識份子反教甚爲激烈的一個時期，然而除卻極端的馬克斯主義外，凡受過中國文化傳統薰陶的人，仍能與基督教義的人文基礎相互溝通，如陳獨秀、胡適等。因此，除卻狹隘的儒家人文主義者，基督教義在人文基礎部份應和中國文化傳統，尤其是儒家傳統是可以相互溝通的。

呂所長在提出上列觀點後，與會學者曾對儒家人文主義及原儒天道思想質疑，以爲原儒內涵的天道觀與基督宗教的天主信仰未有如許大的衝突，呂所長一一加以回答，並從善如流雅納學者的意見，但這些討論並無損於呂所長提出的結論：

「那些基於佛教，基於國家社會安定而不查事實，基於政治文化的優越感，固執舊有而拒斥新知以及基於一般迷信的觀念，必須加以檢討與改正；基於儒家傳統的人文主義者，則應增加相互的容忍與瞭解，作更近的溝通。而當前與今後的文化交流，除科學與技術之外，應更加強人文的融會貫通，使基督的愛，與中國儒家的仁人，相互結合而發生更大的力量，去為全部的教徒，全中國的同胞，全地球的人類，開拓光明的前途，建立幸福的世界。」

傳統文化今古輝映

自第二次大會移往故宮而後，青山翠疊的故宮遂加增其今古輝映的勝景。故宮所代表的是中國傳統的文化，學術會議所闡釋的是今古的交流與中西的滙通，而這個交會在利神父時代所表顯者又當何如？正如輔仁大學哲學研究所所長錢志純神父在其所發表的論文〈利瑪竇神父來華對中國文化的啓示〉中指，出以前人們認爲天主教在西方之所以能夠迅速傳開，是因爲西方當時沒有文化，所以他輕而易舉地被接受。而中國則不然，他早已有自己的文化、自己的傳統，不容易拋棄自己的傳統志接受一外來的文化，所以天主教在中國遲遲傳不開。這種想法是有偏差的，因爲沒有一個民族是沒有文化的，而且每個民族的文化，皆是根深蒂固與他們的存在結合在一起，是故，天主教在中國未能廣傳絕非因爲中國文化的阻礙。

錢神父以三個重點鋪陳述之，以基督福音的超越精神來識覺福音對希臘、羅馬文化的影響，並言道出中國文化對福音應有的態度，錢神父認爲今日所謂「中國問題」其源頭便是文化問題，而耶穌基督博愛崇高的超性境界，恰給中華文化指示更高的永恆的價值，四百年前的利神父肯定了這中華文化，我們也應有此信心，歡迎福音，隨從福音的召喚，使中華導向基督。

在學術會議與會諸學者孜孜矻矻爲中華文化與天主精義尋其異同之際，前故宮博物院院長，現任總統府國策顧問及中央研究院院士的蔣復璁先生於其論文〈利瑪竇來華傳教經過與其所著天主實義的精神〉中言明；利瑪竇打開中國傳教的鑰匙是他發現中國古籍的「天」和「上帝」與傳教士所稱的「天主」是同一意義，即全能的主宰。中國古籍中的天道思想，尤其是孟子所說的道統就是上主默感的啓示，但是中國的天道思想只講現世天人關係，不講來世天人關係及靈魂的歸宿問題，這就需要天主教教義來補充和提昇了。

蔣復璁先生的新見啓示出，以一文化的角度反省利瑪竇在中華所做的傳教工作，不啻說明了利瑪竇確爲天主在中華的證人。

文化進路哲學反省

然而若要以更深的哲學思維衡度利神父在華之各種舉措，政治大學哲學系的沈清松教授，於其論文〈利瑪竇在華文化進路之哲學反省〉分析得最爲精闢。

沈教授指陳，利神父的第一條文化進路在於引進西方科學與技術，其二乃其道德哲學，第三便是他對「天主」的觀念，而第三點在中國曾引起各種彼此衝突的詮釋，自此以後便導向十分激烈的爭辯。但，不論如何，利神父在科技層次，道德哲學層次，和終極信仰層次所所做的卓越貢獻，無疑地已經爲中西文化的相遇開闢了康莊大道，他的「接觸之欲望」、「溝通之意向」，甚至他透過文化進路來具觀兩者的努力，似乎都已經超越了時間的限制而擁有了永恆的價值，因爲利氏這一切心意和努力都是出自仁愛，而唯有仁愛是永恆的。

沈教授更於其論文中闡言；就科學和技術的層次而論，努力建立一套適合中國語言和中國心態的邏輯思維，從事更爲深刻的知識論反省和科學哲學的探討，俾使更具自覺地進行科學活動乃爲當務之急；就道德哲學的層次言，當前中國文化亟需一套新的倫理來支持人做爲科技的主宰，且東方和西方所進行的任何交談都應該是同情相感而不再是好辯力爭；而就終極的信仰層次言，面對天主宗教的信仰應以從人出發，從人與自然、人與人、人與天的內在關係出發來對天的肯定爲重，且在深合於中華文化的宗教經驗而外，亦須保持基督信仰的獨特性，不過基督徒的經驗就是在仁愛中的緊張經驗，在基督徒這層經驗包含了某種無限深刻的訊息，邀請世界上所有的文化，尤其是中華文化予以深思熟慮。而中國文化中所重視的「仁愛」即以指向此內在經驗的相感了。

沈教授此一精闢的識照，使與會學者肅然動容，在默感啓示下的中華文化，事實也正等待著基督的「邀請」，這獨具永恆意義的邀請，便由耶穌會士利神父種植下極深的感應，今日我們所期待的更在於相遇後輝煌的光輝了。

故宮舉辦文物特展

會議進行的時候，與會學者在會場均聚精凝神相互研商，每一篇論文也都極有份量內涵，最重要的是各位學者均能以「就教各位英雄好漢」的心態與大家誠摯的討論，大家摒除了信仰上及文化上的殊異，以開放的態度聆聽、質疑，呈現出智慧相互交磋的果實。

值得一提的是爲配合國際學術會議的進行，故宮博物院特於會議期間舉行「大主教文物特展」。由於天主教引入西方文化，影響至深者爲「學術」、「藝術」二科，在學術方面利瑪竇著《乾坤體義》，艾儒略著《職方外紀》等，爲中國現代天文輿地學啓其端；湯若望等協助徐光啓、李之藻、李文經所譯《崇禎曆書》、利瑪竇口授李之藻筆譯《同文算指》等，也爲曆算學植下根基。

藝術方面，音樂則西洋樂理五線譜記法並風琴、提琴、長笛等西洋樂器傳入；建築則西洋立柱式、重台疊館之屋所在多有，乾隆年間營建之圓明園，即用西式建築爲準則；美術則透視法，光影法與濃麗之著色爲國人所吸收採用，形成明清美術中一股新潮流。

所以此次特展包括了文獻、繪畫、器物三大類。文獻計有明崇禎年間刊行唐朝景教教士景淨撰「景教流行中國碑頌」、明末清初天主教教士利瑪竇、畢方濟、艾儒略、南懷仁等撰譯之宗教及科學書籍，清廷與羅馬教廷來往文件，以及北平圖書館寄存之「程氏墨苑」（中有利瑪竇贈程大約畫四幅刊入）等，書畫展爲清朝天主教人士吳歷（清初六大家之一）、郎世寧、艾儒略、艾啓蒙、賀清泰之山水、人物、鞍馬、花鳥作品；器物則有清西洋雕珊瑚聖家圖像，奇賞編聖經故事畫片與銅胎畫琺瑯西洋人物瓶碟等。

此項展出，文物豐富，極具歷史文化價值，深得在場的各位學者喜愛。

會議成功天主美意

東西鴻儒匯集的這次學術會議於九月十六日下午第二十次大會研討後結束。下午四時三十分由羅光總主教主持閉幕。來自利瑪竇故鄉馬柴拉達城之金地尼蒙席致詞曰，他將利神父的故鄉馬柴拉達城的主教、市長及全體市民的問候和致賀帶給各位。並說明此次馬城舉辦之各種慶祝活動，且在馬城主教大堂廣場爲利神父塑鑄銅像；最後金蒙席祝賀學術會議圓滿成功，利瑪竇在中國開始的傳教工作能有完美的成效，而基督「一牧一棧」的願望得以實現。閉幕典禮在與會人士高聲朗唱「天主經」中結束，大家願把會議的成功讚美歸諸全能天父。

會後，全體學者暨工作人，員採訪記者前往華國飯店晚宴，杯觴交錯之餘，每一位參與會議的人都深幸此次結識了不少「各方英雄豪傑」，在進德修業之途，頗有「與朋共行」的喜悅；那不遠千里而來的熱誠，豈是幽冥中聖神的庇護及天主的光照，大家不禁讚歎天主無上的美意，成就了永恆不滅的光輝。

天主教反對墮胎在於對生命權的保障

——墮胎是以暴易暴以罪易罪

民國七十三年（一九八四），立法院討論並通過墮胎合法化案，中國主教團發表聲明反對，余亦發表談話，堅決反對。

【台北訊】天主教團主席羅光廿八日表示，天主教堅決反對墮胎合法化，最主要的理由在於對生命權的保障，胎兒自受孕開始，即已是人的生命，因此，墮胎就是殺人，不論就天主教所秉持的精神，或就維護中國傳統的倫理道德觀點而言，天主教都反對墮胎合法化。

羅光在接受訪問時表示，天主教反對墮胎合法化，和神父、修女不結婚毫無關係，天主教的神父、修女不結婚的意義，是希望能專心於永久的精神生活，與在從事教會的神聖工作時，使個人的心、力與時間能更專注而不分散。天主教認爲婚姻是人生合理的大事，神父、修女不結婚是爲了崇高的生活目標所作的自我犧牲。

他說，科學界與生物學界，曾經對胎兒在母體內幾個月之後才算是生命的問題有過爭論，有人曾指，出胎兒必須發展出器官才是生命，然而目前在生物學上，早已得到「懷孕開始就是生命」的定論，僅就這個生物學的觀點來說，墮胎就已經是殺人了。

他並分析說，墮胎殺人，和法律上判的死罪，兩者並不相同，必須分清楚，不能互相援引；死刑是因爲一個人的生命已經妨害到別人的生命，或侵害到他人的人權，造成了嚴重的公害，殺人者死，是法律上的一種補償作用。

「然而，胎兒在母體內並沒有作惡，本沒有罪，即使胎兒本身有不正常或畸型的的展，在天主教看來，也不能成爲墮胎的理由」。

天主教認爲唯一可以墮胎的情況，除非是胎兒危害到母親的生命，爲了保障母親的生命，在兩者之間必須作一取捨時，間接的流產，天主教認爲在倫理上是說得過去的。

羅光說，墮胎是「以暴易暴」，「以罪易罪」的手段，不是好辦法，並且會導致倫理道德的低落與兩性關係的混亂，墮胎一旦合法化，男性在兩性關係中，便會不負責，強暴者在內心所受的譴責，也會蕩然無存，如同間接受到鼓勵。

他並指出，主張墮胎合法化者，事實上是基於人口問題，希望以墮胎補避孕方法的不完全有效。但天主教堅決認爲，不應當把墮胎納入減輕人口壓力的方法之中，如果企圖以墮胎減輕人口壓力，效果不會大，因爲實際上，女人結過婚之後再去墮始的比例不多。

這位新聞評議會委員說，在天主教反對墮始合法化的主張下，他認為有兩點是國人應可以配合加強的。

一、對於強暴案件，新聞不該報導，即使要報導，也絕不應當報導受害者姓或名。目前的報導方式，往往暗示受害者的身份。

二、多設置「未婚媽媽之家」，收容未婚母親與非婚生子女，使未婚媽媽或受強暴的婦女，能放下心中的牽掛，並使非婚生子女得到妥善的教養。

對於發展不健全的胎兒，羅光認為也應當維護他們的生存權，這是國家的責任，國家應普設社會機構予以撫養。

歐、美國家，都已經實施墮胎合法化，其中義大利，並且是天主教國家。羅光指出，這主要是因為歐洲近百年來，生活和宗教脫節，我國所以會提出墮胎合法化的主張，也是因為現代生活和傳統倫理道德脫了節，但他強調，中國傳統本重生命與倫理，墮胎如果合法化，將使道德倫理產生更多的危機，不論墮胎合法化最後是否通過，站在宗教與傳統文化立場，他有必要加以說明。

（中華日報73・4・29）

中國教會

民國七十三年十一月十三日在台北總主教公署向神父們講話

中國教會在元朝時開始，隨著元朝而中斷，明末利瑪竇重新開始，去年我們紀念了四百週年。中間雖然曾經遭遇多次的教難，有幾千的主教神父和教友殉道，但是在一九四六年終于成立了中國聖統制，全國分爲二十教省，七十九主教區，三十八監牧區。不幸兩年後，共產黨開始迫害教會，從此，中國教會在實際上分成了三個：一個是在大陸的教會，一個是在台澎金馬的教會，一是在香港的教會。更不幸的是在大陸的教會又分成了兩個，一個是忠於教宗的地下教會，一個是接受中共控制的公開愛國教會。

今天我來向各位講中國教會，是講整個的中國教會，我分三個階段來講：第一個階段，以在台澎金馬的教會爲重點；第二個階段，以在大陸的教會爲重點；第三個階段，以橋樑教會爲重點。

一、以在台澎金馬的教會為重點

共產黨佔據了大陸，建立所謂人民共和國，在一九四八年開始監禁驅逐外籍教士，把全部外籍主教神父修女，驅逐出境。又著手監禁忠貞的國籍主教神父，摧毀了中國教會的聖統制，關閉一切教堂，沒收一切學校，教在大陸的全部工作被迫停頓。

中華民國政府於民國三十八年遷都台北，先總統 蔣公於民國三十九年復職視事。民國四十年美國派軍援顧問來台，後來中華民國政府和美國簽訂共同防禦協約，於民國四十一年四月二十八日和日本簽訂和平條約。在台灣的國民政府的國際地位日益鞏固。

一九四八年，陳若瑟神父任台灣監牧，大陸神父修女開始來台灣。次年（一九四九年）郭若石神父於一月五日，方豪神父於二月十四日抵台，被共黨驅逐出境的外籍神父也陸續來台傳教。一九五〇年一月十三日郭若石神父被任命爲台北監牧，台灣分爲台北、台中、高雄三監牧區，一九五二年八月七日升爲台北總主教。同時，教廷成立嘉義和花蓮兩監牧區。同年十月，教廷駐華大使黎培里總主教來台北主持郭總主教祝聖禮，在台北設立教廷駐華大使館。一九五九年，教廷傳信部署理部長雅靜安樞機來台視察，聲明他希望台灣成爲東方的愛爾蘭，以重建中國大陸教會。

當時；教宗若望第二十三世，在一九五九年六月，接受中國駐教廷公使館升格，核准輔仁大學在台北復校，委任已在美國紐約困居十年的于斌總主教爲校長，又在十二月任命田耕莘樞機任台北署理總主教，田樞機於一九六〇年三月一日由美國回台北就職。教宗若望於一九六一年建立台灣教省，分爲七個教區，在六月致書台灣主教團鼓勵傳道。提升教廷駐中國使館爲大使館。教宗保祿六世繼續若望二十三世的政策，於一九六七年調駐中國大使高理耀總主教駐印度後，派艾可儀總主教繼任駐華大使，一九七〇年調艾可儀大使駐厄瓜多，派葛錫迪總主教繼任駐華大使。田樞機於一九六七年七月逝世，教宗保祿六世於一九六九年三月擢升于斌總主教爲樞機。這一切的設施，表示當時教廷重視在中華民國的教會，而且看它爲中國教會的代表。當對中華民國的天主教會在台澎金馬發展迅速，從一九五〇年到一九七〇年，在二十年內，教友從一萬兩千人增加到三十萬，神父從二十餘人增到四百人，有大學，有中學，有醫院，有四十幾種女修會。

可是，從台灣經濟陸續發展以後，大眾趨向金錢，繼而追求享受，對於宗教信仰缺乏興趣，望教者日見減少，受洗的新教友對於宗教生活表現冷淡。又從第二屆梵蒂岡大公會議後，在十幾年內，中外神父有四十幾人還俗結婚，教會的紀律大受打擊。在自由中國的教會便呈現停滯的現象。然而在向外傳道停滯的時期，教會內部加強了教友的訓練，組成了教友傳教協進會，提高了教友對教會責任的意識。又加深了修女的訓練，青年修女都受了神學院的教育。近三年，社會因道德墮落，人心空虛，青年人慕道者日增，向外傳教工作又有復興的機運。

二、以在大陸教會為重點

大陸教會從外籍主教神父被驅出境後，在一九五〇年有人發起三自運動，履行毛澤東繼承史達林創立國家獨立教會的政策，逼迫大陸教會與教宗脫離關係。在一九五八年，自選祝聖第一批主教，捕捉忠於教宗的主教神父教友入獄。一九五五年上海龔品梅主教被判終身監禁。一九五六年，衡陽萬次章主教被捕，死於獄中，當時被捕被禁的主教有海門朱主教，台州胡主教，廣州鄧以明主教，西灣子張可興主教，南昌周濟時總主教，保定范學淹主教。一九五七年，中共正式宣布成立愛國教會。

教宗庇護第十二世，為一位堅持傳統的教宗，對中國大陸教會採取兩項措施：一、在大陸的中國主教，保守崗位，不得離開教區；因此，對田樞機和于總主教終生不能諒解。並訓令黎培里公使，非受共黨驅逐，不得離開大陸。二、在一九五二年，一九五四年，一九五八年，三次頒佈公函勉勵教友堅持信德，譴責愛國教會爲裂教。教宗保祿六世爲挽救大陸的教會，曾陸續試探和中共政權取得連繫，但不能得到結果。一九七〇年保祿六世訪問菲律賓和澳洲，特別到香港，向亞洲中國人發表講話，對中國大陸人民表示好感。一九六六年，中共發起文化革命，在十年裡摧毀了大陸教會一切組織，連愛國教會也遭摧殘。

一九七一年，聯合國大會通過以中共政權代表中華民國的席位，在國際間中共成爲中國的代表，中華民國被稱爲台灣。歐美亞各國的天主教人士，便以大陸天主教會代表中國教會，大家關心怎樣予以援助。中共常常聲明凡承認在台灣的中華民國政府，就視爲中共的仇敵。各國關心中國大陸教會人士，便向教廷建議設法改變中共的態度，教廷駐華大使葛錫迪便回澳洲家中休假。後葛錫迪總主教調任駐孟加拉大使。這種任命發表時，我正在羅馬開會，憑著和保祿六世昔日的交情，三次相求，乃蒙允葛錫迪總主教在名義上兼駐華大使，在亞洲主教國協會在台北召開第一屆全體會議時和于斌樞機出殯時兩次回來台北。台灣教會在國際上已被蒙上一層陰影，不受國際人士的注意。

歐美的教會人士，又不斷地向教廷建議，應正視中國教會問題，絕對不能增加中共的反感，莫以台灣中華民國政府代表中國，莫向台灣教會表示看重。並倡言台灣主教常和政府是在一線，反對教宗與中共接觸，又倡言對於華僑傳教，絕不宜讓台灣主教插手，連台灣在歐美的留學生，也不宜由台灣主教照顧，以免引以華僑分裂，又免對當地主教造成麻煩。

教宗若望保祿二世就職以後，以援救中國大陸教會爲一重大任務，第一次我謁見時，教宗說：「他關心中國的教，尤其關心遭難的中國教會。」我認爲這是理所當然的事。

一九七六年華國鋒任中共主席，停止了文化大革命，一九八一年鄧小平握權，四人幫被判罪做了共產黨在大陸一切罪惡的替身。鄧小平爲求經濟的建設，打開了大陸的鐵幕，有限度地讓外人進去觀光，也讓少數人出來到歐美學習科技。大陸以外的中國神父修女，乃陸續到大陸探親，帶出來大陸教會的消息，使教宗對整個大陸教會有深刻的瞭解。歐美和香港的教會人士更組織觀光團往大陸。他們回國後，常向教廷建議，大陸已有宗教自由，教廷宜斷絕與台灣中華民國的外交關係，以便和中共談判。同時教廷的高級人員與歐洲各國的高級教會人士，不接受中國主教團的要求前來訪問。教宗兩次來到台灣的鄰國訪問，不能來台。我們在台灣的教會，體驗到完全被封閉，完全孤立，大家的情緒，極度不安。

三、橋樑教會

去年的今天，(一九八三年，十一月十三日)在台北體育館舉行了利瑪竇來華四百週年大禮彌撒，教宗派宣傳部次長陸托蘇雅彌總主教爲特使，來華主禮。在當天上午中國主教團全體主教在教廷大使館和教宗特使交談，討論在台灣我們教會的現況，第二天上午，再繼續討論，午後，中國主教團寫了一篇備忘錄。當晚，陸特使離開台灣時，在中正機場，中國主教團主席，副主席，秘書長在備忘錄上簽名，然後遞交與特使，請特使呈報教宗。教宗得到了陸特使的報告，又召見了回馬爾大家中渡聖誕的吉立友代辦，訓令他轉告主教團主席：說教宗希望中國主教往羅馬。中國主教團常委會即決定七位主教前往。二月二十三日，七位主教都陸續到達，乃往拜訪教廷有關部會首長，在宣道部舉行兩次會議，二月二十八日覲見教宗，教宗發表公開演講，指示我們說：「你們的美妙任務是做大陸同胞的橋樑教會。」

橋樑教會的意義，是「怎樣幫助在大陸的中國天主教會？」我們主教們當時的答覆分為四點：第一，直接關於在大陸的天主教會，應該支持並鼓勵忠貞教會的精神；第二，對於在香港的天主教會應積極地並穩健地建立一中心思想，以團結全教區的人士；第三，關於在台灣的天主教會，應鼓勵傳道工作，加強教會的建業，以作復興大陸教會的基礎；第四，應由教宗公開強調教會的至一至公特性，敦促大陸愛國教會人士自加反省。

教宗在二月二十八日的演講裡，開端就提出教會的至一至公的特性，教宗說明中國教會和教宗的連繫共融，為歸屬天主教會的標準。今年五月六日，教宗在韓國全國牧靈大會開幕的講道詞，又公開提出至一至公的特性。

為什麼要強調這一點呢？

大陸中共在一九八二年三月三十一日公佈了中共對宗教的基本政策，認定宗教信仰爲一種社會歷史的現象，將來會自動消滅，但是現在還沒有到時候，因此以武力打擊教會，反而使宗教信仰加高，乃是錯誤，在現階段應給予宗教相當的自由，允許公開的宗教儀式，培植忠於社會主義的新的教士。但是宗教自由應完全在共黨政權控制之下，嚴格禁止和外國教會，更指明禁止和梵蒂岡發生關係。全國每一城市公開一座天主教堂，若是教堂在文革時遭破毀了，由中共政權修建，在全國幾大行政區設立神哲學院，培養修士。在北平南京設宗教研究所，在全國各區召開宗教學會，重新修理天主教會的古蹟，發行宗教雜誌。歐美各國人士往大陸觀光遂都有大陸宗教很自由的印象。

在大陸的天主教會，根據最近外國記者由北平所發出的電報消息，分爲兩派，一派忠於羅馬教宗，稱爲地下教會，約有三百萬人；另一派接受大陸指揮的愛國教會，稱爲正式教會，也約有三百萬人。所有主教，忠於教宗的有三十一位，自動祝聖的有四十四位，一共七十五位。但是在今年正月二十日，陝西漢中李聖學主教去世，還有陝西鳳翔的周維道主教在去年二月十四日去世。在大陸天主教會的組織，最上有三自運動委員會，由各教會代表組成。下面，有天主教愛國教會，主席是宗懷德，他自任爲山東濟南主教，副主席有六人。再下面有天主教教務委員會，由主教神父教友組成。又下面有天主教主教團，團長是張家樹，他自任上海主教。

在一九〇八年和一九八一年，忠貞教會非常活躍，在家庭行彌撒。但是因爲基督教這時的家庭教會，大事活動，發展迅速。一九八二年九月，中共宗教事務局禁止在宗教場所以外舉行宗教活動，於是再不能在家庭舉行彌撒聖祭，教友望彌撒，須往聖堂參禮。

愛國教會人士公開聲明不接受羅馬教宗的指導，和教宗脫離關係；因爲教宗干涉他們的內政，不許他們選擇並祝聖主教，教宗自動授予教會急難時主教神父的非常聖事權；更因爲教宗和在台灣的中華民國政府保持外交關係，成爲北平政權的敵人。

在和香港的教會，中共佔據大陸以後，因經濟繁榮，學校林立，發展很高，以一個教區的教友人數和事業，可以抵得台灣全省的教會。他們的年輕人士，自視爲進步的教會，輕視台灣的保守的教會，主教團過於親近政府。年輕人士中更有急進者，主張和大陸愛國教會溝通，佩服他們的作風。但是年老者，尤其從大陸來港的教會人士，則堅決反對。但是，目前情已有改變，香港教區負責人已表示願和在台澎金馬的教會合作。

在這種情形之下，我們怎樣幫助大陸教會？

我們面對事實，認準現代唯一最重要問題，在於肯定天主教會的至一至公性；因共產黨所追求的，在組成一個國家教會，完全受他們的控制。大陸公開的愛國教會，就是他們所組織的，所控制的。因此歐美人士試探和愛國教會人士交談，討論和教宗連繫事，然而愛國教會絕對不能自己作主，一切聽共黨指揮。當然我們要明瞭他們的苦衷，他們認為堅決和中共對抗，將使在大陸的教會全遭毀滅，須要尋找一種生活的方式，目前可有的方式，就是愛國教會。然而他們不明瞭教會至一至公性，乃是信德的道理。他們若是同忠貞於教宗的主教們同心合意，堅持這項信仰，共黨會被迫而承認，現在既然已經造成分裂的局面，我們不談祝聖主教和教會內政，這一切在教會非常時期，主教們可以有權處理。但是地方教會應該和普世教會相連繫，而且從屬羅馬教宗，則是信仰的一端信條，我們提出這項這條以打擊愛國教會的良心，知道有所警惕，至少不要公開反對教宗，更要使參加公開彌撒，無形中追隨愛國教會的教友，常能記著信德的這端信條。同時使忠於教宗的神父和教友，得到鼓勵，堅定自己的信心。在國際方面，使各國人士知道中國天主教會不是由愛國教會作代表，應看忠貞的地下教會和在台灣及香港的天主教會為中國的教會；也使他們明瞭中共的宗教自由，根本上反對天主教的教義。

為能使這種思想，由台灣流傳到大陸，成為橋樑教會的工作，在先應加強我們台灣教友的信德，主教團最近發佈了一封牧函，又印出了一本小冊，說明這項信條，第二，應該和香港的教會人士互相構通，使這種思想成為我們共同的強大信念，然後再和歐美有關人士在思想相溝通，從各方面向大陸傳播，希望可以發生影響。因此我們很慶幸香港的主教對宗教自由的聲明，很明瞭地強調這一點。

然而這一切工作，都非常艱難，需要天主聖神的特別助祐。因此我們主教團發起爲中國教會聯合祈禱運動，央請國內國外的教友每天爲中國教會祈禱。

另一方面，我們要加強在台澎金馬的傳教工作，祈望以大陸教會爲基督所留的血汗，來灌溉我們的園地，使信仰在自由中國的教友中加深，向下札根，在非教友中廣傳，教務能欣欣向榮。大陸同胞既已以經濟看台灣，也能以教會看台灣，接受橋樑教會的一切好心和希望。

幾句心頭的話——文化工作

坐在榮民總醫院的病房裡，氣喘病被控制了，可以看書，可以寫文章。在牧廬所讀的和所寫的，是關於哲學的書，在醫院裡所看的和所寫的，則是關於精神生活的書，把一些放在心頭很久話，慢慢寫出來。

在送董高樞機離台北回羅馬，坐在機場貴賓室時，我對董高樞機說：「在福傳大會，大家都講宣傳福音和文化工作。」董樞機答說：「是呀！這是應該的，我在輔大演講，不也是是講這個嗎？」我卻說：「從利瑪竇去世後，直到現今，負責中國傳教的人，沒有看重文化工作。」董高樞機睜大了眼，覺得很奇怪。

我繼續予以解釋。

利瑪竇的傳教方法，是以文化工作宣傳福音，他在肇慶和詔州讀了十幾年的中國古書，到了南京和北京，和當地的文人學士交結，寫書譯書，受文人學士的賞識，又勸了徐光啓、李之藻等學者受洗進教，不幸利子故去以後，傳教士漸漸離開他的傳教途徑，又不幸後來發生了敬天祭祖的禮儀問題，一些不讀中國書的傳教士，堅持敬天祭祖爲迷信，教宗嚴予禁止。中國古代讀書人在學堂要敬孔,讀書爲趕考,考中了要進孔廟致敬,考中了才可以做官。中國三百年的天主教傳教史沒有培植一位文人,沒有一位官員。最後馬相伯算是一位文人學士,但,他還是出了耶穌會,還俗不行司鐸神職。基督教傳入中國,先翻譯聖經,清末民初創立大學。庚子拳匪亂,八國聯軍要求中國賠款,天主教會分到了賠款,大興土木,興建大教堂,基督教美國傳教士以庚子賠款作留美獎學金,保送學生留美,胡適就是用庚子賠款的獎學金出國留學。因此,造成中國文化界祇知道基督教,對聖經的名詞用基督教的翻譯,學校的世界歷史用基督教的資料,詆毀天主教,中國大官中許多人信基督教,兩次總統的喪禮,都是基督教牧師主持的追思禮。實際上,中國基督教的人數,各派總合起來,還比天主教人數少。在台灣的外籍傳教士,不明白這種歷史,卻以爲基督教在社會受人重視,是因爲長老會提倡「台獨」,他們也想模仿,招致政府和社會人士的惡感。

目前,基督教注重文化工作,有宇宙光文化中心,有電視節目,有出版處。天主教幸而有光啓社、光啓出版社、耕莘文教院。但是,我們要出版一種像宇宙光的雜誌就辦不到,要播放電視節目也做不成。大家祇知道辦幼稚園。

董高樞機乃說:現在有些傳教士,不作傳道工作,祇想做社會工作;然而社會工作,如幼稚園、安老院,政府都盡力在做,我們不必跟政府去爭,我們應該在大眾傳播工具方面同心合力，去宣傳福音。

我們的談話，在此結束，董高樞機登上飛機的時間已經到了。

我現在回想這次的談話，心裡想在福傳大會以後，大概會改變這種心理，大家看重文化工作，因爲福傳大會時大家都講天主的啓示教義，一定要進入中國文化以內，天主教才能在中國生根。

但是我們不要想效法佛教，看著佛教從印度傳來，在中國生了根。佛教在中國文化生了根，是因爲佛教填補了儒家的一個空缺。儒家實行祭祖，相信先人在天之靈，相信祖宗地下有知，卻根本不講人身後究竟怎樣，朱熹也祇能說人死後，魄降於地而化，魂升於天。升天後怎樣？朱熹祇說歸於天地之氣，門生們說那樣祭祖還有什麼意義？

佛教就填補了儒家的這個空缺，專講人死後的五趣（五條路途：地獄、餓鬼、天、輪迴、人、畜），專事超渡亡魂。佛教的宗教儀式是誦經，中國古代沒有誦經的儀典，佛教便把印度的誦經式通行到中國各地。中國傳統的宗教儀典，祇有祭祀，歷代的祭祀都保持古禮，絕不參佛教典禮的節目和方式。

我們要將福音進入中國文化，務須由思想和實際生活兩方面進行。

在思想方面，教義不能改，但，應用中國的宗教哲學思想去解釋教義而成中國神學。在哲學和其他人文科學上，要講述天主教的學理原則。

爲做文化工作，目前最重要的事有兩種：第一，培植人才，主教和修會會長要以遠的眼光，爲中國教會做這項工作。第二，要努力做大眾傳播事業，對這項事業，務必要有大公合作的精神。現在有的人說，不必我們自己辦雜誌和日報，目前各大報增張，缺少稿件，我們可以隨便跟一家日報合作，編輯一個版面。不過，這不僅是寄人籬下，而且大報所要的稿件，是軟性的文章，若我們的主張和報紙的立場不合，則不讓我們刊出。我們需要至少一種高級的週刊或月刊，以表現我們對社會問題和政治問題的主張。我將益世雜誌停刊，就是不要人家想我要以益世雜誌作教會的這種刊物，我願意大家自由去創辦，但，若要我恢復益世雜誌，我會恢復。

再者，工作要科學化，企業化。今天，我看寄到的義大利文「亞洲新聞」的二月十五日報，一位在高雄的米蘭外方傳教會神父的報導，說台灣的教會是保守的古老組織的教會。我看我們的主教公署真是古老的組織，不能分工；我們的幼稚園也不能企業科學化，每個教區該成一個系統。我們將來做大眾傳播工作，必定要力求企業化和科學化。

民國七十七年三月四日榮總醫院

再幾句心頭的話——聖職員進修

星期六，三月十二日午，單主教來醫院看我，很愉快地說：「剛開完會，執行委員會也組織了，評審會也請狄總主教負責，當然還請你總主教指導，和會長們也說好，一定要大家一起來。」我很高興地恭喜單主教，四年來的努力籌備，有了圓滿的福傳大會。我們坐下來，談談心頭的話。

我對單主教說：「我心裡常有四個問題，在醫院裡每天都在想。第一個問題是大陸教會問題，第二個問題是神父進修問題，第三個問題是修生教育問題，第四個問題是文化工作的問題。」

文化工作，我每天都在做，不敢有很大的奢望，祇希望能夠多有繼起的神父修女，研究中國哲學。我寫書給他們預備資料。

大陸教會問題，是個很複雜的問題，我是盡心在研究，也盡力去從事。幸而先是遇到教宗保祿六世，我們很熟，也敢說是多年的朋友，所以遇事敢當面向他講，而且當時每年都晉見談話，一次關於大使館的問題，不能有結論，教宗最後說了一句最感動我心的話：「有你這個老朋友在台北，我們不會放棄台灣。」

現在又遇著教宗若望保祿二世，第一次見面就問：「你爲什麼有個波蘭名字，名叫達義老？」因著這個波蘭名字教宗對我很親近，我便常把話直說，教宗一聽就懂，因爲他是波蘭人，明瞭共產黨的一切政策和花樣。他就給了我們很好的交談基礎：第一，教廷和中華民國的外交關係，不從外交政治去看，從教會的利益去看。第二，台灣教會爲大陸的橋樑教會。

在羅馬我近年參加過普世博愛會的主教靈修進修會，也看過他們所辦的神父靈修進修中心，又曾參加過主業會的聖職員靈修訓練，他們的精神都是以基督的受苦精神爲精神，以大家一心合作爲目標，主教們互相結成祈禱的兄弟，每天彼此互相代禱，而且看彼此的教區如同自己的教區，以聖神降臨後初期教友的一心一德的心情爲心情。他們靈修進修中心的神父，如兄如弟，看彼此的本堂如同自己的本堂，互相計劃，互相合作。而且將這種愛心，做爲祈禱重點，以便宣傳到各處。香港澳門都有司鐸在他們的中心受訓，半年或兩年。

現在第二屆大公會議後，爲結束傳教委員會的議案，曾在羅馬城外的一座聖言會訓練中心，開會數次，地臨小湖，背枕高峰，古木成林，院會新式。聖言會會士在傳教區六年後，先集合在這中心，受訓半年。

去年我曾建議台灣的教區神父組成一聯合會，自己辦理進修班，關心神父的福利。後來神父們認爲教區神父一切由主教管理，不必自己關心。但是我建議的動機，是看著台灣的女修會，從二十年前我開始在台北青田街耶穌孝女會辦修女進修班以來，現在修女聯合會每年自己舉辦各式各樣分層分樣的進修會，而神父的進修會由主教團聖職委員會辦理一年不如一年，所以更好由神父們自己選擇親身經驗的青年輔導、勞工輔導、家庭問題、社會問題、政治問題，分批爲青年、成年、老年神父的進修班，邀請專家學者講習以明瞭當前傳道的各種問題，而靈修問題更形迫切。基督教牧師和佛教僧人都能在人前不但表現自己的身份，而且能以精神吸引群眾；我們神父不可以以神父的身份和精神，吸引群眾歸向基督嗎？但是靈修的精神，不能一天造成，務必長年力行。

對於修士的教育，我天天祈求天主聖神賞賜新生代的聖職員能夠有適合二十一世紀的學識和靈修。

二十一世紀的社會將是開放的社會，將是多元的社會，將是自由民主的社會，而又是充滿知識的社會。

修士的靈修，必定該是積極的，而不是消極的，不是逃避接觸社會的人，而是堅守自己聖召的原則去接待，不是固守書本上或是教室中所學到的一些知識，而是自己要不斷地而積極的去吸收新知識。爲應付這種時代，修士在靈修一定要加強，要系統化。在學識上，英文要學好，拉丁文要會懂，因爲這是吸取知識的途徑。哲學的基礎，務必打得穩固，不僅神學靠哲學的基礎，社會學、心理學、社會經濟學都靠哲學的基礎。神學當然更該深入研究，否則，連教友和修女將來提出的問題，都不會答覆。大家講天主教深入中國文化，究竟有多少的神父，明瞭中國文化是什麼？中國哲學是什麼？董高樞機向台灣主教們的談話，應能引起大家的注意。「我希望你們大家（主教）運用謹慎與明辨以極大的關注來準備具有可能性的年輕繼任人。」

民國七十七年三月十三日榮總醫院

賀光啓社成立三十週年

三十年前的台灣，一切建設都尚在篳路藍縷的時期，大眾傳播事業還沒有萌芽，美籍耶穌會神父卜立輝竟能創設理想很高的光啓社，培植廣播人才，製作電視電影節目。三十年來，由小小廣播劇，到電視連續劇和電影大型幕片，都能有受大眾歡迎的節目。在目前民間經營的大眾傳播事業機構裡，光啓社是名列前茅。

光啓社能有今天的成就，在於抱有高尚的理想，擁有新式的設備和優良的人才。設備和人才，別的民間大眾傳播事業，將來也可以有，至於高尚的理想，則將常是光啓社的特色。光啓社的理想：製作的技術要高，工作的過程要嚴謹，道德的原則要刻守。光啓社為天主教所創立所經營，天主教對於人生道德，在私人、家庭、社會三方面，都有嚴肅的原則。光啓社的節目決不能放棄這些原則，以求增加收視率；但事實上，家家卻都安心收視光啓的節目。公共電視乃多多託光啓社製作，光啓社也真能不負眾望。

三十年的時間，已經積有寶貴的經驗，三十年的成就，已經建立了有國際信譽的名聲。今後在民主自由化和經濟豐裕的社會裡，在大眾要求更多元化和更高度化的大眾傳播事業上，光啓社不僅要繼續前進，而且常要有創新的儀器和人才，常能在節目上創新。

我對光啓社抱有極大的信心，又誠懇祈求天主的助祐，來日的光啓社必然常站在我國傳播事業的前線。

民國七十七年十一月八日

阿彌陀佛・哈利路亞
——羅光總主教與星雲大師對話錄

把信仰融入生活

羅光：今天我們兩個來參加這場對話，並不是天主教和佛教的辯論會，我們各講各的，把個人的感受、看法說出來，讓大家來批評。

首先，我想談談在實際的人生中，如何把握宗教信仰？從天主教的觀點來講，在實際生活中要把握宗教信仰的話，就是每天都要有點宗教生活，把信仰融入實際生活。像我們先總統　蔣公，每天起床後，總要讀半小時到一小時的聖經或《荒漠甘泉》。我們天主教徒的習慣是，每天早起要讀五分鐘或十分鐘的聖經，把聖經所講的道理和實際生活配合起來。到了晚上臨睡之前，再花兩、三分鐘的時間，反省自己一天中的生活是否符合福音書中所講的，或者背道而馳，需要改進。

除此，我們每個星期天還要到教堂去，參加宗教儀式、聽福音、祈禱，把從福音中學到的道理和實際生活結合起來，這樣子，宗教信仰才能在實質生活中發揮影響，假使一天、一星期、一個月都不去想想福音的道理，那麼，宗教信仰根本就發揮不了作用，所以每天、每月都要有點宗教信仰，並且實踐福音中的知識，這樣宗教信仰才能在實際生活中發揮作用。現在請法師來談談。

星雲：講到宗教與人生，談到宗教的迷思與追尋，我就想到每一個人都要生活，說到生活，就要先求物質生活，要吃飯、穿衣、居屋。有了物質生活後，需要精神生活。所謂精神生活是讀書求知識，要有感情和家庭。有了精神生活後，仍然不夠，還要追求藝術生活，要音樂、繪畫、美感，或家庭的氣氛及優雅的佈置。有了藝術的生活後，還是不夠，總想超脫，這時就要宗教信仰。所以，任何一個國家和社會，想要探討人生，就必須重視宗教，甚至信仰宗教。

有了宗教信仰後，人生會有四種生活。一是有物質的生活，更需要有信仰的自由；二是有形外的生活，更要求形內的生活；三是有群體的生活，更要有獨處的生活。有時候，獨處的生活可以讓人深思，對人生的意義有另一層超脫的體悟；四是有擁有的生活，如擁有世間的財富、名位、權利——宗教承認要擁有的生活，但是更要有空無的生活。關於空無的生活，我舉個例子來說明，佛教裡有一部兩萬五千多字的《維摩詰經》，主人維摩詰居士隨處居家，過著空無生活，所謂空無的生活不是放棄世間、不要世間，而是放大世間。「虛空無相、無所不相」，空無的生活其實擁有世間生活和形外形內的生活，及獨處和群體，物質和精神生活。

彼此包容容許異己存在

羅光：從天主教的觀點，宗教包含整個人的生活，從中國人的傳統觀點來看，宗教信仰則是人和上天的關係，中國歷來皆以倫理道德做爲行善的規矩和指導，不是用宗教信仰來影響行善，所以中國哲學不講宗教。在中國文化中，宗教是很狹窄的，這是中國人對宗教信仰的解釋。

在天主教看來，宗教信仰包括整個人的生活，是生活的出處和皈依。我們行善要知道生命是怎麼來，往何處走？假如不知道生命的來源與目的，那麼在人世間就是糊糊塗塗過日子，沒有人生觀。所以，宗教信仰對生活的第一個影響，就是讓我們擁有人生觀，同時瞭解到生命的出處與目標。

有了人生觀後，就有了價值觀，現在的價值觀很亂，大都以金錢爲取向，使得現代青年蹈法犯罪大爲增加。在宗教信仰中，價值觀和人生觀要聯合起來，在天主教的人生觀看來，生命是由上帝天主而來，是上天所造，所以，人雖然死了，離開世界，但是他的生命卻還永遠存在，永遠存在的生命就是又回到生命的根源，也就是慎終歸始。我們說真正的幸福就是能夠滿足人生的要求。而讓生命的根源回到真美善，正是天主教的人生觀。

天主教的人生觀爲真美善，我們人生的價值觀也以真美善爲準，所以，孔子說君子「憂道不憂貧」，君子就是爲得道，爲真、美、善而生活，讓我們的精神得到滿足，不單單求活得好、吃得好、穿得好、住得好。當然，我們的身體也有它的要求，但是要求不能妨疑人生目的，不能違背真、善、美，而去追求生活的享受，這一點孔子也講的很多。所以，我們常說儒家行善觀的思想和天主教很相合。

現代的人都不想把固有的思想搬出來，也不注重儒家的人生觀，其實，固有的思想有它的好處，可以藉其優點改進現在的環境使目前的社會風氣變得更好。

星雲：剛才羅總主教提到兩個問題，一個是宗教人生觀，一個是天主教和我國儒家思想有很多接近的地方，我現在就接著這個問題，補充一點意見。

一切的宗教，最後都是勸人行善，佛家講到善，還講到惡，講到因果關係，「善惡到頭終有報，只等來早與來遲」，爲善有善報，爲惡有惡報，這種思想對社會秩序和人心都非常重要。

我記得童年時在家鄉江蘇揚州，幾十里路見不到一個警察，幾百里路沒有一個法院，人民和人民之間有了糾紛，如何解決呢?通常當事人相偕到土地廟、城隍廟拜一拜，誰是誰非，就一筆勾銷。現在的人鬧到派出所、分局、總局、高等法院，甚至最高法院，問題也解決不了。可是，有了信仰後，人們相信因果，自然會有一個公平的裁決。所以，我希望今後傳播界應該多發揚因果報應的意義。

剛才談到天主教和儒家的思想很吻合，這是不錯。在佛教的立場，佛教和天主教、儒家，及任何一個宗教都可以融合相處。我個人一直在提倡;世界上宗教與宗教、學術與學術之間，任何一個團體都要彼此包含，要容許異己者存在，在異中求同，同中求異。

佛教有五乘佛法:從人、天、聲聞、緣覺到菩薩五個層次。我們可以騎腳踏車到目的地，也可以坐汽車、火車、飛機輪船到目的地，信仰宗教也是一樣的道理。

佛教把儒家歸到人乘，因爲佛教和儒家都講三綱五常;把天主教、基督教歸在天乘;把清淨無爲的道家歸在小乘的聲聞緣覺中。另外，佛家還有一個菩薩道的思想，它結合人、天、聲聞、緣覺出世的精神。所以，我們提倡大乘佛學要有出世的思想，也要有入世的適應,有入世的精神,也要有出世的意義。

羅總主教的佛學造詣高深,讀過很多佛學的著作,你懂我的,可惜我不懂你的,不過,今天這個機會正可以讓我懂你的,也請你對我多指教。

在模糊光中給我們永久的希望

羅光:前一、二兩個星期,我去拜訪俞大維先生,歸還他借我的一本「中國教案史」,該書敘述天主教、基督教從前清以來在中國引起的問題。俞大維先生讀過這本書後,有感而發說:沒有任何政治力量可以摧毀宗教信仰,我說這一點我早就發現到。宗教信仰,不論是佛教、天主教、基督教,都屬於精神層面,物質的力量是無法把它摧毀的。

今天早上,我在博士班上課時,告訴學生:生是一個相對的東西,有了生就有死,所以佛教說生老病死,這不能強求,但是人心有永恆的慾望,我們心裡老是希望能夠長生,秦始皇、漢武帝都求長生不老。我想現在自殺的人可能也不想死,而是想逃避痛苦。

至於在人生的享受上,大家也難以滿足。有了錢後,想要更好的東西,有了更好的後,又想要愈好的,譬如以前大家只看黑白電視,當彩色電視機問世後,又想要小耳朵、大耳朵，所以說，人的慾望是無窮的。

然而，人們往往看不清楚永恆的慾望，不知道慾望在哪裡？這時候就需要宗教信仰，宗教信仰就是在模模糊糊的光中給予我們永恆的希望，讓我們知道心中的慾望在哪裡。關於這一點，佛教有佛教的說法，天主教有天主教的說法，但是，各家同樣都在講求人生永恆的希望，這種希望是政治力量和科學無法摧毀的。在科學時代，只會加強宗教信仰的要求。

在大陸未淪陷之前，全國共有四百多萬名天主教徒，共產黨統治大陸以後，將所有的天主教堂關閉，把教士統統趕出去，結果現在的教徒已高達七、八百萬名，這一點正證明俞大維生所說明，政治力量是無法摧毀宗教信仰的。

我們也要明白，科學並非用來管理宗教，它和宗教是兩條路，都希望大家能生活得更好，關於這一點，我想法師大概也會同意吧！

星雲：總主教說得非常不錯，我很同意你的看法。談到信仰，不論哪個宗教都非常強調與肯定，因爲信仰如手，我們想拿東西時，要用手去拿；信仰如根，從根才能生長；信仰如船，船上可以載很多東西；信仰如拐杖，有了拐杖，走起路來比較安全；信仰如財富，我們常說內心的寶藏，寶藏不一定要到山裡去開採，自己的本性中就有寶藏。

平常講到信仰，在天主教是信上帝，在佛教信佛法僧三寶，其實，真正說來，佛教的三寶並不一定是釋迦牟尼佛等，每個人都有自性三寶，信仰佛教就是信仰自己，皈依三寶就是皈依自己，佛家講人人有佛性，人人都可以成佛的，所以，在佛教中的最高信仰就是「皈依自己，相信自己」。

中國人都有儒家思想，很多都信佛教，信佛教的人也可以上教堂聽聽道，這是被容許的，所謂「竹密不妨流水過；山高豈礙白雲飛。」竹子一根根茂密生長，可是不妨礙水流，山很高，白雲一樣可以從山頂飄過。所以，佛教講到信仰，最主要不在自己的信仰，而要尊重別人的信仰。

信仰的好處很多，除了剛才總主教所說的以外，我還要補充幾點，第一，有信仰會感到前途充滿希望，沒有信仰的人會容易灰心、失望；第二，有信仰的人煩惱容易解脫，會看得開、放得下；第三，有信仰的人身心可以安處，我們的身心有家庭可以依靠，但是家庭裡免不了有世俗的煩惱，例如金錢去了、愛情變了，使身心無法安處；第四，信仰可使生活美化，有信仰的人不論向上帝祈禱或念阿彌陀佛，他的生活超脫。信仰會讓生命開花，開了花的生命，將來會結果。

有些時髦的人會說，「我是沒有什麼宗教信仰的人。」我覺得好可惜，信仰裡面有財富，爲什麼不要？信仰裡有真善美，爲什麼不要？信仰裡有很多智慧可以開拓人生境界，幫助我們成功，爲什麼不要？所以，我今天在此要告訴有緣的讀者，不論屬於那個宗教，都要有信仰。

我來，是為了服侍別人

羅光：談到天主教人物對生活的體認和意義，我想應該以基督的生命爲代表。基督說：「我來不是爲了享受，而是爲了服侍別人。」所以祂在臨死前的那個晚上，跟十二個門徒吃飯，其中有一個很重要的情節，就是祂站起身來，倒了一盆水，把水放在門徒跟前，要幫徒弟洗腳，門徒說：「不行啦，老師您怎麼可以幫我洗腳，我絕對不讓您洗。」基督說：「我不幫您洗，您將來就跟我沒關係。」門徒大驚說：「那不行，您還是幫我洗好了。」洗好之後，基督說：「你們喊我老師，老師爲你們服務，你們彼此也該互相服務。」可見天主教傑出的人物都是以服務爲目的。

在我們的忠烈祠祭祀的義士中，有唯一一個外國人，就是雷鳴遠神父，他是比國人，民國初年到中國大陸去傳教，並且加入中國籍，當時很多學生要到外國留學，都得到他的幫助，雷鳴遠一生的目標就是爲中國人服務。抗戰時期，他一面成立救護隊，上戰場去，一面爲民眾服務，後來，共產黨把他抓起來，先總統　蔣公派飛機把他接到重慶，他在重慶過世。雷神父一生沒有自己,他以「真愛人、全犧牲、常快樂」爲生活和人生的標的,他在中國天主教中,是一個非常傑出的人。

另外,大家都知道的德蕾莎修女,也是我們現代天主教一個傑出的人物,她的目標也是爲社會服務,她跑遍天下,爲窮人服務,也不管自己生活的好壞,所以獲得諾貝爾世界和平獎。德蕾莎修女只揹著一個布袋,就走遍世界,我到印度去開會時,每天到了下午三點鐘,四周的窮人就圍聚過來,德蕾莎修女會給他們一點麵包、用品和希望,她真正實踐了天主教以服務爲主的目標。

還有一個傑出的典型,就是波蘭的工人領袖華勒莎,他爲正義、工人的權利奮鬥,也是天主教當前的傑出人物之一。而現在星雲法師走遍天下,也是爲社會服務的傑出人士。

星雲:說到宗教上偉大的人物,我想是舉不勝舉,在此,我就舉佛教的幾個典型爲例。第一位是玄奘大師,他要到印度去求經求法,半路上,失去了水袋,回頭或許還有一條生路,往前可能會渴死,唐三藏在面對流沙時,說:「我寧可到西天一步死,也不回頭到東土一步生。」到了印度十幾年後,他在當地講經說法,十幾個國家的國王坐在他面前,領受他的教導,他可以說是中國歷史上第一個揚名國際的中國人。

和玄奘大師同時的,還有一個鑑真大師,他到日本去傳教,其經過十幾年,合計六次失敗，最後一次，眼睛瞎了，也六十多歲，在航向日本的途中，他說：「爲了宣揚佛法，解救苦難眾生，我毫不吝惜自己的生命。」現在日本的建築、書法、繪畫，可以說都是由鑑真大師傳過去的，所以日本人稱他爲「文化之父」。

還有一位是六祖惠能大師，當時他的師兄神秀大師爲了在幾百個和尙中取得宗師的地位，就做了一首偈語：「身似菩提樹，心如明鏡臺，時時勤拂拭，勿使染塵埃。」惠能大師則更高層次的說：「菩提本無樹，明鏡亦非臺，本來無一物，何處惹塵埃。」

明白這些古來的榜樣後，我們今天要緊的是如何發揚固有文化、宗教精神，讓社會有些模範可以遵行。現在社會上可悲的是：存在許多足堪表率的人物，可惜大家不認識他們。我們知道，金錢和智慧是財富，其實人材也是財富，像韓國就訂立一項政策，保護國寶級的人才。

今天社會上的領導人物如果能夠成爲大家的榜樣，我相信社會秩序會變得更好，講到這裡，我們羅總主教就是一個最好的榜樣，慈悲、有智慧，這麼大的年紀，爲了教育、文化、愛國、一直都不得休息，令人敬佩。

水一清澈，水裡就會有月亮

羅光：不久前，我在報紙上讀到一篇趙耀東先生在政治大學的講稿，他說，「年輕人只有未來，沒有回憶，我們卻只有回憶，沒有未來。」對於他的這番說詞，我並不同意，「我不但有回憶，還有未來，未來還比現在八十年長的多。」對未來充滿希望，這也是天主教的修行重點。

談到宗教的修行，思想家吳經熊教授說：「天主教，和佛教、禪宗在修行方面有很多相似處，同樣都是忘掉「自我」，「物我合一」，然後將真我和天結合起來，方法雖然不同，目標卻是一樣。」

天主教的修行，在生活方面要勤儉，在精神方面則要與基督的神性生命相結合，我們的心靈生命，可以永遠存在，那麼，我們雖然老了，但絕非「只有回憶，沒有未來」，我們永遠都向未來邁進。

另外，在生活享受上不要違背真美善，要「役物」，不要「役於物」，我們用金錢，不做金錢的奴隸，吃飯不爲吃飯的奴隸，穿衣爲了保護身體，不是爲裝飾，假如我們能役物不爲物所役，那麼在精神生活的修行上，就可以和基督相結合。

星雲：講到人和神佛的關係，以及大家可否達到神佛的境界這個問題，天主教的彌撒祈禱，佛家的頂禮念佛，這些方法都爲了達到人和神佛的交流。

實際上，佛並不在身外，只要我們的心清淨，佛就在我們的心中，好像水一清澈，水裡就會有月亮。我們人人都可以成佛的，佛是已覺悟的人，人是還未覺悟的佛，彼此都是一樣的。

在佛法中，有時候求佛卻不如求己，所以，有人就問，「我們拿念珠，爲了是什麼？」答案是「爲了念佛。」人又問，「那麼佛也拿念珠又是爲了什麼？」答案是，「念佛，」人很奇怪地再問，「佛幹嘛要念自己，」答曰，「求人不如求己。」

星雲：人能成佛嗎？從佛家的觀點來看，這是必然的，只要我們能體會佛的心，用慧眼看出佛的法性平等，那麼就認識了佛，也可能成爲佛。有一個人坐在佛堂裡聽講，忽然想吐痰，就對著前面的一尊佛像吐過去，旁人對他的行爲很不以爲然，對他說，「你太豈有此理怎麼可以侮辱佛菩薩聖像。」這個人清清喉嚨說，「對不起，我還要吐痰，請你們告訴我，虛空之中何處沒有佛和菩薩？喔，原來你們大家認識的佛菩薩只是佛像，我認識的佛，宇宙之間無處不有。」有一次，大雪紛紛，這個人到寺院掛單，由於天氣十分寒冷，他便把寺裡的佛像、菩薩像拿來燒火，寺院師父出來一看，罵道：「該死！你在燒什麼？」他說，「我在燒佛像。」師父說，「佛像怎麼能燒？」他說，「我在燒舍利子。」師父生氣說，「胡說，佛像那裡有舍利子？」他說，「哦？既然沒有舍利子，要它何用，多拿一些來燒吧！」

我們知道，燒佛的人最尊敬佛、最能認識佛，佛的精神是宇宙法界的平等，是人際間的和諧。所以，不論信那個宗教，透過祂，精神慢慢昇華，心靈擴大，必能和自己所信仰的重心契合。

要使人間像淨土

羅光：我剛到台北時，曾去看胡適之先生，他說，「我不信天主教，我對天主教所說的行善爲了善報，得以上天堂的功利主義很不贊成。」後來，我在報紙上也看到錢穆先生在批評天主教行善爲了上天堂的想法。其實，天主教行善純是爲了行善，但是行善必有善報，善報的天國，不是說現在給人一些錢、名譽、爵位、房子，天國是心靈欣賞真美善，我們所做的一切都是爲了達到這種真美善。當然，有時候人們會看錯真美善，把不真當真，把不美當美、把不善當善，一切的罪惡都是由此而起。

天主是精神上絕對的真美善，當我們心向美時，看見山水、雕刻，心裡會覺得愉快，當我們心向善時，看見一個德行高尚的人，便很想和他在一起，心靈上，從他那裡得到很大的滿足。當我們對一個問題百般研究，好不容易找到答案，必然感到很快樂，這就是對真的追求。所以說，天國就是靈魂欣享真美善的生活，不是一般所謂的善報。每一個人都在追求真美善，不求真美善就不是人，所以說，天國是我們行善的目標，是在滿足心中求真美善的願望，這一點可能也是胡適之先生所追求的吧！現在就請法師來談：佛教的涅槃。

星雲：天主教講天堂、天國，佛教講涅槃、滅度；不過，我認為現代人並不一定要到天堂去，重要的是把人間變成天堂，佛教講涅槃、滅度，並不是有另外一個極樂世界，要涅槃、滅度，在我們這個世界裡就有。

有個人很想看天堂和地獄是什麼樣子，有一天，他被一個有神力的人帶往地獄去看，他獄的人也吃飯、穿衣、住房子，但是他們很喜歡吵架、打鬥，地獄的人在吃飯時，用的筷子有一丈長，撿了一塊菜從右邊往嘴裡送時，卻被右邊的人吃掉，從左邊往嘴裡送，又被左邊的人吃掉，結果彼此就吵起來。這個人再往天堂去看，天堂的人吃飯時所用的筷子也是一丈長，不過，他們撿菜時不往自己嘴送，而是送到對方的嘴裡，說，「你吃」。對方也同樣會回敬一口。所以，互相合作，友愛和平就是天堂，如果大家能夠相敬相愛，那麼我們的世界也會變成天堂。

所謂涅槃，當下就是：所謂淨土，隨即都是。重要的是我們要滅絕人我的對待關係，舉個例子來說，我身上長了一個爛瘡，因為這是我身上所長的，不管多臭多髒，我都很愛護它，天天上藥。同樣的，我們也要把別人的瘡當成自己的來照顧，去掉你我的關係，這就是佛教所講慈悲。

我個人一向主張人間的佛教和生活的佛教，所謂「人間的佛教」就是要使人間像是淨土、天國，至於「生活的佛教」則指佛教不是尋求死後的涅槃，而是活著的時候就要涅槃，在世間根本不要有是非、差別、欺凌、殘害，大家互相尊重、寬容、諒解、友愛。

今天我們的社會，不論是經濟或物質上都是一片安和樂利，今後，我們如果能重視人際相處、社會秩序，那麼，到處都會像天堂或西方極樂世界，正所謂「天堂近了，佛國近了，大家都涅槃了」。

天主教會在中華民國的地位

教友生活 民國七十八年四月十三日

近月因馬赫俊神父事件，教會內外人士寫了多篇的文章，我讀了以後，覺得對天主教會在中華民國的地位，還有說明的必要。

天主教會在中華民國的地位，有他的歷史背景。從南京條約開放五口通商，天津條約給予列強保教權，天主教和基督教在中國取得一種特殊地位，每逢教會在中國各地發生事故，都由列強駐華使節代表教會和中國政府交涉，因而爲賠償殺害教士，乃有租借港口和賠款的事件。中國人民便認教會爲列強侵華的工具，進行文化侵略，假籍外國勢力，剝奪中國的主權。

爲改正這種不正確的觀念，洗除污蔑教會的罪名，教廷駐華第一任代表剛恆毅總主教，曾訓示全國教士，注重中國文化，漸漸以中國教士作中國教會的主體。雷鳴遠神父提倡愛國愛民，于斌樞機畢生爲國家民族奔走，又發起春節祭祖，我自己一生從事研究中國哲學，融會天主教信仰和中國傳統思想。因此在台灣少有人指責天主教爲列強的侵略工具。這次馬赫俊神父被驅逐出境，天主教會提出抗議，輿論界竟又標出維護中國主權，指責教會籍梵蒂岡國外交勢力，保護外國人。

另一方面教會內卻有人重唱近年所唱論調，以爲中華民國主教團事事順從政府，不能像亞洲其他國家的主教團，能夠和政府對立。但是天主教的教義告誡教會人士愛國，服從政府，祇在政府反背倫理和侵害教會權益時，挺身抗議。亞洲各國的天主教會除韓國以外，沒有反抗政府的行動。菲律賓則因爲是天主教國家，和中南美一樣，主教在社會具有領導地位，對國事常發表言論。若說台灣的長老會能和政府對抗，對抗的原因在於以台灣獨立爲號召。天主教會是不是應該跟他們走？他們反抗政府有什麼結果？結果是政府的忌視和民眾的反感。韓國天主教會反政府，和韓國社會反政府的情緒有關係，韓國社會可以反政府，也藉著美國駐軍抵抗北韓共軍，否則那裡能有反抗行動的自由，北韓共軍早已揮軍南下了。

還有一點，大家群起維護天主教的社會工作權，這一點是對的。中國主教團的社會工作委員會的第一任主任委員是我，當時在這個委員會裡包括教友傳教組。我那時和任秘書的德國道明會士，多次組織社會工作講習班，訓練神父修女和教友，參加社會工作。主教們所關心的，是從事社會工作人員的靈修生活，因爲全球各地從事社會工作的神父修女，常因工作而疏忽這一點。中國社會按照傳統的觀念，對教士的看重是在他們的靈修。我們社會上的人，尤其知識階級，對長老會的社會工作，不表示看重，對佛教的禪靜生活，則非常欽佩。星雲法師講現世涅槃，弟子滿天下。去年暑假七八十個年輕大學生，到佛光山學習坐禪。上月，三月十日下午，星雲法師和我在台北耕莘文教院對談宗教，他的弟子來了兩百，我出門時，祇有四個天主教信友陪我。我們天主教講教義，祇講教理，疏忽了實際的宗教生活。對馬赫俊神父有一篇文章說他一點神父的氣味都沒有，又一篇文章說一個不祈禱的神父，何必要他再回來。這都表示中國社會對宗教的傳統觀念。我們天主教在中國傳了四百多年，對於中國的傳統觀念還沒有注意到。但在無形中，卻造成了中國神父和外國神父對社會工作的看法不相同，也造成社會一般人士對教士從事社會工作的忌視。德蕾莎修女引起中國社會的敬重，不僅因著她的慈善事業，尤其因著她安貧樂道，口口聲聲常講天主的愛，又事事處處實踐天主的愛。在中國從事社會工作的神父修女，要有內心靈修生活，才能受我們社會人士的看重。

在交際場中，我聽見多種恭維的話；但祇有一句話是我所喜歡接受的。有一次，在台視的五人座談會中，一位先生對我說：「和總主教坐在一起，心裡很安定，覺得上帝跟我更近。」

天主在中華民國的地位，是「天國臨近了」的地位。

(此文亦在益世評論刊登)

我對大陸天主教的觀點

教友生活　民國七十八年五月十一日

目前自由世界的有些天主教人士對中國大陸的天主教會，懷有不太準確的看法，似乎要把愛國教會作爲大陸天主教會的代表，而將忠貞教會與愛國教會間的對立，片面歸罪於忠貞教會。羅光總主教在本文中，很客觀的分析了大陸教會的現狀，給大陸天主教會勾劃出一個清晰而準確的形象。

星雲法師到大陸探親弘法去了，周聯華牧師也要去大陸訪問，有許多好心人口頭上，通信上都催我到大陸去訪問天主教。我感謝這些人的好心，但惋惜他們不明瞭大陸天主教的情形。

在大陸公開又被中共承認和支持的天主教會，是愛國會的天主教，同時在地下隱藏而受百分之八十以上的信徒所支持的是忠於教會領袖——教宗的教會。這個隱藏的教會近來已從地下出來，公開和愛國會的天主教會相抗，造成了當前大陸教會的一片混亂現象。

在我未前往大陸去以前，我想先表白我對大陸教會的觀點，以免將來若去訪問，陷入混亂的情況中，增加大家對我的誤會，或增加大陸教會的混亂。

大陸天主教會，目前有四個實際問題。一、正統的問題；二、選任主教的問題；三、參加宗教禮儀的問題；四、與教廷外交關係的問題。

一、正統的問題

愛國會的天主教會，主張獨立，脫離羅馬教宗。有的主教公開聲明這種主張，且公開攻擊教宗；有的在外面行動上，接受這種主張，內心則相信教宗爲教會元首，且暗中與教宗通訊息。

天主教的信仰，則是相信教會是至一，至聖，至公，由宗徒傳下來的教會，每一區的地方教會必須和全球天主教會相團結，必須隸屬羅馬教宗。大陸的地下教會，即忠貞教會堅持這種信仰，寧死不屈。

愛國會的主教們，有救大陸天主教的苦心，怕堅持與中共對抗，一切教堂遭封閉，一切宗教活動被禁止，日久天長，天主教將會消失，又恐信徒幾十年不能參加宗教禮儀，不能領受聖事，信仰將會淡亡。更怕目前所有教士去世以後，沒有繼任的人，教會就要瓦解。所以，他們想用權變方式，接受中共的指示，脫離教宗，以維持教會的存在。愛國會的主教和國際間許多教會人士承認他們這點功績。

但是忠貞教會人士則認爲宗教信仰不能分割，不能隱藏，也不能用權變而改變。目前所有教士都曾受過承認教宗爲教會元首的神學教育，可以內心保持這種信仰，將來的教士沒有受過這種教育，內心根本就不能有這種信仰。愛國會的作法，絕對不能接受。在信仰上祇能有信或不信，不能有幾分信或半信。我認爲這種態度是正確的。在歷史上英國亨利八世自立爲教主，法國大革命時的政府建立獨立的國教，當時殉道的聖人，就是堅持了這種觀點，我們大陸近年殉道的天主烈士，也就是堅持這種觀點。

二、祝聖主教的問題

民國四十七年（一九五八年）四月十三日，在漢口愛國會自選祝聖主教，電請教宗承認，教宗庇護第十二世堅拒，以後愛國會便繼續自選祝聖主教了。當時中國大陸百分之八十主教爲外籍教士，都被中共驅逐出境，其餘的國籍主教都被中共牢禁。在大陸偌大的省區內僅祇有愛國會的幾位主教，教會無法生存。愛國會的主教認爲教會生存的事件重大，由教宗選任主教的規定在求教會生存的特殊情勢中可以不守。目前有些國際人士也同意這種作法，解釋教會法典對自選祝聖主教的懲罰可以免了。但是他們忽略了一件重大的情形，就是愛國會公開否認教宗任命的權力，指爲教宗干涉內政，且祝聖的主教聲明脫離教宗。因而造成祝聖主教的問題。

若是愛國會承認教宗是教會元首，教宗必定合理，合情，又合法地解決這個問題；因爲這個問題不關乎教義，祇關乎法律，教宗有權可以追認已經祝聖的主教。

三、參加教會禮儀問題

教友可不可以參加愛國會的主教神父所行彌撒聖祭和其他的聖事？大陸教會爲這個問題鬧得很凶。局外人沒有辦法可以答覆，在原則上，教廷雖有指示；然而在實行上，要看當地的情形如何。這個問題，必須要看當地教會負責人的定奪。我們局外人，更好少插嘴。否則，必定更增加大陸教會的混亂。

四、與教廷外交關係的問題

愛國會的主教口口聲聲，幫助中共喊說梵蒂岡應先和台灣斷絕外交關係，然後中共才和梵蒂岡談判。

教宗和各國政府通使，不是以梵蒂岡國元首身份，而是以教會元首。當義大利併吞了教宗的國土，教宗還沒有和義大利訂拉德朗和約以前，梵蒂岡國還沒有成立，那幾十年裡，各國駐教廷的使節並沒有撤退。現在教宗和各國通使，是以教廷的名義，不以梵蒂岡國的名義，教廷是天主教會的中央政府。教廷駐各國的使節，有兩項工作，一是和駐在國的政府打交道，一是和駐在國的教會相連絡。教廷駐中國的公使黎培里總主教在各國使節都撤離南京以後，奉教宗命，留在南京，協助當時遭難的教士。中共南京軍管委員會於民國四十年九月四日宣佈驅逐教廷公使，九月八日實行驅逐黎培里公使出境。黎公使到香港暫住，次年十月二十四日來台北主持祝聖台北總主教郭若石典禮，典禮後，在台北恢復教廷使館。

愛國會的主教呼喊教廷應先斷絕與中華民國外交關係，然後中共和教廷談判。按外交慣例，教廷不自動單獨和一個政府斷交，教廷駐華使節被中共驅逐，中共自動和教廷斷交，現在不向教廷接洽，也不表示歡迎教廷使節回大陸，又以為教廷不承認中共政權，不與教廷交涉，有什麼權利可以要求教廷斷絕和中華民國的外交關係?中共和其他國家都先行交涉，雙方同意後，才能提出和中華民國斷交的要求，中共說教廷不承認他的政權，不和教廷交涉，中共也不承認教宗的教會統治權，教廷又怎能和他交涉?愛國會的主教應該知道這個問題，不應扯在他們的肩上，即使教廷答應中共的要求，爲他們也沒有益處，他們不要扯這種問題。

目前，地下忠貞教會已公開行動，大陸民主浪潮正在醞釀，大陸天主教會要大家聯合組成一個陣線，向中共要求宗教自由，公開教會與羅馬教宗連繫的信仰。愛國會的主教放棄權宜的辦法，真誠實行信仰自由，大陸的教會必能加強信仰的效力。

(本文亦於益世評論刊登)

爲真理作證

民國七十八年十月三十日　頒贈鄧總主教、龔主教名譽博士學位典禮致詞

耶穌基督在羅馬總督審問祂時，答說：「我是爲真理作證而來到人世」；祂就爲真理作證而被釘死，祂開路前驅聖若翰，曾被耶穌基督指稱不是身穿細軟華服，隨風搖擺的人，也爲真理作證，當面向黑落德王說：「你不能娶你弟弟的妻子作妻子」因而被殺。

耶穌基督乃說：「誰要跟隨我作徒弟就要背著十字架跟著我走。」天主教開始時，三百年受羅馬皇帝的迫害，聖伯多祿和聖保祿都在羅馬殉道，成千成萬的教徒，在鬥獸場被處死。

君斯坦丁皇受洗入教以後，天主教成了歐洲各國的國教，安享尊榮。教會的紀律逐漸崩潰下，聖職員的生活世俗化了，卒至造成路德的分裂，接著有英國亨利王的自立爲主教，有法國大革命的革命政府創立國家教會，不接受分裂的聖職員和平信徒，遭受迫害，以身殉道。從歐洲航海家發現各種航線以後，天主教的傳教士到非洲、美洲、亞洲傳教，前仆後繼地遭受殺戮。爲真理作證的精神，從耶穌基督一直傳流到現今，現今就在共產黨暴政的政權

下，充分表現中國大陸四十年被中共統治，監獄和勞動營裡，監禁了成千成萬的天主教教士和教友。

輔仁大學六十年前在北平正式成爲大學，當日本人佔據北平時，輔仁大學留在北平，繼續開課，培育愛國精神，教授和學生遭中本人拘捕，苦刑審問，抗戰勝利後獲得國民政府嘉獎。中共佔據北平，沒收了輔仁大學，改爲師範學院，二十七年前，輔仁大學在台北復校。

爲慶祝創校六十週年，在慶祝的節目中，有頒授榮譽法學博士學位禮，表揚爲真理作證的豪傑。本年四月十二日，表揚了波蘭馬佳斯基樞機主教，十一月三日，表揚中國廣州鄧以明總主教和上海龔品梅主教。波蘭天主教會領導佔全國百分之九十九的天主教徒，抵制共黨，不屈不撓，終獲勝利。鄧以明總主教被中共監禁二十三年，假釋出獄，到香港醫病，龔品梅主教遭中共判處終身徒刑，在被監禁三十年後假釋出獄，現在美國就醫。

自由中國的台灣，享有宗教自由，爲著保護宗教信仰不會遭受迫害。但是現在台灣的社會是追求金錢，一切爲個「利」字的社會，誰想「見得思義」，就要有勇氣。現在台灣的社會又是個色情泛濫的社會，誰想「出污泥而不染」，就要有勇氣。現在台灣的社會又是個追求享受的社會，誰想「君子謀道不謀食」，就要有勇氣。台灣現在的社會又是個缺乏理性的社會，誰想在群眾暴力示威時，在報紙一面倒時，挺身出來講理，就要有勇氣。我們輔仁大學以耶穌基督的精神，培養學生的正義感，培育學生爲真理作證的精神。在六十週年校慶特別頒贈榮譽法學博士給爲真理而甘受迫害的豪傑。鄧總主教、龔主教爲中國天主教主教，是中國大陸天主教的精神中流砥柱，他們不見報館記者，他們不發表宣言，靜靜地渡著不爲人知的簡樸生活。但是大陸幾百萬的天主教人士，睜著眼睛看著他們，原先他們兩位在牢獄裡，大家在精神上和他們兩位相連結，共同受苦；現在他們兩位在國外治病，大家在精神上仍舊互相連結，共同愛護信仰的真理。輔仁大學表揚兩位主教爲真理作證的豪氣，也就表現和兩位主教連結一起的大陸爲信仰真理作證的忠貞教會。耶穌基督爲真理作證甘願被釘在十字架上，信仰祂的門徒也要是爲真理作證甘願受苦的勇士。中國儒家的傳統也教訓中國人：「貧賤不能移，富貴不能淫，威武不能屈，此之謂大丈夫」。（孟子 滕文公下）「君子和而不流，中立而不依，國有道，不變塞，國無道，至死不變，強哉矯？」（中庸 第十章）基督的教會更不能同流合污，隨風搖擺，改變教義以求活，而是爲真理作證四面受攻擊，埋身地下，從地下再同基督而復活。

弘揚世道　彰益人心

益世評論試刊號第一期

民國七十八年四月一日

社會變了，繼續不停地變，而且變得非常快。現在社會的變，不是通常情態下的變，而是在非常情態下變，是傳統社會生活，改成新式社會生活的變，是過渡時間的變，是傳統文化變成新文化的變。

中華民族在這種變動中，已經一百年。由帝制走向民主，由農業走向工商業，由大家庭走向小家庭，由權威走向自由。中間經過軍閥的分霸、日本的侵略、共黨的專權。共產專權的制度，目前已經走到被迫須要徹底修改的時段，中華民族朝著民主統一的社會新式生活前進，尋求新生活的文化方式。

由台灣去看中華民族的這種變動，不是「隔岸觀火」，不是「袖手旁觀」，而是在變動之中去推行這種變動，在生活改革中去建立生活的新方式，使中華民族擁有適合時代的文化。

現在海峽兩岸的思想界，已經展開傳統思想的研討。退役軍人、商人、學生、專家，在兩方面尋求見面座談的機會，進而攜手合作。

我們提出「三民主義統一中國」的目標，中共喊出「和平統一」的手段，在尋求統一的途中，問題很多，陷洞遍地。我們必須堅持合於中華民族的傳統，中華民族福利的原則，睜開眼睛，事事斟酌，步步謹慎。

中華民國天主教的思想者，在輔仁大學的支持下，組成「益世評論」編輯會，出版益世評論半月刊，對中華民族新文化的建立，貢獻一分力量。

中華民族新文化應建立在中華民族傳統的文化上，不能摒棄傳統，也不能墨守傳統。現代是民主和科學的時代；中華民族的新文化應該是民主的和科學的文化。但是民主的和科學的文化，仍舊是人的生活方式，人的生活必定要合於倫理。我們在建立中華民族的新文化工作上，事事都要注意倫理。

倫理在目前的社會裡最缺乏；在研討新文化的建立中，又常被人忽視。益世評論對於倫理的建立，將多注意。

益世評論對社會生活各方面的評論，將是積極建設性的評論，以建立新文化的目標。不是破壞性的攻擊，不是抽象式的紙上空談，而是以實情實理，以各種學術知識，以求合於倫理的建設。

賀三德善會成立二十週年

三德會二十週年，不必言慶祝，但言紀念、成立宗旨、爲亡者安眠，以待復活，兼設獎學金，以助後進，二十年服務尚滿人意。中華傳統素重墓園，以養孝思；天主教教義更重人遺體，將來復活，永遠生存。三德會秉承信望德三德，愛主愛人，守情守禮，使存亡均感貫徹立會宗旨。余謹以爲祝。

耕莘護校二十週年校慶

設立耕莘醫院時，我們和德國天主教經濟援助機構，定有三部計劃：首先成立醫院本部，次則設立護士學校，最後建造東病房，第一部計劃於民國五十七年完成。兩年後，著手設立護校，德國援助機構食言不予經濟援助，狄剛院長副主教，和吉朝芳、郭潔麟、李平和三位神父以醫院淺薄財力，建造了護校。建造護校的目標，在培育有品德、有愛心的護士，三十年後，我慶幸目標已經達到。

證道

中梵關係是否生變
不能光從政治角度考量

記者張韶原／專訪

在中東地區，唯一與我國維持正式外交關係的沙烏地阿拉伯，日前甫結束雙方邦誼；在亞太地區，唯一與我國維持正式外交關係的南韓政府，也頻頻向中共示好，並不斷將其外交觸角伸及蘇聯；而在歐洲地區，近十餘年我國唯一據點—教廷，是否也因中共不斷對梵蒂岡喊話而「生變」，值得國人共同關切此一情勢轉變。

曾任駐教廷大使館顧問，並在羅馬教廷服務近卅年，現任輔仁大學校長，天主教中華民國主教團總主教羅光，在接受本報專訪時即表示，若中梵外交關係中止，對篤信天主教的中南美洲國家友邦，將產生間接性影響，至於繼任駐教廷大使人選，羅光則強調，必需在文化學術界享有崇高地位，並能安心於處理教廷業務者，為必備考量因素。

以下為羅光總主教接受本報記者專訪摘要：

問：中華民國主教團過去在中梵關係上，一直扮演積極角色，可否說明。

答：我國與教廷間關係，自政府遷台後，可依民國六十年退出聯合國為分界點，之前即因教廷對中華民國是否代表整個中國質疑，在第二任駐教廷公使吳經熊卸任後，幾經波折才同意我國原駐教廷第一任公使謝壽康，再度出任第三任公使，教廷此時仍尊重聯合國在法律上承認我國主權地位。

但我國退出聯合國後，雖維持大使館架構，卻以大使渡假為由，召回駐華大使葛錫迪總主教，在中華民國主教團努力奔走下，教宗才同意已任命為駐孟加拉大使葛錫迪，兼任駐華大使，直至葛錫迪奉調出使南洋，教廷即以代辦長駐我國。

面對中共近年來不斷要求教廷與我國斷交，再試圖改善兩者關係，也是經由主教團向教宗進言，才未見進一步行動。

當然，中華民國主教團所付出心血，也並非單爲中梵外交關係，同時也爲教會教務發展，教廷也是基於此點原因未有斷交行動，若單純以政治角度考量，可能早與我國中止外交關係。

問：若中梵中止外交關係，是否影響我國與中南美洲部份以天主教爲國教的國家間邦誼？

答：直接立即影響應不至於，但在面臨某些外在因素時，可能會產生間接性影響，如此對我國在國際間聲響，會產生負面效果。

問：教宗曾二度訪問南韓並主持聖體大會，爲何從未有訪華計畫？

答：層峰曾命我赴羅馬邀請教宗訪華，而教宗也曾不止一次表明來華訪問心意，但總因顧及中共會發動其所支持「愛國教會」，迫害忠貞於羅瑪的「地下教會」，而以「時機不宜」婉拒。

教宗曾嚴肅向我表示，若是因爲訪華增加大陸教友困難，不但全球信友不會支持，國際輿論也會批評，教宗認爲，若無法拯救或改善大陸信友生活條件，起碼也不應加深他們受迫害機會，如果不能到台灣訪問，此地教友雖不滿意，也不會因此受到任何傷害。

問：外界一再傳聞外交部更換不動現任駐教廷大使周書楷，係因教廷方面有所意見？

答：我們認爲中華民國當然代表整個中國，但因在更換大使呈遞到任國書時，將會發生

「中國大使」困擾，教廷爲避免給予中共藉口，也因此認爲只要以代辦階層即可，無需更替其他繼任大使。同時在另一方面，由於我國在歐洲地區維持正式外交關係國家僅教廷而已，對於駐教廷我國使館九人龐大編制館員進進出出，忙著處理非與教廷相關業務，在中共透過駐義大利大使館，由義國外交部向教廷抗議此起彼落事件中，教廷當然不願意有這些麻煩。

未來更換大使雖有困難，但仍有交涉成功可能，在繼任人選條件上，則宜由在文化、學術界享有崇高地位者較適合，教廷絕不希望太活躍人士出使。

問：教廷在兩岸問題上態度；及日前總主教參加「國統會」總統府諮議社會人士會後感想？

答：教廷希望此地教會能與大陸教友多接觸，此種立場是「政教分離」，教宗希望大陸教友，能保全向羅馬教廷忠貞思想，而我們此地神職人員，也趁探親之便，儘量提供有關神學、宗教禮儀等書籍，予大陸教會及教友。至於政府成立國家統一委員會，個人認爲是符合時代潮流需要，如此政府部門在決策上，與全國人民達成共識，才能在國家政策、社會、經濟、文化上各方面活動，均朝此一方向努力。

如果民進黨反對參加或成立此一機構，則無異承認「台獨」，至於有人認爲台灣沒有能力以武力統一大陸，即不需設立此機構，那如果真是如此，在討論此問題時，僅需在國防部設立軍事委員會即可。事實不然，兩岸在政治、經濟、文化各方面均無法統一時，即需設立此一機構，促使民主思想在大陸萌芽，以迫使中共改革。

于斌總主教陞主教三十週年彌撒講道

民國五十五年九月十八日

聖保祿宗徒在今天彌撒中的書信裡，訓示我們說：「天主憑著祂感化我們的神力，祂在我們身上所成就的，可以超出我們的意想以外。」（致厄弗所書 第三章第二十節）

聖保祿宗徒是于總主教的主保聖人，也是于總主教的模範，于總主教平生常效法聖保祿的偉大精神，和大無畏的氣魄。聖保祿在今天書信上的話，實在可以貼附在于總主教身上。

三十年前的今天，于總主教受祝爲南京代牧主教，他當時心中所想的，是好好建立南京教區，同時也盡力爲全中國的聖教會展開新的局面，可是他到南京不滿一年，七七事變發生了，于總主教便出國奔走，在歐美各國爲國家爲民族呼籲正義。接著就爆發了中日之戰，于總主教或在國外或在重慶，爲教會爲國家，謀求勝利的和平。

戰爭勝利了以後，于總主教在南京剛剛能夠定居，計劃教區的教務，共匪開始渡江了，于總主教又趕緊出國，再度爲國家爲教會奔走呼籲，但是國際間共黨的武力，已使自由世界傾向妥協，于總主教曾一度在紐約隱居，照顧留美學生。可是後來又回到臺灣，經營恢復輔仁大學，現在輔大復校已三年多了，聲譽一天一天的高。

在這三十年的抗日和抗共的變亂時期，中國的主教或是流亡在外，或是拘留在共匪的集中營，大家都是隱姓埋名，沒有工作。中國的天主教會，更是喪失了以前所有的一切建設，失落了行動的自由，目前只是苟延殘喘，隱藏地下，惟獨臺灣的天主教會，今日是迅速發展，欣欣向榮，而且教會的聲譽，也是非常的高，教會的學校和社會事業，都受社會人士的重視。這都是仗著田樞機和于總主教的功勞，有些人想，甚至於說：于總主教在三十年內，沒有在教區內安住，沒有爲教區建造事業，只是在外面，爲政治而奔走，不做主教的工作，這輩人就像今天彌撒福音中的法利塞人，看見耶穌安息日治病，認爲是觸犯天主的誡命，不守若瑟的規律，乃是離經背道的罪人，耶穌乃說，你們若是有一頭羊或一頭牛，掉在井裡，難道不在安息日救出來，何況一個人呢？怎麼在安息日不能救呢？可是在三十年，內不是一頭牛，也不是一個人，乃是全中國民族掉在水深的坑裡，難道不盡力去救中國民族？因此社會人士，都尊敬于總主教，他的聲望，在中國是最高的，中國天主教的聲望，也因著他的聲望而提高，他的成就超出他自己和別人的意想以外。

于總主教爲什麼能夠有這樣的成就呢？是藉著天主的感化神力，他是如同聖保祿在今天彌撒書信裡所說：藉著天主的神力，他明白了天主愛德的至高至深，至大無限。因此于總主教的愛德，也是廣大高深，于總主教的氣魄，也是寬宏大量，有孟子的浩然之氣。他一生的工作，他一生在外奔走，他一生培植青年學生，都是因著廣大高深的愛德。他愛國家、愛教會、愛青年，超乎常人，因此他的成就也超乎別人意想之外。于總主教待人接物，都是用他的寬宏大量的氣魄，因此他的聲望，也是超乎別人意想之外。

聖保祿宗徒以基督的愛德爲自己的愛德，以基督的氣魄爲自己的氣魄，乃能成爲一位最偉大的宗徒，于總主教也是以基督的愛德和氣魄做爲自己的愛德和氣魄，他在三十年內成了一位偉大的主教。

基督在今天彌撒的福音裡說：「自高的人被貶抑，自謙的人神舉揚。」于總主教心裡謙虛，不願慶祝自己，抬舉自己，別人便抬舉他，顯揚他，我們因此今天大家一起慶祝他的三十週慶，稱揚他的功德。

追思田樞機證道詞

民國五十六年七月三十一日追思田樞機
台北總教於晚晌七時，在主教座堂追舉行追思彌撒

由羅光總主教主祭——講道中
歷數樞機之建樹效田公吃苦祈禱精神

爲追悼已故田樞機，臺北總教區於七月三十一日晚七時，在臺北市民生路主教座堂舉行大禮追思彌撒，由羅光總主教主持。

除高理耀大使及于斌總主教趕來參加外，來自北市郊加彌撒的神父、修女、教友十分擁擠。此外，遠道如基隆、宜蘭、羅東及蘇澳等地區，亦派代表前來參加，將偌大的主教座堂擠得滿坑滿谷，座無虛席。大家都虔誠地爲他們所景仰的樞機老人的靈魂祈禱，求主使他早登天域。

福音後，羅光總主教講道，今將其全文披露於下：

若是整個臺灣都很沉痛地追悼田樞機，我們臺北總教區更有名份，更有義務追悼他老人家，因爲田樞機曾是臺北的署理總主教，臺北總教區曾受了他的很多恩惠。

田樞機署理臺北總教區六年，在建築方面，有主教座堂、新莊本堂、泰山本堂、大崎腳本堂、聖瑪寶本堂、華福本堂、有聖多瑪斯總修院和聖若瑟小修院。在教育方面，有輔仁大學、聖心女中、徐匯中學、方濟中學和耕莘文教院。在社會事業方面有動工建築的耕莘醫院。在傳教工作方面，中國神父和外籍神父以及修女們的人數加多，教友的人數也隨著增加。僅僅看這幾方面的建設，田樞機所賜給臺北總教區的恩惠，已經很多了。可是田樞機所賜給臺北總教區的恩惠，另外還有精神方面的恩惠。

田樞機所賜給精神恩惠，是他的傳教精神，是他的祈禱和克苦。

田樞機署理臺北教區時，雖然他常說自己年歲老了，又常有病，不能按照自己的理想去工作；他因此常嘆惜來臺北來的太晚，可是他在老年還不變他青年和壯年的傳教精神。田樞機的傳教精神是自己吃苦，是誠心祈禱。

諸位神父諸位教友，你們和樞機接觸很久，明瞭樞機這兩種偉大的精神，我和樞機接觸不多，只有兩次陪樞機旅行。在這兩次旅行中我就體貼到他的吃苦和祈禱的精神。田樞機在臺北六年的時間，都是在病痛中渡過。你們中曾經有人聽見田樞機抱怨自己的病痛嗎？必定沒有人聽到，田樞機的忍耐，乃是聖人們所有的忍耐，爲愛天主忍受一切。民國四十七年八月，他在西德撞軍時，我到德國去看他。我看見樞機兩個手臂都用都用石膏綁住，仰臥在床上，轉側也不能夠轉，他卻常是微笑，一聲也不叫痛。老年在病痛中他忍耐；青年壯年在傳教的一切困苦中，他也是忍耐。忍耐困苦的精神，便是田樞機傳教的精神。

田樞機的祈禱精神，也是聖人們的祈禱精神。你們都知道田樞機是聖言會士，聖言會士早晨起身很早，默想很長。田樞機不但滿全聖言會士的祈禱時間，而且自己還加上很久的祈禱時間。在最後兩三年，害病不能行動時，便一天或是坐在房裡唸玫瑰經，或是坐在聖堂裡拜聖體。祈禱是田樞機的中心生活，祈禱也是田樞機傳教成功的秘訣。

田樞機去世已經八天了，全國的報紙電臺和電視，都繼續宣揚他的美德。他在生時，常常謙虛，不願出頭露面。普通的中國人，大家似乎都不知道他。他去世了，大家總覺得他的偉大。這種偉大，不是湊熱鬧，不是走時運，不是紙老虎，乃是確實有德有功的偉大。我繼承田樞機管理台北總教區，我的心願是在於繼承田樞機吃苦祈禱的精神。不吃苦，傳教的工作沒有代價，決定不能發展；不加倍祈禱，傳教事業缺少天主和聖母的助佑，不能前進，不能成功。今天，我就求田樞機在天堂上，爲我代禱，將他的吃苦祈禱的精神傳授給我。我也求他，把他的吃苦祈禱的精神，也傳給臺北的每一位神父和每一位教友。

歡迎法蒂瑪聖母在台北體育館彌撒講道

民國五十六年十一月十二日

奉獻教區與聖母

今天在國際上舉行兩個五十週年紀念；在葡萄牙法蒂瑪，教宗保祿六世，舉行了聖母顯現五十週年；在俄國莫斯科，蘇俄共產黨舉行了十月革命五十週年。這兩個五十週年所紀念的事蹟，都是人類歷史上的大事，而且彼此關繫，有俄國的十月革命，共黨專政，聖母才在法蒂瑪顯現。有法蒂瑪的顯現，共產黨的橫行才可以收斂而有止境。

從俄國由共產黨發動了十月革命以後，共產黨在國際上有了活動的根基，蘇維埃的俄國成了世界共產主義的大本營。共產主義是積極的無神主義，而且絕對的反對宗教。共產黨徒不但是用鬥爭的手段，摧毀社會上的傳統制度，而且也很殘暴地消滅一切的宗教信仰。國際上因著共產主義的橫行，有許多民族喪失了自由，有許多國家失去和平。另外是我們天主教遭受了嚴重的打擊。這是人類的一個大災大難，特別是我們中華民族的一個大浩劫。

聖母因此在法蒂瑪顯現，預言了這種人類的大災大難，提醒人類的注意，指示人類挽救之道。

俄國十月革命，是因著第一次大戰而產生的，共產黨在國際上的勢力，是籍著第二次大戰而養成的。中國共產黨的武力，也是藉著日本侵略中國所發生的戰爭而促成的。世界兩次大戰和日本侵略的戰爭，都是野心人所造成的。他們沒有正義，沒有人道。他們的行動是罪惡的行爲，共產黨藉著這些罪惡的機會興起來。他們更沒有正義，更沒有人道，他們的行動更是罪惡的行爲。

聖母在法蒂瑪顯現，專爲提醒人類洗清罪惡，專爲指導我們改惡遷善。世界上的人若都知道分別善惡，世界上的人若都努力行善去惡，共產主義便會受人信奉，共產主義的惡勢力便會喪亡。而且天主因著我們向善的好心，便會可憐世界的人類，替我們除去共產暴力的大禍。

因此我們今天歡迎法蒂瑪聖母，我們就是接受聖母的教訓，實行聖母所教給我們的反共途徑。我們勉力做正直的人，勉力盡我們的職責，勉力上愛天主下愛眾人。

爲實行聖母的教訓，不能單單在今天恭迎聖母的大典上，我們大家說要這樣做，我們要許給聖母，我們今後要常常這樣做，因此我們便把我們的教區奉獻於聖母。我們的教是由我們組成的，我們奉獻教區於聖母，就是把我們奉獻於聖母。

把教區奉獻於聖母，對於我們有什麼權利和義務呢？

我們的義務是要做聖母的孝順子女，我們做人要對得起聖母。爲使我們做聖母的好兒女：第一，我們要誠心信服耶穌基督的福音，聖母是基督的福音，她願意我們誠心歸向基督。第二，我們要勉力行善，勉力避免罪惡。我們責備共產黨徒沒有信仰，沒有人道，我們自己便不能和他們一樣沒有信仰，做事不講人道，處處自私，把倫理道德撇了不顧，事事求自己的滿足。第三，我們要熱心愛天主，如聖母熱心愛他人。共產黨所提倡的是恨，我們所提倡的應該是愛。

我們對於聖母的權利：第一，是可以事事依靠聖母。我們既奉聖母作母親，作主保，我們便事事求她幫助，事事依靠她，因爲子女常是依靠母親。第二，我們常常可以得聖母的恩惠。子女有權利去取得母親的產業，母親有多少，就給子女多少。聖母在天主跟前權力很大，她必定可以替我們求得天主的恩惠。

諸位神父，諸位教友，我們今天立志做聖母的子女，使我們的教區成爲聖母的教區。天主的恩惠，會由聖母手裡，很豐富地賜給我們，而且也會很豐富地賜給我們全中國的同胞，使我們所遭的共產大禍，早日清除，使我們能夠早日光復大陸，解救大陸同胞於水深熱之中，阿們。

眾人起立恭唸信經後：即爲信友禱詞：

主祭：親愛的教友們，今天我們熱烈歡迎法蒂瑪聖母像，願意聽從聖母在法蒂瑪所給的教訓，誠心祈禱，努力向善。現在我們同聖母瑪利亞一齊祈求天主。

領：請爲臺北總教區祈禱，求主降福總教區的傳教工作，使基督的福音，廣傳區內的同胞。

眾：求主俯聽我們。

領：請爲臺教區的總主教祈禱，求主指導並扶助他的工作，使能引導自己的羊群歸向基督。

眾：求主俯聽我們。

領：請爲臺教區的神父、修士及修女祈禱，求主降福他們的勞苦，安慰他們的憂愁，堅固他的志願，使能以善表感人，引人向善。

眾：求主俯聽我們。

領：請爲本教區的教友祈禱，求主賞賜各人信德誠切，生活聖善，並有傳教熱火，勸人信仰基督。

眾：求主俯聽我們。

領：請爲臺灣的同胞祈禱，求主賞賜風俗淳厚，民德日高，社會安寧。

眾：求主俯聽我們。

領：請爲中國大陸的同胞祈禱，求主賞賜他們脫免共黨的蹂躪，恢復生活的自由。

眾：求主俯聽我們。

領：請爲我們的政府首長祈禱，求主賞賜政治昌明，制度合法，使人民得享幸福。

眾：求主俯聽我們。

領：請爲我們教宗保祿六世健康祈禱。

眾：求主俯聽我們。

主祭：全能永生的天主，您的仁慈是無限的，求主因著童貞瑪利亞的代禱，俯允我們的祈求，使我們的憂苦變成喜樂，使我們的希望變成事實。因您的子耶穌基督。

眾：阿們。

輔大校園安厝禮誄詞

——于斌樞機的精神

八月二日，于斌樞機在本校舉辦了校長交接典禮，致詞的時候，顯然表示很感動。在典禮完結時，我請樞機在本年十二月八日學校校慶時回到校內，慶祝他晉鐸的五十週年，他答說那時候他回不來。大家絕對沒有想到于樞機今天回來了，這次回來後，他將長久在這裡安息，安息中他將不說話了，沒有活動了；但是我們仍舊會體到他在我們中間活動，仍舊對我們有話說，因爲他的精神留在輔仁校園裡。

于前校長的精神是一種偉大的精神。他的軀體本來岸然道貌，又高又大，較比普通人高一個頭顱。他平生作事常是有大的計劃，他任公教進行會監督時，走遍全中國大陸，在北平創辦了五個雜誌，在國難時作國民外交，週遊五大洲。他在勝利後辦六家益世報。他復興輔仁大學，計劃設十個學院。他創辦康寧醫院，就是因爲計劃太大，沒有能夠實現。他常說我們爲天主作事，天主乃是無偉的大，我們作事便該作大事；我們爲國家作事，中國乃是泱泱大國，我們也該作大事。我深深佩服于樞機的這種偉大精神，所以我做事也討厭因陋就簡。于樞機做事求偉大，不是爲自己，而是爲天主和國家。爲天主，他時刻不忘傳道，用一切社會關係，使人知道有天主，有天主教。他主席國民大會時，胸前佩帶十字架，頭戴小紅帽，就是使大家知道他是天主教樞機主教。在常被人請赴宴會，在宴會，總有幾句講到基督福音。最近幾年他鼓勵在天主教學校講教義，提倡以大眾傳播工具傳教。

他爲愛國費盡了自己的心血和精力，先是在抗戰時，在外各處奔走，爭取國際同情，在國內走到前線，慰勞軍隊，救濟傷殘。後來共匪禍國時，他決地呼籲反對共黨主義，每年到美國，訪問朝野人士，辯駁姑息主義。本月二旦交接了校長職務以後，他計劃在美國久住幾個月，以從事反共的宣傳。近年在國內，提倡祭天敬祖，提倡孝道，以恢復民族道德。

于樞機的這種愛天主愛國家的偉大精神，隨著他的遺體將長久留在我們校內。

各位師長，校友，同學，你們都多年親聆于前校長的訓導，都親眼見到他的工作，也都深深受了他精神的感召。輔大今天在于樞機遺體安葬在校園內時，接受了他們的遺體，予以保存，同時接受他的精神，加以發揚。願我們大家，一心一德，在于前校長所建的基礎上，踏著他的路途，努力前進，使他在天之靈歡樂安詳。

追思于樞機

——輔仁大學追思彌撒禮中講道

民國六十七年十月四日于樞機逝世七七冥日

今天追思彌撒所讀的福音為八端真福。基督在八端真福大道中，宣佈了祂的人生觀，釐定了人生的價值。中國古人在《書經》的〈洪範篇〉也說明了人生的價值，以五福六極為標準。《書經》所說的五福為：壽、福、康寧、修好德，考終命；所說的六極為：凶短折、疾、憂、貧、惡、弱。這種人生價值，為人類天性的要求，凡是人都喜歡富貴，厭惡貧賤；喜歡受人尊敬，害怕被人輕視。基督的八端真福，卻把普通一般人所有的人生價值倒過來了。祂以安貧樂道、心地潔白、愛慕正義的人為有福的人，這種人生價值，在孔子、孟子的思想裡也有同樣的觀念，孔子稱讚顏回安貧樂道；孟子主張捨生取義；《中庸》教人正心誠意；《書經》的五福六極。是物質精神方面的人生價值，基督和孔、孟所講的人生價值，為精神方面的人生價值。精神超於物質。精神方面的人生價值也高於物質方面的人生價值。

故校長于樞機爲一位精神生活很高的偉人，他一生所追求的是精神方面的價值。

他一生安貧樂道，獻身於教會。雖位居南京總主教，輔仁大學校長，天主教的樞機，他沒有自己的住所，他的寓所裡沒有廚師，他的衣服常是破舊。他去世後沒有留下餘錢和財產，他安於自己的清淡生活，而且隨遇而安，他是「神貧的人是有福的」。

于樞機最喜歡救濟別人的苦難，尤其是青年人。凡是青年學生或是他送到國外的留學生，遇到困難時，他都慷慨地接濟。當年他剛從羅瑪傳信大學畢業，留在學校教書，又在義大利政治學院教書時，一個由上海步行到羅瑪的青年，身無分文，請他幫忙。于斌神父手上也沒有錢，他就把在傳信大學所領到很薄的薪金，交給那個青年，吩咐他每天買菜做飯，他們兩個人一起吃飯，那個青年不知道做飯，煮出來的菜簡直不能吃，于斌神父卻說好好吃。他晚年在台灣所領的國民代表月薪，都給了自己的三叔和親戚，作爲生活津貼。他一生最大的缺點，也是他最大的強處，就是不會管錢，只要人家有急難，或者說有一個爲社會有益的計劃，他有多少錢就給多少錢。當他辭去輔大校長職務後，原想在美國久住幾個月。一面爲做國民外交，一面爲康寧醫院建築費籌募。因此他去世時的憾事，就是沒有完成康寧醫院，以救濟貧患的人，所以他是「憐憫人的人是有福的」。

于樞機體格偉大、高岸、威嚴。可稱爲一位健美的男子。他一生交接的人很多，上自政府要人，下至平民小販，但他交接最多的是青年，送幾千位學生到國外留學。在輔大任校長，當然不少的女青年和他相接觸，然而他一生冰清玉潔，嚴守男女之別，度教士的獨身生活，他真是「心裡潔淨的人是有福的」。

于樞機一生最大的優點，也是使人最欽佩的，是他一生主張正義，爲正義而奔走，他出身黑龍江，青年時東北陷入日本人手裡，他在羅瑪就開始救國，呼求正義，反抗日本人的霸道。七七事變以後，他剛到南京任主教，馬上出國，周遊歐洲、美洲。向各國政要和天主教人士，宣講日本違背正義，侵略中國，爭取各國的政府同情，以支持我們的抗戰。勝利以後，返回道都任制憲委員和國民代表，在大會中，每當有爭執時，常出來主持會議，以伸張正義。共匪叛國以後，于樞機更是一心一意要消滅共匪，返回大陸，全球的人都知道他是反共的鬥士，因此他是「飢渴慕義的人是有福的」。

因主張正義，他追求正義的和平，每年元旦國際和平日，教宗保祿發表和平文告，于樞機常寫一篇解釋的文章，在中央日報刊登。又因主張正義，遭受迫害，共匪指他爲首要反對份子，各界人士責他爲「政客」，他也是「締造和平的人是有福的，爲義而受迫害的人是有福的」。

于樞機是一位有福的人，他高爵到爲樞機，他死後哀榮空前。然而他的幸福乃是永生不朽，他的名字長留在中國歷史和教會歷史上，他的精神將久存在中國人心中，尤其他的靈魂長生於天堂的真福中，永遠欣賞絕對的真、美、聖、善的天主。

六九望七感言——彌撒中講道

民國六十八年十二月三十日星期日，台北教友四十餘人集合在徐州路仁慈聖母修女會聖堂，參與彌撒，爲羅光總主教六九望七壽辰祈福。

「你們不知道我必須在我父那裡嗎？」（路加福音　第二章第四十九節）

這是今天聖家節彌撒中的福音。基督從小時就向在世的母親聲明，祂是要常在天父那裡，做天父要祂做的事。

今天承蒙各位爲我賀壽，我本來堅辭，但卸不了各位的盛意，所以我們今天一齊來奉獻彌撒聖祭，我也就向各位說：年老了，我要在天父那裡。

首先我要向天父表示感恩，六十九的生命不是一個小小的恩惠。生命是天主的大恩，生命的時間愈長，天父的恩愈大。而我在六十九年的生命中，渡過五十九年的獻身生命；在五十九年獻身生活中，又渡過四十三年的司鐸生活。每次上祭台行祭，這種恩惠，就感到更大，所以今天我同各位特別感謝天父。從人事方面去看，我的六十九年生活，都在兵荒馬亂的戰禍中渡過。孩童時我看見吳佩孚的兵在衡陽打仗；進了修院，共產黨首次在湖南組織農會，逼迫修院關閉八個月；在羅瑪時，遇著歐洲大戰後想回衡陽時，共匪佔了大陸。但是天父特別照顧，雖然在日本佔據衡陽時，弄得我家破人亡，然而我自己能到羅瑪讀書，又留在羅瑪教書，後來被派到台南任教，又調到台北任總主教，現今又到輔仁大學任校長。在幾十年的戰禍裡，能夠安身研究學術，從人事方面說，這又是天父的特恩，我應向天父衷誠地表示感激。

第二、我要在天父那裡做天父的事。六十九歲望七十，已是耄耋，在世上還能活多久？現在應該把心向天，眼睛看著天父，每天做好天父給我的職務，作好學術研究。不看人世的名位，不貪人世的讚美稱譽。現在我更體驗到聖保祿宗徒的話：「我同基督一齊釘在十字架上，我活著，不是我活著，是基督在我內活著。」我體驗基督孝愛天父的心情，一切都隨順天父的旨意，一切都求天父的光榮。若在老年，還想人世的爵位和名聲，那真是老糊塗。我現在常念臨終時，神父向臨危的病人唸的經：「信友靈魂，你動身離開世界罷。」我要習慣自己體驗這句話的意思，也要體驗這句話的心情，使自己的心常同天父在一起。

第三、我要在天父那裡。年老的人變成小孩，不是老子所說返老還童，身力重新強健，而是身體力量每天衰弱，變成像小孩一樣，事事要有人照顧。我自己身體還很好，可是記憶力就差了。每天的事，每天的約會，常要秘書提醒，不然，馬上就忘了。這樣的現象越老越加重，而且會擴充到日常生活的各方面。因此，我就需要天父多多的照顧。聖女小德蘭的神嬰靈修方法，是我最喜歡的靈修學，因爲中國人傳統上就重孝道，以小孩的心情孝愛父母。孝愛，就是依靠父母安排和照顧。我也很愛聖母，一切事都託付給祂。每年，在我被祝聖主教的週年，常到台南玉井朝聖。今年三月我把供在我羅瑪寓所二十多年的聖母帶回台北，供在輔大新建的聖堂裡。我每天往輔大時，必到堂中拜聖體，敬聖母，自己覺得更安定。六十九年的經驗覺得人是不可靠的，就是自己所友好的，或是所培植的，也不可靠。不是他們不好而是他們也常覺心有餘而力不足。年老了眼睛向天上看，但並不是不看重各位的友愛心情，而是要在天父的愛裡，接受各位友朋和學生的感情。

「我要在天父那裡，做天父的事。」孔子曾說：「七十而從心所欲不逾矩」。我若能常在天父那裡，以天父的旨意做我的意思，我就可以從心所欲不逾矩了。

謝謝大家的祈禱，謝謝大家賀壽的好心。

爲理想世界而奮鬥

——追悼蔣公逝世五週年紀念暨于樞機八十冥誕

（民國六十九年四月九日）

基督曾經說：天國的門是窄狹的，要奮鬥才能進去。（瑪竇第七章第十三節，路加第十三章第廿四節）

天國象徵正義的世界，代表安寧的生活。我們人世的社會，卻是充滿紛亂、不義和戰爭。從人類有史以來，人類就過著痛苦的生活。釋迦牟尼曾倡言人生完全是痛苦；達爾文則肯定宇宙間的進化，都經過弱肉強食的鬥爭而成的。基督則教訓人在遵守愛的誡命裡，建設新的世界。

先知依撒依亞曾預言基督所建立的新世界：「上帝的神，智慧和聰敏的神，超見和剛毅的神，明達和敬畏上主的神，將住在祂內。祂將以正義聽訊微賤的人，以公理保護謙卑人，正義將是他腰間的束帶，忠誠將是他脅下的佩帶。在他的新世界裡，豺狼與羔羊共處，虎豹與小山羊同宿。牛犢與幼獅一同飼養，一個幼童即可帶領他們。母牛和母熊將一起放牧，牠們的幼雛將一同伏臥。在我們的聖山上，再沒有誰作惡，也沒有誰毒人。因爲大地充滿了上主的光明，有如洋滿溢著海水。」（第一章第一節——第十節）

這是一個理想光明的世界，一個正義和平的世界，兇猛如同虎豹豺狼的人，改變了氣質，能夠跟善良如同羔羊的人，同居共處，沒有作惡，沒有人害人，在一般人看來這種理想世界是像柏拉圖所說的烏托邦，沒有實現的可能。但是基督卻爲實現這種理想而獻出了自己的性命，其他有高尙志向人也都爲這種理想而奔走，孔子和孟子周遊列國也是爲著這種理想。當時人說孔子「何爲是栖栖者與！無乃爲佞乎！」（論語　憲問）「是知其不可而爲之者與！」（同上）

先總統　蔣公篤信基督的福音，又篤信總理的三民主義，懷著救國家救民族的志願，且有極高的正義感。一生爲中華民族的統一，爲中國的和平而奮鬥。先平定分割國家的軍閥，建立了統一的國家。再抵抗侵略中國的日本，爭取了八年抗戰的勝利，最後洗除毀滅民族文化的共產主義，建設了復興基地。先總統　蔣公的理想，是一個平等、自由、和平、民主、倫理的中國。正義是他的信條，仁愛是他的胸懷。抱著這種理想，他培養了基督爲救世而犧牲的精神。在生命危險的關頭，心中鎮定不亂；在功敗垂成的時刻；他振作奮鬥的勇氣；在國家命運陷於絕望的一刻，他亮出了希望的明燈。他率領有志的青年，走向狹窄的天國道路。

故校長于斌樞機，爲基督的忠實信徒，爲教會忠誠服務。他服膺基督的福音以正義作爲自己的生命，以仁愛作爲自己的呼吸。他心中充滿了基督的愛，腦中充滿了人生的真理。他的理想是輔佐　先總統創造正義和平的倫理社會。他一生五十年爲天主教神父，四十二年爲南京總主教。但是他的工作，則先八年在於爭取國家生存的正義，周遊全世界，說明我們抗日戰爭的目的。後三十年在於堅守維護民族文化的正義，倡導消滅殘害人性的唯物無神論。

輔大的全體教師和同學，今天我們追悼　蔣公逝世五週年，又紀念于樞機的八十冥誕。我們懷念這兩位偉人的精神，欽佩他們的偉大的理。他們兩位，一位在上，一位在下，同心追求建設一個新的中國，爲正義和平而奮鬥到底。我們是中國的國民，要繼承　先總統的理想和精神。我們是輔仁大學的教師和學生，我們要繼承故校長的理想和精神。以一個統一、和平、自由、民主、倫理的新中國，作爲我們生活的理想，常懸在我們的心目中：追求這種理想天國的路非常狹窄、艱難而危險，我們要提起我們的精神，向前奮鬥。基督在最後晚餐向門徒們說：「我得勝了世界，你們不要怕。」（若望　第十六章第三十三節）我們懷著必勝的信心，努力向前。

誠的信仰生活

神學院校友日彌撒中講道神學本地化

（民國六十九年五月七日）

今天彌撒的福音，誦讀若望福音第十五章第一節到第八節，基督說神是葡萄樹，信徒們是葡萄枝，天父是園丁。凡不結實的樹枝，就會被剪掉，凡結實的將被修理，使能結更多的果實。最後基督囑咐說：「我父的光榮，就在於你們多結果實，這樣你們便成為我的門徒。」

神學院的校友，對於在學院裡所受的教育，當結的果實，乃是誠的信仰生活。神學的解釋信仰的學術，信仰為生活的根基，攻讀神學的學生，要使信仰在生活裡開花結果。

中國儒家歷代的傳統教育，是知行合一；學而不行，不算是求學。孔子曾說「君子欲訥於言而敏於行。」（里仁）《中庸》講求學的方法說：「博學之、審問之、慎思之、明辨之、篤行之。」(第二十章)神學所解釋的信仰，不只是學術的研究對象，而是生活的根基。哈巴谷先知書第二章第四節說：「義人必因他的信仰而生活。」聖保祿宗徒也說：「我的義人因信仰而生活。」(希伯來書 第十章第三十八節)

中國儒家的生活基本，在於天理，天理即是人性，然而人性天理不僅是人性的理，也是天地萬物的理，只是所表現的程度不同，天理在人性乃是完全的表現。

《中庸》第一章說：「天命之謂性，率性之謂道，修道之謂教。」率性爲人生之道，率性就是根據人性天理去生活，《中庸》稱這種率性爲誠。

《中庸》的誠，不是單單指著誠實，外面的言行，要和心裡所想的相符合，而是指著在言語行爲上的倫理道理是內心自然而發生的。《中庸》說：「所謂誠其意者，毋自欺也，如惡惡臭，如好好色。此之謂自謙，故君子慎其獨也。」(第五章)人對於倫理道德，如孝道，如忠信，要不經過推理。自然地喜歡。孔子也曾說：「吾未見好德如好色者也！」(子罕)爲什麼緣故人愛德行要是自然地或是直接的體驗呢？因爲儒家主張人性本來是善的，人性者沒有私慾，人性自然會表現出來，人就會自然地傾向於善。聖人便是這種完全的人，自然行善。普通一般人，多有私慾，便不自然地行善，而要經過反省，還要經過勉強的努力，才能行善。《大學》說：「大學之道，在明明德」(第一章)《中庸》說：「誠者，天之道也；誠之者，人之道也。」（第二十章）聖人行善的誠是天然，普通人行善的誠，乃是勉強。

我們講信德的生活，須要誠。這種誠，常是反省的誠。信德的生活是超性的生活，是用信德而參加天主性的生活。這種生活不是我們人性所有的，不是我們人自然而知道的，是要經過天主的啓示，再要經過我們的反省，才可以去實現。例如我們在彌撒中舉揚了聖血，就說「信德的奧蹟。」我們參加彌撒的聖事，我們因著天主的啓示而知道有耶穌的聖體聖血，既然知道是耶穌的體血，我們便有愛敬的心情。這種愛敬的心情是誠，誠於我們的信仰。

但是耶穌的啓示是在聖經裡。我們誠於信仰，便誠於聖經，聖經在我們以外，有如儒家所說天道和天理，在於宇宙萬物之內。儒家不以爲足，如說天理乃在人性，人誠於自己的人性，人行善乃有自然而然地行善的經驗。孔子所說他自己「七十而從心所欲，不逾矩。」聖人心地清白，人性的天理不被私慾所掩蔽，聖人能直接看到自心的天理，天理又有一股的自然力量而見諸實行。王陽明把這種直接看到內心天理，天理又有力量去完成，稱爲致良知。佛教也講這種自然行善的境界，稱爲禪法。心中空明，靜淨沒有一思一念，實相本體頓然實現，一眼看清世界萬法，知道合理地應付。

我們信德的生活，也要誠於我們的內心。天主對我們的啓示已經不僅存於聖經裡，而也存在我們心中。聖保祿宗徒解釋聖洗聖事，說明我們同基督一同死亡，又一同復活，進入和復活了的基督相結合的新生命。(哥羅森書 第二章第十節)聖洗的動力，則是天主聖神，天主聖神爲我們受洗後信德生活的根基。基督曾經說過：「祂同天父和聖神要住在信徒的心中。」(第十四章第二三——二五節)既然有天主在我們心中，我們藉聖神的光明能夠直接體驗到天主在心內，這種存在自然而然地使我們做天主的事。我們教會的聖人都達到了這種境界。聖人們並不是都神魂超拔，直接看到天主，有這種神見的聖人並不多，但是聖人都有直接對於住在心內天主之體驗。這種體驗，稱爲靜觀，神見是非常的恩惠，靜觀則是通常的恩惠。

有靜觀的人，自己的言行誠於內心的天主。他生活的目標，生活的原則，平日每舉每動，都由聖神去發動。又如同聖保祿宗徒所說：不是他在生活，而是基督在他之內生活。(迦拉達書 第二章第二十節)又說：「如果我們因聖神而生活就應該從聖神的引導而行事。」(迦拉達書 第五章第廿五節)

這種誠的信德的生活，不是像儒家的天理生活和佛教的禪生活，靠自己的力量可以達到。誠的信德生活，完全靠天主聖神，完全建立在基督身上。我們所能做的，是一面熱切的期望，一面努力克除所有的障礙。天主從不辜負有心人。我只望神學院校友和我自己能夠結有這種信德的果實。這個信德爲生生活活的信德，又是完全接受聖經語文，不刪改的信德。

主教們的反省

（民國六十九年五月七日）

台澎教務的發展，停滯多年，大家心中焦慮不安。主教們於五月二十六日到五月三十日，在嘉義本篤會院舉行反省的檢討。

教務的停滯，是不是因爲主教們的過失呢？主教們乃自行反省。五月二十七日上午，各自獨對天主，就自己的生活和工作，檢討自己。二十七日下午，分兩小組，把各自檢討的項目提出，供全體檢討會的資料。二十八日和二十九日，兩天上午下午，舉行全體反省檢討會，分三項大題：主教的生活，主教的工作，主教彼此的關係。三十日上午，做一總結。

就主教的生活，我們反省了祈禱生活，禮儀生活，學術生活，服裝和居處的樸素端莊生活。我們又反省了主教公署和教區組織的分工合作，再又反省主教在平日生活裡和神父、修女，教友的關係。主教的生活要成爲教區的表率。

就主教的工作，我們檢討了工作的目標，應該以攻爲守，不僅是保教，而是要傳教。對於傳教工作，我們檢討了社會工作，勞工組織，青年教育，家庭聖化，學術傳教，聖召增多，培養人才。

就主教對外關係，我們檢討了主教團關係、教廷關係、傳教教士關係、修會關係。對每一項問題，都從主教自身去看，自己是否注意了這項問題，將來應怎樣去做，不批評神父和教友的得失。大家發言坦明誠實，卻又輕鬆自由，不是開會討論問題，用不著爭論；然而又有檢討的綱目，發言的範圍。

既是反省，乃是對越天主。主教們乃共同祈禱，每天三次公唸日課，共行彌撒聖祭，晚間守聖時，拜苦路，誦玫瑰經。一次掃祭田耕莘樞機墳墓。

本篤會修院的庭院寬，樹木蔭涼，山路清潔，香花迎笑，我們每人反觀自己的心靈，又遠看中國的教會，滿全對教會的責任，即是自己靈修生活的前進。教會的責任不是在自己一人的肩頭，然須由自己去發動。發動對教會的責任，乃是天主聖神的化工。我們反省的結果，都歸到祈禱的生活。聖體是我們生活的中心，聖事是我們工作的力量。每天最少一小時跪在聖體前，在基督的愛心裡，我們必看清發動傳教的方式和情況。我們的心由基督的愛心特別歸向神父們，期望他們也跪在聖體前，由基督的愛心而看各自的傳教責任，大家便會因著基督的聖神，結成一體。主教和神父結成一體，必有基督同在。大家基督散播真理的聖言，帶給人們永恆的生命，指示人們走生命的道路。

本篤修院院側，一學校，鐘聲敲時刻，沈重而又活潑。散步園中小徑，兩行龍柏蔭路。路端法蒂馬聖母像，潔白素淨，像上鳳凰樹紅花滿枝。心悠悠，遠接天上白雲；處層層好似市區櫛櫛樓房。把傳教焦慮獻於聖母，凝視路側石刻苦路像，心中想起基督曾說：「然而你們要放心，我已戰勝了世界。」（若望福音　第十六章第三十三節）

教書乃是傳道
──輔大慶祝金慶銀慶司鐸彌撒中講

（民國六十九年六月四日）

「我提醒你把天主藉我的覆手所賦予的恩賜，再熾燃起來。」（弟茂德後書　第一章第六節）這是聖保祿宗徒自己的愛徒弟茂德所囑咐的話。今天慶祝金慶和銀慶的神父，教會想起在幾十年前領受鐸品的日子；就連我們參加彌撒的神父也想起我們領受鐸品的日子。在那一天，我們每人都懷著恐懼，歡樂，熱情的心，走向天主的祭臺，領受天主所賜給我們的恩賜。

天主在那一天給了我們什麼恩賜呢？聖保祿宗徒們說「藉著祂（基督），我們領受了宗徒職務的恩寵，為使萬民服從信德，以光榮祂的聖名。」（羅瑪人書　第一章第五節）「因為天主賜給了我恩寵，使我為外邦人，成了耶穌基督的使者，天主福音的司祭。」（羅瑪人

書第十五章第十五節)「這樣說來,人當以我們爲基督的服務員和天主奧秘的管理人。」(格林多前書 第四章第一節)

現在許多社會人士問:司鐸是什麼身份的人?就連神父們自己也問:神父有什麼身份?聖保祿宗徒替我們答覆:神父得了天主的恩賜,取得了宗徒的職務,成爲耶穌的使者,天主奧秘的管理人,天主把救贖的奧秘,放在我們手中,叫我們使萬民服從信德,歸向天父,以光榮祂的聖名。人若歸向天父,就得了永恆的生命。中國的《中庸》第廿二章說:至誠的人,贊天地的化育,爲人類最高尙的工作。神父則是贊基督的化育,使人類得到超越宇宙的生命,而且也使整個宇宙,重新取得造化的意義,光榮造物主的聖名。司鐸身份的價值,不從人類社會價值去估計,而是由天主恩賜的超越性去估計,司鐸的身份,高出世人和天使以上,分享基督救主的身份。

司鐸的中文譯名具有很高尙的意義。鐸,是鐘;有木鐸,有金鐸。鐘的舌頭是木的,稱爲木鐸,舌頭是金屬的,稱爲金鐸。古代帝王有命令詔告百姓時,便擊鐸。司鐸,便是掌管木鐸或金鐸的人,以天主的聖言,宣告世人。

儀封人對孔子的門生說:「天下之無道也久矣,天將以夫子爲木鐸。」(八佾)孔子被尊爲當時的木鐸,以文武的大道,喚醒世人。孔子沒有在朝廷作大官,只是給門生們講書,他的教育工作，成爲萬世的師表，中國文化的創造者。

今天參禮的神父們，都是在輔大做教授的，我們的教育工作，便是當今社會的木鐸，我們便真正符合司鐸的名詞。孔子曾說：「文不在茲乎？」（子罕篇）自認具有堯、舜、文、武的道，自己負有傳道的使命。司鐸則可以說：天主的奧秘不是在我這裡嗎？我負有宣傳天主奧秘的使命。

我們在講壇上所講的是學術；但是那一種學術不是來自天主？天主是學術的主人。不論那種學術，都可以講到天主。聖保祿宗徒囑咐弟茂德要想起在領受鐸品時所得的恩賜，接著便解釋說：「天主所賜我們的，並非怯懦之神，而是大能，愛德和慎重之神，所以，你不要以給我們的主做證爲恥。」（弟茂德後書　第一章第七節）我們在大學的講壇上，決定不以自己的司鐸身份爲恥，決定不以講論天主爲恥，決定不以談到基督的福音爲恥。

在本堂的司鐸，想法去找人來聽自己講道，在我們大學則有一萬兩千名青年坐在教室裡，靜聽我們講書，講書的內容，總會牽引到造物主。我們講到造物主的奧秘，我們不是宣道嗎？我們便真正執行司鐸的職務，宣講人生的大道。

孔子的教育，先行而後言。我們司鐸的生活，在學校裡爲天主做證，爲基督的福音做證。這種身教，不說話卻具有很大的聲音和口才，引導青年學生歸向人我的大道。這種師道真正是「傳道解惑」（韓愈師說），使學生們對於老師，也尊敬師道。

今天，我求基督，祂曾聲明是唯一的老師，（瑪竇福音 第廿三章第廿節）恩賜我們追隨祂，做青年人的老師。滿全天主在鐸品中所賜我們的恩賜，使青年學生因信德而歸向天主，光榮祂的聖名。

孟子曾說：「君子有三樂，而王天下不與存焉。父母俱存，兄弟無故，一樂也。仰不愧於天，俯不怍於人，二樂也；得天下英才而教育之，三樂也。君子有三樂焉，而王天下不與存焉。」（盡心上）三樂之中，若不能有第一樂，第二樂和第三樂，我們司鐸做老師的，都能享有。而且我們傳天主的奧秘，以身爲基督做證，培育天下的英才，我們的快樂，更是超越世物的快樂。我向今天慶祝金慶和銀慶的神父，謹祝各位豐滿地享受這種快樂。

中國天主教友傳教協進會十週年紀念感恩祭講道

（羅光總主教於民國七十年十一月十二日講於輔大淨心堂）

「弟兄們，各人在什麼身份上蒙召，就在天主前安於自己的身份。」（格多林前書第七章第廿四節）聖保祿宗徒對格林多教友這樣說，當教友們的身份有自由人、有奴隸人、有猶太人、有非猶太人。聖保祿說這一切都算不得什麼，其實教友的身份只有一個，就是「天主的子女」。聖保祿對迦拉達教友們說：「其實你們眾人都藉著對基督耶穌的信仰，成了天主的子女，因為你們凡是領了洗歸於基督的，就是穿上了基督，……因為你們眾人在基督內已成了一個」（迦拉達書第三章第二六——二九節）因著聖洗，我們和基督結成一體，基督是聖父的唯一聖子，我們也成了聖父的義子。

一、傳教是光榮天父

中國傳統的孝道是：「大孝尊親，其次弗辱，其下能養。」（禮記 祭義）尊親，是尊敬父母，是把父母捧得高高的。孟子說舜王最能尊親，因爲他自己做了皇帝，使父親受全國人的尊敬。中國歷代的讀書人，趕考做官，都說是爲「揚名顯親」，使父母的名字受到顯揚。

基督怎樣教訓我們呢？祂教訓門徒祈禱說：「我們的天父，願祢的名受顯揚，願祢的國來臨」。基督不僅教我們這樣祈禱，祂自己以身作則，一言一行，都爲顯揚天父的聖名。祂傳道，祂行靈跡，祂收，祂建立教會，祂死在十字架上，都是爲光榮聖父。祂聲明所說的所做的，都是天父叫祂說叫祂做的，所以祂不尋求自己的光榮，而是求派遣祂來世的天父的光榮。「但誰若尋求派遣他來者的光榮，他便是誠實的。」（若望福音 第七章第一八節）基督是誠實的，祂所言所行都爲光榮天父。

我們是基督的肢體，是聖父的義子，我們也有孝愛天父的義務，我們也要顯揚天父的聖名。宣傳福音，就是同基督一起，也就是繼續基督顯揚天父的聖名，使世人認識聖父，崇拜聖父。所以──宣傳福音，是每一位教友該盡的孝道。

教友傳教協進會成立才有十年，難道已往的教友就不傳教了嗎？已往的教友當然也有傳教的；但，不是普遍的，因爲已往教友們把傳教工作都託給了神父。現在，教友們自己覺悟了自己的傳教責任，應當自己來盡，不能完全託給神父。神父因著自己所領的聖品，負有傳教的「專職」，教友因著自己的聖洗，也接受了傳教的「兼職」；說是兼職，因爲教友本有家庭和社會的專職。

各位協進會委員，大家要明瞭傳教是自己對天父孝道的責任，並不是一種份外的奉獻。不能因爲傳教就可以自誇，不能因爲傳教自信對於教會做了非常的事，大家應該接受基督的教訓說：我們做了我們應做的事，可惜還沒有做好。

二、傳教不能侮辱天父

中國的孝道說：「其次弗辱」，侮辱父母乃是大逆不道。但若不直接罵父母或砸父母，間接使父母的名字受人輕視，也是不孝。司馬遷當因冤枉而受了刑罰，傷害了自己的身體，便痛哭地說沒有面目去上父母的墳。教友傳教本是爲顯揚天父的聖名，然而若做的不好，反而可以使天父的聖名蒙羞。

教友傳教是爲光榮天父，若是以傳教而求自己的光榮，豈不是使天父的聖名蒙羞嗎？基督曾說祂只尋求派遣祂來者的光榮。

教友傳教在對內對外都要有適當的方式：對內，在縱的方面，要保持聖統制的次序，在橫的方面，要保持和一切教友的連繫，破壞這種縱橫的關係，傳教行動會變成亂教行動，便要侮辱天父的聖名。對外，要言行相符；所傳的若和所行的不一樣，豈不會招人懷疑福音而使天父的聖名受辱嗎？對外，還要不失人不失言。孔子曾說：「可與言而不與之言，失人，不可與言而與言，失言。知者不失人亦不失言。」（衛靈公 論語）每位傳教的人，都應是一位「知者」。

三、捐獻是奉養天父

中國的孝道「其下能養」。中國的傳統，兒子應奉養父母，聖保祿卻說是父母爲兒女積財，而不是兒子爲父母積財。但是中國的孝道非常合於人性，現在我們還想要使它繼續下去。

教友對於天父，當然不必奉養，因爲天父不需要吃的，穿的，和住的。但是基督特別聲明：凡爲我們中間一個小的兄弟所做的，就是爲祂做的，若沒有做，就沒有爲祂做。還有基督所創立的教會，乃是基督的妙體，即是基督自己；凡爲教會所奉獻的，就是奉養基督。基督是天主聖子，奉養基督就等於奉養天父。我們現在提倡教友奉獻金錢，捐獻十分之一給教會，教會用錢爲養自己的神父和主教養自己的工作，又養窮人。教友的捐獻便是奉養天父，向天父表示孝心。

聖保祿曾告訴厄弗所教友：他們孝敬父母，將來必得到幸福。（厄弗所書 第六章第二節）中國的傳統也常說孝敬父母的人，必要得上天的報答。何況我們孝敬天父，天父豈有不賞報自己的子女嗎？基督曾向天主說：「父啊！我在地上已光榮了祢，完成了祢所委託我所做的工作。現在，在祢面前光榮我罷！賜給我在世界未有以前，我在祢前所有的光榮罷！」（若望福音 第十七章第四節——第五節）天父光榮了基督，使天上地下的一切聽基督的名，便屈膝朝拜。各位傳教協進會的兄弟們，傳教是顯揚天父的聖名，捐獻金錢給教會是奉養天父，天父必定賞報你們的孝心，使你們的名字寫在長生的名冊上，永遠受到光榮。

我們祈求天父，賞報全國的教友們，對於天父，都懷有而且都表現一片孝心。大家都能傳揚天父的聖名，使天父的聖名在中國同胞的家庭受到欽崇，使天父的聖名在全國各都能聽到又唱又唸「我們的天父，願您的名受顯揚，願您的國來臨。」

整體傳教的意識

——靜山傳教委員會會議彌撒中講道

（民國六十九年五月）

在聖誕節快到的時候，我們誠心預備歡迎基督。基督由聖父遣派來世，引領人類回歸到天主聖父。

基督是誰？是天主聖言。言語是爲發表思想的工具，我們的思想先是觀念，由觀念而有言語，由言語而有文字，文字、言語都是爲表現思想。

天主的思想是天主自己，聖言便是表現天主自己。對於天主以外，天主造世界萬物，是對外表現自己，所以天主是由聖言造天地萬物，在天地萬物的本體上，留有天主的美善。

第二次天主表現自己，是聖言降生爲人，對人表現天父。因此神學上稱爲基督爲天主的啓示，基督降生，將天父啓示給人。

基督爲天主的啓示，祂整個的人性，整個的生活，就是啓示，是一個整體的啓示。基督的整個生活，基督的一言一行，乃是天主的生活。基督說誰看見我，就看見天父。從耶冷郡誕生後，一直到死在十字架上，一分一秒，都啓示聖父，到最後三年傳道時，基督以言語啓示聖父，言語啓示是基督整體啓示的一部份。

基督派遣宗徒時說，就如父怎樣派遣了我，我派遣你們，我們從教會代表基督所給我們的傳教使命，就是基督的使命，即是聖言的使命。

基督的使命是整體的啓示，我們的傳教使命也應是整體的傳道使命。

整體的傳道使命可以從三方面去看。

第一，從我們自身生活方面去看，我們一生都是傳道，我們的生活，例如穿衣、住屋，生活的態度，要整體地集合起來，塑成主教、神父、修女的形象。我們說話行事都要能表現基督的精神，而不要只是在行教會禮儀和講道時才是傳教。聖保祿宗徒說「我生活不是我生活，是基督在我內生活。」

第二，從我們的工作方面去看，我們要把一切的工作，都看爲傳道工作。教書是傳道，做社會工作是傳道，講道當然是傳道，寫文章做廣播也當然是傳道，在修院煮飯是傳道。以往常說間接傳道、直接傳道，我認爲這種分類不必再強調，我們的工作，應整體地成爲傳道工作，做每一樁工作，都要以傳道的精神和目的去做。聖保祿曾說：「我爲基督耗費全部精力。」

第三，從傳道計劃方面去看，我們作傳道計劃時，應將幾種重要的工作都調協以適當地位。主團今年紀念利瑪竇來華四百週年時，我們的目標是三萬人歸主，主教團各委員會按照這個目標都分配了工作。教區在作傳教計劃時，修會在作傳教計劃時，便要有整體的計劃，雖然計劃中應有重點，但不要偏於一面。

不過表現思想的工具，以言語和文字爲主。講道和寫作在整體傳教計劃中，仍然要佔重要的地位。

在當前的社會裡，我們給現代人傳道，應該知道現代人的心理和社會的環境。生活嚴肅，衣著端莊，品德高尚的人，常是受人尊敬。受人尊敬的人，才適於傳道。思想新穎，學有根據，言語和文字流利，說話才有人聽，寫文章才有人看。

我們大家努力吧！勉力成爲現時代的天主聖言以整個的生活和工作去滿全基督給我們的使命。

憂患時期的責任感

奉獻世界及中國於聖母彌撒大典證道詞

（民國七十三年三月二十二日）

住在台灣，不出去旅行，覺得天下太平，生活自由，雖然有些犯罪的惡行，還不算多；因此，沒有憂難感。一出國門，我們飛往羅瑪，伊朗的上空和黎巴嫩的天空都要繞道飛行，立時覺到天下有戰爭。到了歐洲，進入各國的簽證非常麻煩。我們若要往東歐或蘇俄，更是不可能。我們就知道天下分爲兩半，有兩種思想，有兩種生活方式：一種是共產主義，是一種相反人性的生活方式；另一種是自由主義，是一種追求物質享受的生活方式。共黨主張企圖以武力征服自由世界，自由世界謀求自保，都在極力擴充軍備，特別擴充核子武器。

我們對於中國更另有痛心的感觸，人家向我們說：你們住在台灣，台灣一個小島，最多不過是中國的一省，怎麼可以代表中國呢？你們只可以代表你們所在地的台灣。我們生在中國的人，屬於中國合法政府的人，竟不是中國人了，而只是台灣人。這樣我們很深切地體驗到中國的分裂，中國已被竊據大陸的共黨所代表。

至於我們中國主教對於中國教會感觸更爲傷心，人家向我們說：中國的教會是大陸的愛國教會，愛國教會開了聖堂，舉行彌撒和告解等聖事，建設修院培植修士。那些反抗共黨而忠於教宗的主教神父，在二十年後就沒有了，將來所有的就只有愛國教會。你們台灣教會只不過是一個小島的教會，能夠繼續存在否，還要看將來台灣的命運怎樣，若是共產黨將來佔了台灣，台灣教會必要變成愛國教會，才能繼續存留下去。這樣，大陸千千萬萬的教胞，爲忠於教會，流了鮮血，犧牲性命，或是數十年困居牢獄或勞改營，受盡了折磨；那麼他們豈不是白白受了苦嗎？中國天主教會竟由一群否認和全教會首領相連繫的基本教義之人，所組織接受共黨指導的愛國教會來代表。我們身爲中國主教的人，聽到這種論調，心中的痛苦很深很重！

但是，我們幸而出國到羅瑪也有了另一種富有安慰的感觸，這種富有安慰的感觸，乃是教宗給予我們的。

教宗邀請我們到羅瑪去，爲跟我們交談。我們看見教宗和教宗身邊最高的教廷負責人，都非常坦白和我們交談，誠心接受我們的建議。教宗又以慈父的心腸接待我們，和我們主教們在一起三個多鐘頭，交換意見，給我們很大的安慰。而給我們安慰最大的，還是教宗對我們主教們和留羅瑪的中國神父教友的公開演講，在這篇演講裡，首先教宗聲明主教屬於天主教會的標準，在於和聖伯鐸繼位者的連繫，這是第二屆梵蒂岡大公會議的教會憲章所肯定的傳統教義。因此，我們就可以知道在教宗心目中，代表中國教會的教會不是否決與教宗連繫的愛國教會，而是忠於教宗，遭受迫害的教會，中國教會的存在是靠他們敢而肯犧牲的精神。教宗說這些遭難者所種下的信德種子，現在埋在地下，將來在適當的時期，一定要結果。第二，教宗稱讚中華民族爲一種有光榮文化的偉大民，現在雖有分裂，將來在中華文化定會重新結合，將來對於人類的和平，必能有偉大的貢獻。中國教會的人須要力使基督福音和中華文化相融會，因此我們知道代表中華民族的，不是由蘇俄所傳來的共產主義，而是中華祖傳的文化。這種文化現在事實上是在台灣，我們住在台灣的人，是中國文化的代表。第三，教宗說台灣教會是一個「橋樑的教會」，基督的福音和中華文化相融會了，由台灣再流入大陸，使大陸遭難教會所埋的種子，能發芽生長。聽了這段話，我們的心中真有無限的安慰，教宗不小看台灣的教會，乃是看台灣教會爲大陸教會的復興基地。

各位教友，我把教宗的這種愛心和關懷帶給你們，使你們和我們主教們共同分享教宗給予我們的安慰。教宗愛我們的教會，看重我們的教會。同時我就請你們體會自己的責任。台灣的教會要使基督福音和中華文化相融會，成爲大陸教會的橋樑，我們每個人都有一分責任，都要常有這種責任感，以便成努力去滿全責任。

我們的責任感，應該是一種憂患時期的責任感，即是人類處在憂患時期，中國處在憂患時期，中國教會處在憂患時期。人類的憂患是唯物思想所造成的，中國的憂患是共產黨所造成的，中國教會的憂患是愛國教會所造成的。總括起來，這一切憂患都是罪惡所造成的。

罪惡是人類禍患的根源，爲解除人類禍患則須使人類由罪惡中解救出來。爲解救人類必靠我們的救主，因此教宗要全球教會一起奉獻人類予聖母，而且在聖母領報日行奉獻典禮。聖母領日是人類救贖開始的日子。

今天我們全國的主教都聚齊在這裡，神父們有六十多代表，修女和有教友有七百多位代表，我們一齊舉行奉獻人類，奉獻中國予聖母的大典。對於目前中國大陸的教會，教宗說，從人方面說我們沒有辦法，但是從天主方面必定有辦法，所以像聖保祿宗徒所說：在沒有希望仍舊有希望，希望來自天主。我們大家每天應該爲中國、爲中國教會行祈禱、行克苦，求聖母轉求救主耶穌首先使我們自己脫離罪惡，再使中國同胞脫離罪惡。我們今天站在聖母像前，恭讀奉獻經文，經文爲教宗所寫，我們便和教宗相連，也和全球整個教會的教胞相連，一同奉獻人類，奉獻中國，奉獻我們自己，求聖母助佑，求天主保佑。

天主的聖言

普世博愛會於馬尼拉舉辦亞洲主教退省週講道

（民國七十四年五月十九日）

各位主教閣下，我特別向各位申明抱歉自己不能親身來參加，祇請人代唸。我本來預備來，後來知道同時中國大陸愛國教會有一個正式代表團到馬尼拉回拜辛樞機，我爲避免報紙和電台造成一種誤覺，故決定不來參加退省週。我請大家原諒，我祝退省週多蒙天主寵佑。

我的講題是「天主的聖言」，也是這次退省週的主題，我分三段來講。

一、聖言是聖父

「在太初已有聖言，聖言與天主同在，聖言就是天主。」（若望福音 第一章第一節）聖言就天主；聖父用聖言表達整體的自己，聖言便是圓滿的天主性，也是聖父的本體肖像。「聖言成了血肉，寄居在我們中間。」（若 第一章第十四節）聖父的本體肖像之聖言降生成人，取名叫耶穌基督。

聖言降生成人，沒有喪失絲毫的天主性，仍舊是天主聖言，也是聖父的獨生子。耶穌自己明明說：「這麼長久的時間我和你們在一起，你們還不認識我呢？斐理伯，誰看見了我，就是看見了父。你怎麼說：把父顯示給我們呢？你不相信我在父內，父在我內嗎？我對你們所說的話，不是憑我自己講的；而是住在我內的父，做祂自己的事業。你們要相信我，父在我內，我也在父內。若不然，你們至少該因那些事業而相信。」（若 第十四章第九至十二節）

上一段話是耶穌在最後晚餐席上所說的，和他稍後的司牧性的祈禱相呼應，他祈禱說：「不但為他們祈禱，而且也為那些因他們的話而相信我的人祈求。願眾人都合而為一。父啊！願他們在我們內合而為一，就如祢在我內，我在祢內，為叫世界相信是祢派遣了我。」

（若　第十七章第二十至二十一節）

在三十多年的生活裡，耶穌起先和一個普通人一樣，最後三年做爲教師先知。祂的一切活動，無論是私人的，或是公開的，都是聖父的工作。他自己曾經說過：「我由我自己不做什麼，我所講論的，都是依照父所教訓我的。派遣我來的與我常在一起，祂沒有留下我獨自一個，因我常做祂所喜悅的事。」（若　第八章第二十九節）又說：「拒絕我，不接受我的話的人，自有審判他的。就是我所說的，要在末日審判他。因爲我沒有憑我自己說話，而是派遣我來的父，祂給我出了命，叫我該說什麼，該講什麼。」（若　第十二章第四十九節）

耶穌給門徒所講的道，不是祂自己的道，而是聖父的道；因爲祂不是講祂自己所想，而是講聖父所想的。祂講道行奇蹟，都是爲執行聖父的旨意。

聖言自己和聖父相同爲一，不僅是在言行方面，而且也在本體上。「你們的祖宗亞巴郎曾歡欣喜樂地企望看到我的日子，他看見了，極其高興。猶太人就對他說：你還沒有五十歲，就見過亞巴郎嗎？耶穌回答說：我實實在在告訴你們，在亞巴郎出生以前，我就在。」（若　第八章第五十六至五十八節）耶穌在本體存有上和聖言相合爲一，聖言則常和聖父同在。

聖言降生成人，奉聖父所派，懷有特別使命。這種使命就是將聖父啓示給世人，將世人引回到聖父，耶穌本身便成爲聖父的活啓示，他能夠說：「誰看見我，就看見父。」

耶穌以自己的生活，以自己的工作，另外是以自己的言論，給我們啓示聖父。聖保祿宗徒說：「天主在古時，曾以多種方式，藉著先知向我們說過話；但在這末期內，他藉他的兒子對我們說了話。天主立了他爲萬有的繼承者，並藉著他造成了宇宙。他是天主光榮的反映，是天主本體的真象，以自己大能的話支撐萬有；當他滌除了罪惡之後，便在高天上坐於『尊威者』的右座。」(希伯來書 第一章第一至三節)

聖子降生成人時，自作聲明：「看，我已來了。關於我經卷上已有記載，我來爲承行祢的旨意。」(希 第十章第七節)

耶穌依照聖父的旨意，宣講了聖父：一位使太陽光照善人和惡人的父親；一位養育田野的花草和空中的飛鳥的父親；一位等待浪子回家的父親；一位在暗中看見我們的祈禱齋戒和一切需要的父親。總歸來說：一位普世的，無量慈祥的充滿善心的父親，他爲我們預備了一個安詳幸福的國度。

聖父願意世人都認識祂，跟隨祂，因此派遣了聖子——聖子也就是聖言——來教導世人。

二、聖言是生命

聖言降生奉有將聖父啓示給世人的使命，且將世人引歸聖父，成爲聖父的義子。「凡接受祂的，祂給那些信他名字的人一種權能，能成爲天主的子女。」（若第一章第十二節）成爲天主的子女，我們從聖言而經過聖神接受天主性的生命。耶穌生即是給帶來這種豐富的生命，「爲的是凡信祂的人，不至喪亡，反而獲得永生。」（若第三章第十六節）「父愛子，並把一切交在祂手中，那信從子的，便有永生。」（若第三章第三十五節）信從主，即是以純淨的心接受主的話。接受主的話乃是實踐祂的話，以祂的話而生活。聖保祿宗徒曾經說：「我生活，已經不是我生活，而是基督在我內在生活。」（迦拉達書第二章第二十節）基督在祂內生活，因聖神而啓示祂傳道的真理與工作，支持祂接受打擊和磨難，使祂的生活相同於十字架的模型，「我同基督釘在十字架上。」（迦第二章第二十節）

聖言降生成人，攝提了人性到天主義子的超性生命。賦有聖寵的人，因著聖神的助力，分享基督的生命。已經超性化即基督化的生命，是接插在降生的聖言之存有上，因此聖言成爲存有的根源和超性生活的動力。

但是生活在天主聖寵內的人，仍舊留存爲理性的人，仍舊按照理智和意志而動。降生聖言所講的話，對於他便成爲理智的光和意志的熱。

聖伯鐸曾向基督說：「主，我們投奔誰呢？祢具有常生的言。」（若 第六章第六十八節）基督的言涵有永遠的生命，「若是你們留在我的話，你們便真是我的門徒，能夠認識真理，真理也就使你們自由。」（若 第八章第三十一節）「我是復活，又是生命。凡信從我的人，即使死了，仍舊活著；凡是活著而信從我的人，將永不死亡。」（若 第一章第二十五至二十六節）

信從天主的聖言，乃是生活於天主的聖言，而聖言成爲祂的生命。理智隨從聖言的光明，心靈因著聖言的愛而跳動，耶穌曾經高聲聲明說：「信我的，不是信我，而是信那派遣我來的。看見我的，也就是看見那派遣我來的。我身爲光明，來到世界上，使凡信我的，不留在黑暗裡。」（若 第十二章第四十四至四十五節）誰生活在基督的「言」裡，生活在祢的「言」的光明，也生活在祂所帶來世界的光裡。

福音的「言」，因著聖神而爲活的「言」。凡以純淨的心接納「言」的，接納聖神，神不停地創造並聖化超性的生命：「使人生活的是神，內一無所用。我給你們所講論的話，就是神，就是生命。」（若 第六章第六十三節）

生命化的「言」便成為生命的食糧，基督曾經說：「人不僅靠麵包而生活，而是靠從天主口中所出的一切『言』。」（瑪 第四章第四節）耶穌自己也親身體驗：「我的飲食，在於滿全派遣我來者的旨意。」（若 第四章第三十一節至三十四節）聖父的旨意，則是在「言」中表現出來。

誰若生活於福音的「言」，就該在精神上將全部福音吞下去，使成為自己生命的糧食。福音的「言」，不是寓言，不是象徵，而是真理，應該全部整體地接受。真福八端和對法利塞人的詛咒，不能以象徵性去解釋，卻應實實在地接受在精神方面應有的意義。

三、聖言是合一

福音的「言」所給予的生命，在對聖父之愛和對人之愛所成的合一中生活著。耶穌在最後晚餐裡祈禱說：「我將祢賜給我的光榮，賜給了他們，為叫他們合而為一，就如我們原是一體一樣。我在他們內，祢在我內，使他們完全合而為一，為叫世界知道是您派遣了我，並且您愛了他們，如愛了我一樣。」（若 第十七章第二十二至二十三節）

耶穌將聖父啓示給了我們，將我們領到聖父那裡去，又在聖父的愛裡使我們彼此成為兄弟。「這就是永生，即是認識祢是唯一的真天主，又認識祢所派遣的耶穌基督。」（若第十七章第三節）認識天主是聖父，認識聖子是救主，心中就充滿聖子的愛，和他相結合，以進入聖父的義子境界，對聖父乃有孝愛的真情。「因爲第一條誡命是：以色列，你要聽著，上主我們的主天主是唯一的天主，你應當全心、全靈、全意、全力愛上主，你的天主。第二條是：你應該愛近人如同你自己。再沒有別的誡命比這兩條更大的了。」（谷第十二章第二十九至三十節）聖保祿也說：「誰若愛近人，就滿全了誡命。」（羅第十三章第八節）「法律的成全點就是愛德。」（羅第十三章第十節）耶穌基督自己就是在愛德中生活於聖父的「言」：「當你們高舉了人子以後，你們便知道我就是那一位。我由我自不做什麼，我所講論的都是依照父所教訓我的。派遣我來的與我就是那一位。我由我自己不做什麼，我所講論的都是依照父所教訓我的。派遣我來的與我在一起，祂沒有留下我獨自一個，因爲我常做一所喜悅的事。」（若第八章第二十八節）「正如父認識我，我也認識父一樣，我並且爲羊捨掉我的生命。我還有別的羊，還不屬於這一棧，我也該把他們引來，他們要聽我的聲音。這樣。將只有一個羊群，一個牧人。」（若第十三章第十五至十六節）

一牧一棧，代表基督教會的合一性和公共性，又是「言」的活見證。

懸在十字架上，耶穌臨危時，唸了聖詠的話：「我的主，我的主，你爲何捨棄了我？」

被捨棄成爲孤單的一，耶穌將進入死亡，完成自我的犧牲。他曾經說過：「沒有人能奪去我的生命，是我自己願意將它放下。我有權放下它，又有權再放回它。」（若 第十章第十七至十八節）完成了這種自我的犧牲，長呼一聲說：「一切完成了」，進入了死亡，再由死亡裡復活，帶來新的合一生命。耶穌爲著對聖父和對人類的愛，接受被捨棄而成孤單的最慘痛苦，乃能享得復活的合一新生命。如同祂在最後晚餐所說：「父啊，祢所賜給我的人，我願我在那裡，他們也同我在一起，使他們享見祢所賜給我的光榮，因爲祢在創世之前就愛了我。」（若 第十七章第二十四至二十五節）

耶穌基督的光榮，在天上顯揚在和聖三及全體真福者的合一中，在地上則顯揚在全體信徒和基督的代權的合一中。

普世博愛運動的精神，就是在十字架上被捨棄的基督所取得的這種「合一」。雅納魯比（創立者）在它的《全體一個》一冊書最後一頁說：「教宗保祿六世說：你你要記得基督隆重的訓言，大家會承認你們是我的真實門徒，若是你們彼此真愛，若是你們懷著愛的熱情，若是你們心裡跳躍著由修養而較比自然而有的更真摯同情，由生活養成而較比生來所有的更誠實的愛心，以廣大的胸襟，使基督能寄住在我們中，大家可以體驗到與基督合而爲一，彼此又合而爲一。教宗既是樣說，我們的運動，便要盡其所能，使在各處，基督都寄住在中間。」（Citt aNudra, 1979）

爲龔品梅主教祈福彌撒證道詞

民國七十四年十月六日下午三時，在台北聖家堂舉行彌撒爲上海暨蘇州主教龔品梅公祈福，彼已假釋出獄，今年十月七日爲梅公晉牧卅四週年。

十月六日（民七十四年）午後，四點一刻，往聖家堂，主持爲上海龔品梅主教祈福之彌撒，共祭者有賈，狄，唐，成，劉，蔡，費七位主教，神父三十餘，參禮教友滿堂。余講道，氣氛嚴肅。講詞先已謹慎寫好。講時，亦謹慎閱讀，以免失言。余謂龔主教獲假釋，乃不幸中之幸；然別有用心所製造彼之言論，謂彼表示悔過而承認愛國教會，余等絕不相信。

耶穌曾問十二門徒中的戴伯德兩子若望和雅各伯：「你們能飲我飲的爵嗎？或者，你們能受我受的洗嗎？他們兩者答說：我們能。」（谷 第十章第二十八節）基督耶穌後來向每一位受祝聖主教的人也問這兩句話。耶穌飲的爵和受的洗，即是受迫害、被牢禁、被釘死；爵是血爵，洗是血洗。每一位受祝聖爲主教的人，都要答應基督的詢問說：「我能。」基督所創立的教會在本質上有四種特徵：至一、至公、至聖，由宗徒傳下來的教會。在這四種特徵外，還有一種特徵，就是受迫害，基督自己向宗徒們說過：「沒有僕人大過主人的；如果人們迫害了我，也要迫害你們。」（若 第十五章第二十節）「誰若願意跟隨我，該棄絕自己天天背著自己的十字架跟隨我。」（路 第九章第二十三節）假使基督的教會，在一個時期，在全球各地，不受一點迫害，這個教會有危險要變成不是基督的教會。因此在中國四百年的傳教歷史上，常常有遭迫害的事實。所以近三十幾年的中國教難史，並不令人奇怪，反而使人相信這是天主教會該經過的路途，因爲它是被釘在十字架上的基督所創立的教會。

有了教難，天主聖神就會降臨，因爲基督自己說過：「當人把你們交出時，你們不要思慮：怎麼說，或說什麼，因爲在那時刻，自會賜給你們該說什麼；因爲說話的不是你們，而是你們父的聖神在你們內說話。」（瑪 第十章第十九節）

有了聖神的指導和支持，便有殉道的烈士。我們中國教會已經有一百一十九位榮登真福品的殉道烈士，他們中間有五位真福主教。我們相信在目前的風波平定以後，一定將有許多位殉道烈士榮登真福品和聖品，世世受中國人的敬禮。

在目前中國教會受迫害的烈士中，有上海蘇州的龔品梅主教。龔品梅主教從民國四十四年，即一九五五年，九月七日夜間被捕，以反革命罪判定終身監禁，今年七月三日，被假釋出獄，整整坐了三十年的牢獄。

明年，是他晉陞主教的三十四週年，當他晉陞主教時，他是蘇州主教，次年一九五〇年七月十五日調任上海主教兼蘇州主教。今天的祈福彌撒祭典，就是留台的上海和蘇州的神父和教友所發起。

中國大陸天主教會，爲基督的教會，忠於自己的信仰，和教宗和普世教會結爲一牧一棧。反對教會的無神主義，企圖分離大陸的天主教會，脫離教會領袖的羅瑪教宗，自成一個獨立教會，這種教會和英國皇帝亨利第八，又和法國大革命時所造成的教會，趨勢相同，英國當時和法國當時都出了一輩忠勇的教士，爲信仰而殉道，於今已被敕封爲聖人。我國大陸的教會爲保全教會一牧一棧的信仰，也有了許多忠貞爲信仰而犧牲自己的烈士，龔品梅主教就是他們的代表，也是中國天主教忠於信仰的象徵，三十年在牢獄裡不屈不撓，以他的精神支持全國的忠貞教友。現在他老了、病了，被假釋出來，能有家人的服侍，是不幸中之幸。別有用心的人卻給他製造一些談話，要把他忠貞殉道的形象打碎，用紙給他貼上一個荒謬的形象，可是龔主教在今年六月二十五日，即是假釋的前八天，有一篇談話，說明聽見有消息要放他出來，可能要他家裡親人去申請，龔主教指示千萬不要申請放他出獄。他說：「請求你們就說三個「不」字，否則你們是害我。你們知道我有嚴重冠心病，受不住任何震動、激動、刺激、煩惱。我隨時隨地要倒就倒。我在這裡很安寧（太平）清靜，沒有政治壓力，沒有緊張空氣，沒有傷腦筋的事。我能一門心思祈禱念經，還想做點補贖。這對我自己靈魂肉身一定有好處，對你們和其他教友，甚至爲聖教會，肯定也有一定的好處。這個道理，只有信德的人才能懂得，其他的人不會信的。」

〈古經瑪加伯書〉有一位九十高壽的厄肋阿匝爾，拒絕勸他作僞以救命的人說：「像我這樣年齡的人，決不宜作僞，免得許多青年想年九十的厄肋阿匝爾也接受了外教禮俗，違反誡命，因我的作僞和貪戀殘生，使他們走入歧途。這樣，不免在我的高齡白髮上塗上了一層污點和恥辱。」（加下 第六章第二十四節）這一段話一定也是龔主教要說的話。有人給他製造的虛假聲明，不能動搖大家對他的信心。

他在上面所說的話裡開端就說：「我已活八十九年了（實際只八十四歲，老人家記錯了），其中三十年在牢獄裡度過，這爲了那一位？爲了何人？爲了什麼事情？天主曉得，我也知道；其他人也許知道這一點，我並不怨天尤人，我認爲還算好，我靈魂肉身也有好處。我要終於一，忠於天主，奉行天主的聖意，除此之外，我什麼也不想，什麼也不需要。」這些話非常簡單明瞭，別有用心的人想用一些假妥協的話往他身上貼，都黏不上。

我們今天在他晉牧三十四週年的前夕，爲他向天主祈福，賞賜他身心健康，得人服侍，安渡餘年。我們又用彌撒祭典的一段經文爲中國教會祈禱：

「主耶穌基督，祢曾對宗徒們說：我將平安留給你們，我將我的平安賞給你們，求祢不要看我們的罪過，但看祢教會的信德，並按照祢的聖意，使教會安定團結。你是天主，永生

永王。」（阿門）

羅光總主教晉鐸金慶晉牧銀慶
鄭天祥總主教晉牧銀慶

謝恩彌撒證道詞

「民國七十六年五月廿一日。

晉鐸五十年晉主教二十五年雙慶。

上午，九點二十分到歷史博物館，在貴賓室接見中央報記者訪問。十點，到國家畫廊，舉行畫竹展開幕禮，館長致詞，教育部阮大年次長致詞，余致謝詞。嚴前總統到，余陪其參觀。黃少谷院長，袁守謙先生，曹聖芬先生，鄭為元將軍，林金生副院長，黎玉璽將軍，沈昌煥秘書長，郭為藩先生，多位老友俱到。教會人士多人，賈，鄭，蔡，單，林，白諸位主教俱到場參觀。

十二點，主教團中餐賀宴。

二點半，到輔大向爵士聯誼會講話。

三點，在中美堂舉行感恩彌撒，主教十位，神父約兩百，教友與學生四千，情況熱烈，余自己證道。

晚餐，約三百人。

晚會，在中美堂舉行，從六點到八點半。晚會畢，中美堂外，積水，不能行，由便橋通過。」

證道詞

「不是你們揀選了我，而是我揀選了你們。」（若望福音 第十五章第十六節）主耶穌對每一神父，對每一位主教，都要這樣說。升神父、升主教，都是天主聖召，神父的聖召，爲天主的恩惠；主教的聖召，爲天主的使命。升神父，是基督把自己交給神父，使神父能夠獻彌撒將基督奉獻於聖父；升主教，是基督把信祂的人交給主教，託主教照管，主教乃是牧人。聖伯鐸曾訓誡說：「你們務要牧放天主託付給你們的羊群，盡監督之職……做群羊的模範。」（伯鐸一書第五章第二——三節）基督自己也說過祂自己是善牧，善牧的責任，上主曾在古經上說明：「我要親自牧放我的羊，親自使他們臥下；失落的，我要尋找；迷路的，我要領回來；受傷的，我要包紮；生病的，我要治療；肥胖和強壯的，我要看守；我要按正義放牧他們。」（厄則克先知書 第三四章第十五——十六節）基督又說：「我還有別的羊，還不屬於這一棧，我也要把他們引來，他們要聽見我的聲音。」（若望福音 第十章第十六節）基督因此給宗徒們一種使命：「你們往普天下去，向一切受造物宣傳福音，信而受洗的必得救，但不信的必被判罪。」（路加福音 第十六章第十六節）。

鄭總主教和我，在領主教職位二十五週年的今天，我們面對天主，反省自己對從基督所得使命，是否盡力去滿全。廿五年來，台灣多少教友迷失了路而且散失了！多少聖職人員離職還俗了！歸化運動停頓了十多年，很少人來聽道？對於這些事，我們在天主前應負我們該有的責任，應該看清自己的缺失，努力改過，邁步向前。

「教區乃天主子民的一部份，託付給主教在司鐸的協助之下所管轄，於是遵從主教為其牧者，並由主教藉福音及聖體在聖神內集合起來，而組成地方教會；至一至聖至公及傳自宗徒的基督教會即臨在此處，並在此活

動。」（梵二大公會議 論主教牧靈職務法令 第二章第十一節）

基督的教會按基督的聖意，佈散在全球各地；各地區的天主子民，由主教領導結成一地方教會，參加主耶穌的救贖工程，實現基督妙體的生命。主教對於自己的地方教會，負有訓誨、聖化、治理的責任。

鄭總主教和我，以及和我們兩人同一天領受牧者職位的剛才去世的杜主教，都是三個新教區的第一任主教，都負有建設地方教會的責任。今天，我們就要反省對於這種責任，我們怎樣盡了心力呢？鄭總主教在高雄二十五年，我在台南祇有五年，在台北十二年，究竟我們作了什麼？今天我們在反省。

梵二大公會議又說：

「主教之品級，在訓導及牧職方面，繼續宗徒團，宗徒團亦因此而繼續存在。只要與其首領羅瑪教宗連同一起，而總不與此首領分離，也是對整個教會最高及完整權力之主體，這權力只有在羅瑪教宗讚同之下才能執行。」（教會憲章 第三章第二二節）

主教建設地方教會，成爲整個教會—基督妙體的肢體，和基督的代權—羅瑪教宗相連，實現「信經」所說：「至一至聖至公從宗徒傳下來的教會」。鄭總主教和我，以及去世的杜主教，我們都在羅瑪讀過神學，親身經驗過羅瑪的信仰生活，每天都見過從各地到羅瑪朝聖或觀光的人群，表現這種信仰。我們堅信地方教會和羅瑪教宗相連繫，乃是天主教會的本質，缺了這種連繫就脫離了天主教會。我們所以盡心竭力，以祈禱和工作，協助大陸的主教，不讓共黨的壓力，毀滅這種基本的信仰。這種責任是我們對於中國教會的責任，又是教宗若望保祿二世交給我們的責任。

聖伯鐸勸戒牧人說：「不是做託給你們照管者的主宰，而是做群羊的模範。」（伯前第五章第三節）梵二大公會議論主教聖化別人的使命說：「應切記自己當立愛德、謙遜，及樸素聖德的善表。當使委託給自己的教會日進於德。」（論主教職務法令　第二章第十五節）聖保祿訓誡自己的弟子聖弟茂德說：「至於你，天主的人哪！要追求正義、虔誠、信德、愛德、堅忍和良善，要盡力打這場有關信仰的好仗，爭取永生，你正是為此而蒙召。」（弟前第六章第十一節）

梵二大公會議教會普遍成聖的使命，強調主教們成聖的責任：「首先，基督羊群的牧人們，應該效法永恆的最高司祭，善牧及眾生靈的掌管者—基督，聖善地，慷慨地，謙遜地、堅毅地實踐自己的職務；如此盡職，為他們本人就一種卓越的成聖法。（主教們）擢升到司祭的圓滿品位，享有聖事的聖寵，志在以祈禱，以祭獻，以宣道，從主教操心服務的各種方式下，履行仁愛牧人完善職務，不惜為羊捨命，身為群羊的表率。」（論教會憲章　第五章

第四十節）中國儒家常主張治理人的人，先要修自己的心。歷代做教師的，要以身教教學生。學生所學的，在學做君子，做聖人。鄭總主教和我今天應作反省的第三點，就是反省對於自己成聖的責任。我不敢代表鄭總主教講話，我自己則用孔子所說的話：「若聖與仁，則吾豈敢！亦爲之不厭，誨人不倦，則可謂云爾已矣。」（述而）

今天的銀慶，不是慶祝的日子，乃是反省的日子。我們反省後，第一，應感謝上主天主的各種恩惠；因爲一切好處都是來自上主天主。從光明之父來的。（雅各書第一章第十七節）各位兄弟姐妹同道，和年輕的同學們，請都同我感謝天父的恩惠。第二，應求天父寬恕一切的過失，大的小的都很多，對於天主，對於教會，對於自己，都有虧缺。但是反省而知過，第三點就在革新生活，努力向前，看了過去，以後眼光就向前。請大家祈求天主，賞我倆善用將來的年月，步步走向天主，爲天主的光榮多做工作。願光榮歸於天主，至於無窮之世。

感恩祈福彌撒講道

「十二月十四日（民國七十五年——一九八六年）

昨天主教團會議，上午，在陽明山佳蘭會院開會，議題不多，一天完畢，廣州鄧以明總主教列席。

今天，午後二時，在輔大中美堂主持紀念中國第一任國籍主教祝聖六十週年暨中國教會聖統制建立四十週年感恩彌撒大典。

天氣甚佳，主教十四位，有廣州鄧以明總主教、香港胡振中主教，神父約二百位，教友約五千人，中美堂爆滿。堂中佈置美麗，彌撒禮儀按余每天行祭之儀式，全堂肅靜，只有經聲歌韻，擴音系統亦好。

彌撒後，以晚餐招待鄧總主教與胡主教，賈狄兩位總主教作陪。」

感恩祈福彌撒講道

「就如祂派遣我到世界上來，照樣我也派他們到世界上去。我為他們祝聖我自己，為叫他們也因眞理而被祝聖。」(若望福音第十七章第一八節)

在最後晚餐裡基督向天父祈禱，求天父聖化並支持祢面前的宗徒。祂快要離開世界回到天父裡，祂要將自己從天父所接受的工作，留給宗徒們，爲叫他們繼續下去。祂被天父派遣到世界上來，爲把人類領回天父的懷抱。基督一生以自己的生活，以自己的言論，將天父顯示給人類，祂所做的是天父吩咐祂的工作，祂所講的是天父吩咐祂的話，所以祂在最後晚餐裡向斐理伯說：「誰看見了我，就是看見了父。」(若望福音 第十四章第九節)

爲使這種顯示天父給人類的工作繼續下去，祂創立了教會，以自己做教會的基石，以宗徒做教會的支柱，祂派遣聖神給予教會生命和活力，在最後晚餐裡祂留給宗徒們祂自己的遺囑，指示宗徒們要和祂連結在一起，又彼此互相連結，以祂的精神，完成救世的大業。而且祂還聲明爲宗徒們祂自己祝聖自己，即是自己作爲聖潔的犧牲，自己獻於天父，使宗徒們也因著真理而得到祝聖。

基督的教會在人類的歷史中，成爲救恩的聖事，在社會的生活中，作爲真理的標誌。救恩的聖事，使人類同天父和好，成爲天父的子女；真理的標誌，在社會的黑暗裡，作爲精神的光明。

宗徒們的初期教會，已經開始了這種工作，後代繼承宗徒們的主教，不斷在真理中祝聖自己，以滿全基督所賦予的職責。

當歐洲在羅瑪帝國崩潰了以後，蠻族入侵，是基督的教會孕育了歐洲的新文化，培養了新的民族。但是當教會權力和財力到了雄厚的階段，主教們不在真理內祝聖自己，教會便逐漸失去真理的光明，喪失聖事的效力，內部出了分裂，社會產生了唯物的勢力。

基督要求宗徒們和宗徒們的繼承人在真理內祝聖自己，是要實踐福音的訓示，在世界而不屬於世界，用世物而不貪戀世物；在真理內祝聖自己，是要對於思想，對於倫理，對於社會正義，主張真理，且實行真理；在真理內祝聖自己，是要有維護真理的勇氣，敢爲真理而犧牲自己，如同基督向羅瑪總督比拉多所說：「你說的是，我是君主，我爲此而生，我也爲此而來到世界上，爲給真理作證；凡屬於真理的，必聽從我的聲音。」（若望福音　第十八第三十七節）基督爲真理作證，死在十字架上，祝聖了自己。

一九二六年十月二十八日，中國六位第一任主教，（中國第一位主教是羅文藻主教）在羅瑪聖伯鐸殿內受祝聖，主體的庇護碧岳第十一世向他們說：「你們去宣講、教誨、授洗、祝福；我選擇你們，要你們去產生果實，你們的果實常久存在。」（宗座公報一九二六年，四三二頁）這也就是基督對宗徒們所說的話，這也就是表示中國主教們繼承宗徒們的責任。二十年後，在一九四六年，教宗庇護第十二世設立了中國教會聖統制，正式建立中國教會，中國教會在中國便應該是救恩的聖事和真理的標誌。

四十年來的中國大陸教會，在狂風暴雨的摧殘下，勉力擔負這兩項職責。在牢獄中，在勞改營裡，在軟禁的小屋內，維護信仰的真理，使許多不信教的同胞在唯物無神政權的嚴厲管理之下，竟然接納了基督的信仰，以教會爲救恩的聖事。反對教會的人，原先本來想消滅基督的信仰，反而使信仰的人加多，他們被迫改換政策，開放教堂。但是他們又想出另一種方法，摧毀基督的教會，使教會和自己的頭相分離，教會自形癱瘓。然而中國教會又正爲真理作證，雖然祇在地下和內心活動，卻較比愛國所組織的公開教會更有活力，更被認爲救恩的聖事和真理的標誌。

四十年來的自由中國和香港的地方教會，迅速地發揚，教友增多，新教區先後成立，受全球教會的注意。但是近年經濟發達，物質生活提高，同胞們的享受慾都傾向物質和金錢。基督的教會更須負起救恩聖事和真理標誌的責任。主教們有責任主張社會正義，爲窮苦人爭權利。主教們有責任維護倫理道德，爲青年人培養精神生活。主教們有責任，宣揚基督的信仰，使中國的新文化和新思想帶有基督福音的真理。

今天自由地區的中國教會和大陸共產地區的中國教會，都負有重大的責任，以真理去引導人民走向天父，因此，中國的主教們必須在真理中祝聖自己，然後才可以使教會不負基督所給的使命。

諸位神父、修女、教友，在這次感恩和祈福的彌撒裡，我們大家連成一顆心，一個身體，連同基督的身體，作成祭禮的犧牲，奉獻給天父，爲中國主教和教會祈求助佑，使我們心中充滿聖神的活力。使我們堅信基督所許的：「在世界上你們要受苦難，然而你們放心，我已戰勝了世界。」（若望福音　第十六章第三十三節）而且愉快地工作，深信基督所說：「我同你們天天在一起，直到今世的終結。」（瑪竇福音　第二十八章第二十節）

青年創造時代　時代考驗青年

輔仁大學追思蔣故總統經國先生彌撒證道詞

民國四十一年十月三十一日，先總統　蔣公誕辰，中國青年反共救國團成立，蔣經國先生任主任，提出「青年創造時代，時代考驗青年」兩句話，作爲青年救國團的目標。這個目標也就是　蔣故總統經國先生一生的目標。

蔣故總統經國先生青年時，出國到蘇聯入孫逸仙大學，後來到西伯利亞烏拉爾山的集體農場和電氣工廠做工，在那種艱難困苦的時代，他考驗自己，養成了自己的耐心和毅力，他在後來的「自反自勉錄」說：「恆久的耐心，才能得到忍耐的代價」。他十六歲到俄國，二十八歲回到祖國，在俄國十二年，他學到了「任何事物都可以喪失，不可喪失的是自己的人格和靈魂；凡是臨難不苟和守善不屈的人，雖敗亦勝，他將永遠是光榮的勝利者。」（自反自勉錄）

回國以後，他就以「青年創造時代」，到江西任行政督察專員，治理從共黨收復的贛縣。後來到南京任青年軍政治部主任和中央幹部學校教育長。他對青年的教育常常抱著很大的希望，民國五十五年任國防部長時，七月十一日在成功嶺對集訓的大專學生演講說：「青年朋友們：今天讓我們共同下定決心，做硬漢，挑重擔！人人都要站在時代的前端，堅守戰鬥的崗位。」同年九月十二日又在成功嶺對集訓的大專學生說：「我願意藉著這個機會告訴大家，每一位青年只要有志向，有勇氣，肯努力，肯奮鬥，就一定能夠實現自己的理想，在學業上，一定會有更多的成就，在事業上，一定會有光明的前途。……青年朋友們，國家對你們的期望太大，你們對國家所負的責任實在太重，我深信你們絕不會向歷史交白卷，大家一定能夠用你們的一顆心，一雙手，和你們的智慧，血汗，在民族奮鬥史上，寫下不朽的一頁，為國家開創出光明燦爛的前途。」

蔣故總統經國先生，自己作了青年人創造時代的模範，他一生常有青年人的精神，任救國團主任時，和青年人常在一起，建造青年人勇敢患難的精神；任榮民輔導會主員的時候，和榮民常在一起，尤其和建造橫貫公路的榮民，站在工作的危險地段，鼓勵他們的勇氣。任行政院長時，經常在窮鄉僻壤，了解民間的生活狀況，改良農民漁民的生活。在國家的建設上，開創了十大建設，開始了中華民國的一個新時代。民國六十七年當選總統，在十年的任內，使中華民國由貧窮而躍升為經濟強國，除戒嚴法，開放黨禁報禁，全國表現蓬勃的生氣。

蔣故總統經國先生的一位留俄同學老友昨天在報紙上說：「經國先生有決心，肯苦幹，不要錢。他領薪水過日子，有很多機會弄錢，可是他不要。」（民生報第九版　嚴靈峰憶故友）

各位老師，各位同學，我們追悼　蔣故總統經國先生，我們要效法他的精神。他曾經自反自勉說：「爲了高尚的目標，甘願歷苦捨生，忍受一切憂傷創痛，來建設永恆的快樂。」又說：「我要牢記著，真正有價值的東西，不是財產金銀，不是房屋田地，不是身體的舒適和逸樂，而是真理，榮譽，謙虛，勇敢和對國家的純潔的愛。」我們大家都要追隨他的這種高尚的精神，這也是基督所說：「每天背負十字架的精神。」

以忠孝立國　聖家堂追思大典證道詞

——追思　蔣故總統經國先生

孔子在《論語》裡說：「政者，正也。子帥以正，孰敢不正？」（論語 顏淵）又說：「苟正其身矣，於從政乎何有？不能正其身，如正人何？」（論語 子路）。這種中國傳統的政治哲學。所以《大學》說明為治國平天下，先要修身，古經〈智慧篇〉第六章，勸掌權者尋求智慧，聖經說：「所以，列王—你們要聽，且要明白……你們是天主國內的公僕，如果你們不守法律，不按天主的旨意行事，天主必要可怕地而迅速地臨於你們，對身居高位者，執行嚴厲的審判。」先總統　蔣公，是一位忠誠的儒家，又是一位虔誠的基督信徒。他自己律身非常嚴格，謹守基督福音的教訓，精神生活非常高，作為全國人民的表率。蔣公對於經國先生的教育，特別嚴肅。從蔣故總統經國先生所著的《風雨中的寧靜》一書的第一篇〈一位平凡的偉人〉，我們知道　蔣公中正對於經國先生的教育，經國先生自己說：「父親對我教養的方式，在我自己所能體會到的，是著重在實踐生活中，予我以種種磨鍊；要把我放入最困難和最惡劣的環境中，使我領略人生艱苦的滋味，體悟生命的意義和目的。有了父親不斷的薰陶，我的思想受了極大的影響；尤其是在歸國以後，更認識了中國的道統、文化、哲學思想之偉大。於是完全接受了父親所信仰的革命人生觀和宇宙觀。爲了國家的獨立自由，爲了民族的生存發展，我們只有準備犧牲一切；個人得失，毀譽，利害，生死，均可置諸度外。」

蔣經國總統先生接受 蔣公的教訓，一生力行，一生自強，一心孝於父親。他的存心不僅在實行 蔣公的教訓，又是在 蔣公逝世後，蔣故總統經國先生對 蔣公的哀痛懷念，我們全國人都親眼見到，親耳聽到，從《風木孝思》一書中，我們尤其可以體會到這種孝親的心情。《風木孝思》的第一頁充滿這種孝情：「孟子說：『大孝終身慕父母』，父親逝世以來，我每自省察，於國於黨貢獻既咎其少，而於父親做人做事的訓勉，實踐篤行者更咎其不足。但是年事日長，報國之心，與年俱增，而三年守制，不盡我哀，思親之情，更是與時倍切。猶幸得時承母親訓誨，稍減愆尤。……有生之年，朝乾夕惕，盡力於斯，則『大孝終身慕父母』之義，勉能得之。」

孝於父親 蔣公中正，三年守制，且自強不息，終身慕父母。蔣故總統經國先生以孝立身，以孝從政，就止在孝字上，已經足以做全國人的模範，目前孝道衰微，有誰能夠「三年守制」，思慕父母呢？

蔣故總統經國先生，對於國家，誠心忠於自己的職守，確實是「勤政愛民」。從江西督察專員開始，一直後來在青年救國團，榮民輔導會，行政院副院長，國防部長，院長，最後任中華民國總統，第一是勤於自己的責任，第二是愛自己的屬下和全國國民。

蔣故總統經國先生勤於自己的責任，從來沒有怕危險，先總統　蔣公常派他到危險的地方，擔任重要的使命，例如派他回上海搬運中央銀行的存款，又如金門砲戰時，派他到前線工作。經國總統任榮民輔導會主任委員時，常到建造橫貫公路最危險的工作站，和榮民工人在一齊。他在總統任內，最後幾年，病痛纏身，他常力疾從公，不能步行，便坐輪椅，在逝世的前一天，還繼續辦公，這種自強不息的精神，也是全國人民的模範。

蔣故總統經國先生愛民，在救國團時愛護青年學生，在榮民輔導會時，愛老年的榮民，在行政院長任內，愛鄉里和海濱農民漁民，他因爲愛民，便指示國民黨要和民眾站在一起，又指示政府要謀求人民的福利，十大建設完成後，努力求經濟的發展；經濟發展了，便求人民的民主自由，取消戒嚴法，開放黨禁和報禁；台灣乃成爲社會安定，國民富裕的亞洲三小龍之一。蔣故總統經國先生不僅注意國家大計，就是人民向他求救，也必答應。幾年以前，私立學校教職員申請公保，總設法得到政府的反應，因爲於法不合。後來私立教育協會推我作代表，同幾位中學校長往見中央黨部秘書長張寶樹先生，請將我們的申請代呈總統，後來我又有機會向總統面陳。不久，蔣故總統經國先生問政府有關首長：這事該不該做？首長答說似乎該做，但於法不合。經國總統便說那就修改法律。這事，我們申請才辦好了。

愛民即是忠於國家，使國家平安富強。蔣故總統經國先生遵守先總統蔣公的教訓，以身許國，忠於國家民族，在目前，中共摧毀中華民族文化，台灣也竟出現不承認中華民族文化的人，蔣故總統經國先生的忠於國家民族，又是全國人的模範，忠孝爲中華民族傳統的道德，也是我們天主教十誡的一誡，我們今天追思蔣故總統經國先生，懷念他的功績，我們就要堅守他的精神，繼續他的遺志，實踐忠和孝的兩種善德。

于斌樞機逝世十週年追思彌撒證道詞

「你們昔日往曠野裡去看誰？看一支隨風飄動的蘆葦嗎？去看一個穿著綢緞的老人嗎？不是的。」（瑪竇福音　第十一章第七節）

這段福音是基督講論洗者聖若翰的話，若翰不是隨風飄動的人，沒有骨格，沒有原則，若翰是保守天主的聖道，屹立不搖，當面責斥黑洛德王，因而被殺。聖若翰也是克己苦身，粗衣粗食，他是一位大先知。

今天我們所追思的于斌樞機，他是一位隨風飄動的人嗎？是穿綢緞袦的富人嗎？不是的，于斌樞機是堅守原則，不爲旁人所動搖的先知先覺，又是一位衣著樸責的主教。他的功德是在於建立了中國天主教會。

從民國初年以來，中國社會，流行一種口頭禪：「天主教是洋教，天主教是帝國主義的走狗！」

在清朝的時候，歐美的列洋，以他們本國在中國的傳教士，受他們政府的保護，葡萄牙、西班牙、法王路易第十四，且聲明在中國有保教權，當時一位外國教士在中國被害，他的本國政府，就造成教案，要求中國賠償，租地租港，當時的傳教士也自認他們代表中國教會，在教區裡一切重要職務，都由他們擔任，看中國聖職員爲第二等的聖職員，而且又不許祭祖祭孔，和中國文化脫離。社會上對天主教會造成了一種錯誤的形象，以爲天主教會是西洋各國政府的工具。羅瑪教廷從教宗庇護第十一世以來，極力想扭轉這種形象，但是效果不大。現在大陸的愛國教會，就在算這一批舊帳，口口聲聲說中國教會要自立，不受外國人的干涉，但是他們受中共政權的壓迫，連羅瑪教宗也看作外面勢力，排除教宗，最近也不想認香港的樞機主教可以做中國教會的首腦，祇認爲是朋友，可以來往，因爲香港是英國殖民地。

于斌樞機一生就盡力在改變中國政府和社會對天主教的印象，于樞機盡力使中國天主教成中國的天主教。天主教爲中國的天主教，第一，中國天主教愛自己的國家，爲自己的國家民族服務；第二，中國天主教愛中國文化，盡力求適合。

于樞機一到南京就職爲南京主教，日本人已經開始侵略中國，抗戰開始後，他就受蔣委員長的託付，到歐洲和南北美洲，四處奔走，作國民外交，呼籲各國教會和社會人士，責斥日本的侵略，支持中國的抗爭，他又寄居重慶，協助政府，鼓勵國民抗戰的心情。當許多人，罵他從事政治活動，叫他爲「政治和尙」，于樞機不爲所動。抗戰勝利後，共產黨叛國，他極力主張反共，決不妥協，後來定居台北，沒有一天停止反共。最後一次他看見教宗保祿六世時，請求教宗頒發通諭，全面反對共產極權。在羅瑪去世時，他正在和參加教宗選舉會的樞機連繫，大家一致反共，可以說他是爲反共而發心臟病，犧牲了性命。

于斌樞機酷愛中華文化，爲復興輔仁大學，首先設立了哲學研究所，他自己講中國儒家的「三知論」，又在社會裡提倡春節祭祖，現今已演變成爲中國社會風尙。

在台灣現在誰也不說天主教是洋教，更不說天主教是帝國主義的走狗，大家都知道天主教在自由中國是爲國家、爲民族、爲中華文化工作而服務的教會，是一個真正代表中國天主教會的教會。這一點是于斌樞機的功勞，我們現在所做，和將來要做的就在繼續于樞機的工作。

近年來，因著大陸的愛國教會，有些稱爲中國專家的人，常向羅瑪教廷建議，把台灣的天主教會當作一個沈重的包袱，設法把它拋掉，他們主張教廷斷絕與中華民國的外交關係，不在台灣任命樞機，不讓台灣主教參與大陸教會問題的研究，與大陸關係的橋樑教會不是台灣教會，而是香港教會。

在四年前，我們主教們已經向教宗說明這個看法的錯誤，台灣教會代表中國教會，大陸教會今天所看的是台灣教會，他們所希望的是和台灣教會多發生關係，他們所要的，是台灣忠貞不貳的信仰，而不是騎牆派的左傾言論，他的心裡是和我們一起，外面被逼採取一種態度，他們自己知道不好，自己不滿意，他們不希望左傾人士去爲他們的態度喝采，而是希望忠貞人士鼓勵他們心中的希望。我們是在鼓勵他們，是向他們伸手，有一天，我們可以彼此開心談論時，那時就是大陸教會歸回中國天主教會的日子，這日子是會來到的，我們祈禱吧！

追悼天安門死難青年彌撒講道詞

（民國七十八年六月四日）

各位青年朋友：

在祭壇中間壁上，懸掛一支木質十字，十字上懸著被釘死的基督像，這是一幅很悽慘的雕像，又是一幅最大愛心的圖像。耶穌基督因愛聖父，遵行聖父救人的命令，甘願自我犧牲，又因愛人，甘心捨生爲贖人罪。耶穌基督被釘死的像是一幅徹底爲愛而犧牲的像。

彌撒聖祭是基督自己所制定的祭祀，以不流血的方式，重演十字架的祭祀。在彌撒裡耶穌基督自己把自己祭獻於天主聖父，重新實現爲愛人而犧牲自己的愛。

六月四號，北平天安門死難的青年，不也是一種愛的犧牲嗎？那些青年爲愛民族，爲愛國家，在中共的坦克車和槍之下甘願犧牲自己的生命。他們是無辜的；他們要求天生人權，他們用和平的方式，他們代表十億同胞的呼號。中國共產黨不接受他們的要求，不敢歸還所剝奪的人權，不敢打開加給全國人民的鎖鍊，而且還要消滅他們，殺害他們。殺害他們的兇手，還要製造謠言，欺騙全世界的人，說是他們殺害他們，殺害警察和軍隊。全球的人都知道他們是手無寸鐵的青年學生，他們在天安門廣場已靜坐了二十天，他們所做的是絕食，是唱歌，是喊口號。中共來鎮壓他們，用的是坦克車和槍炮，在武裝的暴力下，他們傾流了自己的血，犧牲了自己的性命。

他們不是爲自己的享受而犧牲自己，不是爲擴張自己的勢力而犧牲自己，也不是爲建造政治勢力而犧牲自己，他們是爲民族的幸福，爲國家的前途，爲全國人要求民主自由的人權。他們被中共視爲叛逆，慘遭殺戮。

死難青年的精神，是對國家民族的愛，是全國同胞的愛，爲全國同胞追求生活的基本權利，追求可以度一個人的生活。

你們接受死難青年的精神罷！你們心中充滿對同胞的愛，充滿對國家民族的愛。你們追悼天安門死難青年，不是爲培養報仇的恨，不是爲討回他們的血債，而是爲培養你們心中對同胞和國家民族的愛，爲培育勇敢的犧牲精神。你們要繼承死難青年的志氣，要以爲民族爭自由爲生活的目標。你們要踏著他們的血路，勇敢地向前，不達到全民自由不止。

你們向前是爲愛，不是爲恨，你們向前，不是自私，而是爲國家民族的福利。你們信仰耶穌基督，耶穌基督是我們的救主，是我們的生命和光明，祂以自己的犧牲救援了我們。我們懇求基督恩賜天安門死難青年所做的犧牲，所流的血，在大陸種下民主自由的種子。我們懇求基督豐賜民主自由的種子，暫時在地下逃避狂風暴雨，春天一到，就馬上發芽與成長，開花，結果。我們又懇求基督恩賜大陸死難同胞都能得到天上的永遠安樂。他們死在北平的天安門，他們進入天上的天安門，永遠安息。

輔仁大學六十校慶彌撒講道

民國七十八年十二月七日晚

「瑪利亞，全身純潔美麗，沒絲毫原罪污染」

「Tota Pulchsaer Maria et Machla Orginalis non ert in ta」

原罪背命以後，人類成了天主的敵對。原罪的陰影覆蓋了整個的人類，原罪的流毒污染了亞當的子孫。無限仁慈的天父，不忍見整個人類的喪亡，決定派遣聖子降生人世，救拔人類脫離罪惡，重新回到天父的寵愛裡。

天主聖子是若望福音所說的聖言，聖言和天主同在，聖言就是天主。天主當然不是亞當的子孫，不能沾染亞當原罪的餘毒。聖子降生取了人性，人性則出於亞當。聖子的人性不由男性而成，乃由天主聖神的創造力而生。然而仍舊要有母親，母親爲亞當的後裔，若是母親沾有原罪的餘毒，聖子的人性也要受到沾污。天主聖父便以聖子救贖脫離原罪惡的變數，提前實現於聖子的母親，使她在受孕母胎的一刻，就不染原罪。這樣聖子的人性也就完全和亞當的原罪沒有絲毫的關係。聖母瑪利亞乃是人類唯一不染原罪者。

輔仁大學奉無染原罪聖母爲主保，顯示本校的教育工作，和聖母非常相關，學校的教育工作，在於教育青年學生避免罪惡，以建立自己的人格，發展完整的人性。中國四書的《大學》書，開端就說：「大學之道，在明明德，在親民，在止於至善。」另一本書《中庸》，開端也說：「天命之謂性，率性之謂道，修道之謂教」。這兩段文章是中國的傳統教育哲學。教育在於教育青年人做在按照人性生活，人性是光明良善的，發展人性達到至善能夠「天人合德」。

天主教的教義指示我們：人性雖光明良善，但因有情慾的誘惑，又因原罪的餘毒削弱了人的意志力，必須有天主的助佑方擺脫離罪過。基督降生，捨身救人，就是爲助人向善。

《中庸》又告訴人：人的情慾喜怒哀樂，發動時又中節，合於倫理規律。又能中尙節，常常要堅強自己的志向，節制自己的情慾。孟子說：「養心莫善於無慾。」(盡心上)

輔仁大學本著天主教辦學的宗旨，以建立人格爲目標，奉基督爲模範。配合中國儒家的傳統思想，因時制宜。在校服務的神父修女，以身作則；又在課室教授人生哲學，引導學生建立自己的人格。

目前台灣社會，家庭教育已經不存在。中小學教育因著升學的壓力，專門補習，完全缺乏生活教育。社會風氣趨向金錢，追求享受，不但不能教導青年向善，反而引誘他們向惡。整個的青年倫理生活教育，都靠大學承擔，大學單獨沒有辦法可以做到。輔仁大學既盡人力，又靠天主。今天在六十週年感恩祈福的彌撒中，一方面感激天主六十年來助佑保護輔仁大學的厚恩，又虔誠求天主再加恩惠，使能向前邁進。

無染原罪聖母瑪利亞，爲基督救贖工作的第一顆先熟的碩果，又是人類得救後純潔聖善生命的模型。她懷著母親的慈愛，時刻留在我們青年學生身邊。我曾把我在羅瑪寓所供奉的聖母像帶回台北，供在輔大的淨心聖堂中。我求聖母照顧輔大的每位青年同學，在暗中牽引他們愉快地、慷慨地、堅定地走向中國傳統的仁義之道，一心愛家庭、愛國家，一心遵守正義、擔負責任，使輔仁大學名副其實地，以仁義輔導青年。

表彰張可興主教彌撒證道

（mrdo in unom, cathobicsn it aprstobicnm Ecolesion）

「我信至一，至聖，至公，從宗徒傳下來的教會。」

這是我們今天所表彰的張可興主教的信仰，這是我們大家的信仰。我們今天很自由地很興奮地說明這種信仰，而且以行動來表白，因爲今天主持彌撒的是一位波蘭樞機，參加共祭的有教宗駐華大使館的代辦。

教會是基督的奧體，基督只有一個，祂的奧體也只能有一個。奧體的頭是基督，頭只能有一個。奧體和頭一定要相連繫，否則奧體便變成僵屍，而且是無頭的僵屍，基督復活以後，升天以前，指定了伯鐸代表祂照顧羊棧，（若望福音　第二十一章），實現祂在世時在伯鐸的磐石上建立建立教會的許諾，（瑪竇福音　第十六章）因此，我們信至一，至信，至公，由宗徒傳下來的教會。我們的教會，分佈在全世界，有各種不同民族的信友，由一個相同的信仰，由一個元首互相連繫，結成一體，成爲基督的奧體。

信仰是一個，信仰是整體的一個，不能分割。信仰又是確定的，不能混，不能混亂，不能假造，也不能權宜掩蔽。張可興主教不惜犧牲整生的自由和享受，所擁護的，所保持的，就是整個而確定的信仰，不接受愛國教會所主張的權宜而混亂的信仰，因為天主教的信仰，須明白肯定和教宗——即是伯鐸的繼承人相結合，而不是只在內心相信，外面卻表示否定。張可興主教也不相信愛國教會的權宜辦理，暫時脫離教宗，爭取行使宗教聖事的權利，使天主教會能夠繼續存在；因為天主教會公開否認教宗，教會便不是基督建立在聖伯鐸磐石上的教會。目前的大陸主教神父教友，都受過和教宗相結合的宗教教育，但過了五十年以後，新的主教神父教友沒有受過這種教會，反而接受了否認教宗的教會，心內裡面都不和教宗相連了，這個教會根本都變了，沒有完整的信仰了。

幸而，張可興主教所維護的信仰，在大陸前幾年祇能在地下生活，目前已顯現在地面上了，張主教出頭的情況，就證明這樁事。四十年來，大陸教會殉道者的鮮血，培養了這種信仰的活力。

我們今天表彰張可興主教，就是表彰這種完整的信仰，也是支持這種完整的信仰。我們祈求天主，因著張可興主教和成千成萬的殉道者的熱血，賞賜他們的完整信仰，建立在整個的大陸天主教會內，整個大陸的天主人士在私自的和公開的宗教行動中，都同聲關心地肯定和教宗相連繫，共同努力爭取宗教自由，共同爲中國教會的來日打下良好的根基。

今天，我們中華民國台灣的教會，舉行表彰張可興主教的彌撒，由教宗的同鄉人，又是教宗在同鄉的繼任總主教，主持聖祭，這就表示我們教會的信仰非常完整，且非常活躍。同時，我們也表彰波蘭天主教會信仰的完整和虔誠。我們感謝馬佳斯基樞機主教，我們求天主降福波蘭全國國民。

雷鳴遠神父在中國天主教的地位

聖若翰殉道節，雷鳴遠逝世五十週年彌撒證道

（民國七十九年六月）

雷鳴遠神父在民國二十九年六月二十四日逝世，今年是逝世五十週年，比國故鄉人士將在九月舉行紀念會，要我做一篇二十分鐘的演講，題目爲「雷鳴遠神父在中國天主教的地位。」中國古語說：「蓋棺定論」，對一個人的品德是對的，對一個人的事業，則由歷史去評判，需要五十年或是一百年。雷神父逝世已經五十年，他平生事蹟的評價，已經可以作一個初步的評估。我從歷史的觀點，可以說雷鳴遠神父是引中國天主教會走入正軌的開路人，這也就是他在中國天主教會的地位。

一、建立中國教會

在第十五世紀，葡萄牙和西班牙爭奪航海權，從里斯本繞非洲好望角到印度的航線，爲葡萄牙人所發現，葡萄牙王向羅瑪教宗要求向亞洲傳教的保教權，教宗亞歷山大第六世也於一四九三年，教宗良第十世於一五一四年先後允許葡萄牙王的要求給以東亞保教權。葡萄牙王便視東亞的天主教會爲葡萄牙教會，受葡萄牙王的管轄，一切傳教士往東亞都要由里斯本動身。在印度建立歐亞教區統治印度的天主教會，在中國建立了澳門教區，統治中國和日本的天主教會。後來西班牙王佔了菲律賓，派本國人來東方傳教，不承認葡王的保教權，自行管理西班牙傳教士。羅瑪教宗鑑於保教權的流弊非常大，乃建立新的傳教制度，以一切非大主教國的傳教事業，直屬教宗，由教廷傳信部（一六二二年設立）管轄，教廷任命的主教稱爲「宗座代牧」，代表教宗管理教區事務。傳信部本身沒有傳教士，傳教士都爲修會的會士，教廷乃以傳教事務託給擔任傳教工作的修會。傳教修會便看本會管理的教區爲本會事業，本會會士爲教區的主管人。從十五世紀利瑪竇進入中國，到第二十世紀，中國各教區的主教都是外國籍的修會會士，仍稱「宗座代牧」。所有的中國教區的神父，都視爲協助傳教的人員，位居外籍傳教士下，所受教育也都是拉丁文教育。

一九一九年十一月三十日，教宗本篤第十五世，頒發了「夫至大至聖之任務」通諭，釐訂新的傳教方策，肯定外籍傳教士的功績，奠定了傳教區的教會基礎，但是要在基礎上建立本地的教會，由本籍聖職員做主人，這是天主教會的傳統體制。雷鳴遠神父在當時正被人控告宣傳這種思想。他在一九一七九月十八日給寧波的趙主教一封長信，答辯各方的控告，關於國籍聖職員，他堅決說明傳教區最迫切的工作，在預備成立國籍教區，由中國主教管理。㈠

教宗庇護第十一世，一九二二年派剛恆毅總主教任駐華第一任宗座代表，剛代表抵華後，積極籌備成立國籍教區。雷鳴遠神父在一九二〇年十二月因比國麥西耶（Card, Mercier）樞機的推介，到羅瑪拜謁了教宗和國務卿嘉斯巴里樞機（Card, Gaspari）另外是和傳信部長王老松樞機（Gard, W. Van Rossan）長談，推薦了幾位可以擔任主教職位的中國神父。一九二六年十月二十八日，教宗庇護第十一世在羅瑪聖伯鐸大殿參禮，熱淚盈眶。一年以後，他回到中國，在中國第一任國籍孫主教的教區裡服務。中國的國籍主教已經不是被任命了，二十年後教宗庇護第十二世建立了中國教會的聖統制，教區主教為正權主教，已經不是宗座代牧，而且還有中國的第一位樞機田耕莘主教。但是國籍主教的人數還是很少，因為駐華的第二任宗座代表蔡寧總主教（Zanin）聽信外籍傳教士的話，認為中國神父還不到擔任主教職務的階段，在北平輔仁大學設立了司鐸書院，培植將來任主教的聖職員，這樣耽誤了三十年，中共佔據大陸，驅逐外籍教士，全中國只有三十幾位中國主教，有的又被逮捕。中共又藉口推逼中國神父自選主教。假使蔡寧代表繼續剛恆毅代表的政策，在中共政權成立時，中國有一百位國籍主教，互相團結，和越南的主教一樣，愛國會決不能成立。

二、進入中國文化

公元一七一五年三月十五日，格肋孟第十一世頒發「從登位之日」（Ex illadie）通諭，結束中國天主教會禮儀的爭端，嚴禁中國天主教信友參加祭孔祭祖的典禮，天主教的官員和考生不准入孔廟行禮，教友家裡不能供奉祖宗牌位，教友不許用天或上帝稱呼所敬的尊神，祇許用「天主」稱呼。這次通諭解決了禮儀的爭端，卻也斷絕了中國天主教會進入中國文化的路，在當時若不進孔廟行禮，就不能赴試，不赴試就不必讀書。若不能敬祖，便被視爲忘本，和中國傳統文化脫離。當時的傳教士少有人讀中國書，識中國字，祇學會各地土話。一八四〇年南京條約允許傳教士可在五通商港口傳教，一八五八年天津條約的簽字，允許傳教士入內地傳教，後兩年，又有中法天津續約，訂定歸還所查封的天主教財產。法國政府便聲明有對中國天主教的保教權。以後歐洲各國政府都援例保護各國在華的傳教士，遇到發生衝突，有外籍傳教士被殺害時，被害教士的本國政府要求清廷賠償，甚至租借港口。拳匪倡言「扶清滅洋」殺害多數傳教士和成千上萬的中國教友，八國聯軍進佔北京，清廷被迫交出大批賠款，處罰惹禍的官員。因此，中國天主教會被視爲歐洲列強的政治工具。從利瑪竇在一六一〇年逝世北京，到庚子年拳匪之亂（一九〇〇年）已近三百年，中國天主教在中國還是飄搖不定—如同「天地一沙鷗」，沒有紮下根，又加上歐洲列強所造成的教案，被看爲「洋教」。民國初年反洋的心理很盛，同時也反對天主教和基督教，拒絕宗教教育。教廷乃極力設法挽救，在兩次和中國建立外交關係的計劃，因著法國政府的反對不能實現以後，派遣宗座代表駐華，實際廢除列強保教權。任命國籍主教，以中國聖職員作教區主人，企圖改變中國社會對天主教的印象。

雷鳴遠神父於一九〇一年三月二十日到達天津，開始他在中國的三十九年傳教生活。開始時，他有三項原則：好好讀中國書，清楚地認識中國社會，和中國人一條心。三十九年的功夫，他常抱持了這三項原則。雷鳴遠神父能寫一篇好中國文章，寫得一筆好中國字，說得一口流利的中國話。後來有兩位傳教士，仰慕他的精神，也取「雷」作姓，一位是雷震遠神父，一位是雷永明神父，這兩位雷神父都是中國通，能讀能寫能說，雷永明神父還是思高聖經學會翻譯聖經的主腦人。

雷鳴遠神父剛到天津碼頭，提著手提箱，來接客的法國神父就向他說：「你做什麼？把手提箱給他」(二)，給他是給一個中國人。雷鳴遠神父馬上意識到當時白種人的優越感，同時他下決心要同中國人一樣心。他一開始傳教，就看到天主教要在中國下根，必定要進入中國的心裡，進入中國的心只有兩條路：一條是進入中國文化，一條是進入民間的生活。

進入中國文化，雷鳴遠神父大膽前進，創辦益世日報。民國元年一月二十二日，雷神父出刊了一份週刊，刊名爲「廣益錄」，主編的人是英斂之。斂之爲大公報的創刊人和發行人，也是輔仁大學的前身輔仁學苑的主持人，因著和雷神父的友誼，幫雷神父發展這項新事業，他盡力推展週刊，週刊取得了社會的重視。

民國四年元月，日本向袁世凱提出二十一條件，全國憤怒，歐戰結束後，民國八年，凡爾賽和會日本強索山東膠州半島，北京學生發起五四運動。雷鳴遠神父於民國三年重回到天津，二十一條件事發生後，雷神父在四月舉行救國演講會。身體累了，奉主教命往青島休息，九月回天津。十月初，在天津城的重城門，掛上了一塊木板，皮上大字寫著「雙十節將如何」，天津人看了都莫名其妙，以爲將發生什麼大災禍。到了雙十節當天，木板上都換了字，寫著「益世報出版了」。益世報是雷神父辦的。

英斂之教友會在天津創辦了大公報，創辦後就轉給了別人。益世乃是中國天主教的第一種日報，而且在五十年內，還是中國天主教的唯一日報。日本佔據了華北、華中，益世報停刊。中國抗戰勝利後，曾在南京復刊，中共佔據了大陸，益世報便被絕版了。但是益世報的名字還留在許多中國人的心中，因爲北方的大公報和益世報，上海的申日報，是中國日報史上，聲望最高的日報，益世報且始終保持了代表教會的身份，使中國天主教會能夠進入文化界工作，取得敬重。

雷鳴遠神父一到中國，就設法進入中國人的生活裡，絕對沒有白種人的優越感。從南京條約後一百年來，中國人受盡歐美國家和日本人的欺負，心中常懷著憤恨，雷鳴遠神父體驗到中國人的這種心情，便特別表示同情中國人。他一生遭受法國傳教士打擊的最大的原因，爲天津老西開事件。天津市人民，爲保護老西開一塊土地，反對法國領事霸佔，雷神父支持天津人，向法國駐華公使抗辯，因而被放逐到浙江，又被遣送回國。

中國國籍教區成立以後，他回到中國，在河北安國教區傳教，改入中國籍。中日戰爭爆發，他立時組織救護團，自任團長。教廷駐華代表蔡寧總主教竟向全中國主教發佈公函，指示中國教會人士保守中立。中華民國政府訓令駐巴黎顧維鈞大使向教廷質詢，蔡代表的公函是否爲教廷的指令。教廷傳信部答覆，係蔡代表個人行動，不代表教廷。雷鳴遠的救護團跟隨華北國軍移動，最後進入中條山。所到的地方，雷神父和當地人民接觸，鼓勵大家抗戰的精神。中國抗戰最高統帥，乃任命雷神父爲民眾精神動員負責人。不幸中共在華北，假借抗日的名義，暗地擴張自己的勢力，也打擊雷神父，最後被中共軍隊所捕，軟禁、虐待。雷神父遂害了重病，雖由抗戰統帥營救，飛到戰時首都重慶，仍一命歸天。雷神父愛中國的豪心，受到中國人的敬重，在台北的忠烈祠裡，唯一的天主教烈士，就是雷鳴遠神父。

三、以聖德傳教

宣傳福音爲基督作證，乃是天主聖神的工作，外籍傳教士和國籍聖職員，都由天主的聖召而爲司鐸，接受天主派遣宣傳福音及施行聖事的使命。傳道的工作是神聖的工作，爲基督的助手。若是一般司鐸須有聖德，在不信基督的民族裡的傳教司鐸更該有聖德。傳教不能靠政治的力量，也不能靠人的天才，要依賴聖神的助佑。雷鳴遠神父乃是一位模範傳教司鐸，是一位有高尚聖德的神父。他真正認爲傳教是聖神的工作，由聖神的命令由上級長上代達。雷神父在聽命服從上，確實超乎普通一般的司鐸。他自己知道自己所做的是合理的，是爲教會有益的；但是主教和會長的看法不同，禁止他的工作，調換他的職務，而且逐他離開中國。雷神父一心血淚，無聲無怨，接受命令，當他往見傳信部長王勞松樞機時，部長樞機對雷神父說，因著他的聽命服從，中國國籍主教一事可以實現，因爲提議是來自一位謙虛聽命的人，提議的事必是天主的事。

雷鳴遠神父留給他的徒弟們的生活座右銘是三個字：「真、全、常。」「真」，是真愛人。爲能真愛人，先要真愛天主，然後能爲愛天主而愛人。雷神父愛中國，愛中國人，常幽默地說自己的鼻子不替他爭面子，使他不能做個完全的中國人。他愛中國和中國人，不是一種感情用事，而是因向中國人宣傳基督的福音，當然要愛中國人，從他一到中國傳教，就表現這種愛，無論在那一村那一鎮的本堂服務，立刻盡心愛護本地人民。當他被調回巴黎，他就盡力照顧留學巴黎的中國學生。最後在抗日戰爭的一段時間裡，更發揮了無限的愛心，救護國民，保護一般百姓。前半生被主教和會長誤解而受傷害時，他不怨恨他們；晚年受到中共虐待，雖罵共產黨爲魔鬼，對共產黨人則不懷仇恨，實踐基督愛的訓示。

「全」，是全犧牲。雷鳴遠神父前半生的全犧牲，是在聽命服從中實現。犧牲自己的工作和事業，犧牲自己的理想，犧牲自己的名譽，甚至於犧牲了自己傳教的聖召。這種精神方面的犧牲的是「全犧牲」，後半生在安國教區傳教，他又實踐物質方面的全犧牲，嚴守福音所訓示的神貧。他創立耀漢小兄弟會和小德蘭會，在會名上加一個字「小」字，不僅表示謙虛，也表示神貧，在衣服上，在飲食上，在住宅上，處處表現出樸素，甘貧的精神。在他心目中，常有中國和尙和尼姑的長齋貧苦生活的印象，願意自己的修會保持這種中國宗教的傳統。抗戰時期，雷神父的救護團生活更是貧而苦，勞而累的生活，沒有能吃飽的食物，沒有能安睡的床鋪，沒有能休息的房屋，跟著軍隊移動，更是跟著戰場轉徙。最後病了，缺少藥，缺少醫師。到了重慶，進入醫院，病已到了末期，無法挽救。

「常」，是常喜樂。常喜樂是雷鳴遠神父生活的秘訣，也是他成功的秘訣。孔子和孟子的人生觀，也是常喜樂的人生觀。孔子說：「飯疏食，飲水，曲肱而枕之，樂亦在常中矣，不義而富且貴，於我如浮雲。」（述而）孔子又說他自己：「其爲人也，發憤忘食，樂以忘憂，不知老之將至。」（述而）孟子說：「君子有三樂……仰不愧於天，樂也；俯不作於人，二樂也；得天下英才而教育之，三樂也。」（盡心上）雷鳴遠神父有孔、孟的常樂精神，更有基督的常樂精神。基督在最後晚餐和宗徒們訣別時，訓告宗徒們說：「你們若遵守我的誡命就能保全我對你們的愛……這樣，使你們享有我的喜樂，你們的喜樂也就圓滿無缺。」（若望福音 第十五章第十節）雷神父全心遵守基督的誡命，全心從事基督的工作，他的心常和基督的心結合在一起，基督的愛常存在他心中，基督的喜樂也常留在他心內，前半生，精神上受盡委屈，別人在這種境遇中，將苦不堪言，雷神父心常安定，工作常樂觀。後半生，克己苦身，缺衣缺食，真是「發憤忘食，樂以忘憂，不知老之將至。」爲基督而辛勞，爲基督而受苦，聖人們常以爲樂。雷鳴遠神父是有高尚聖德的神父，便常享有基督的喜樂。他創耀漢小兄弟會的宣化總院，定名「真福院」。「真福」兩字來自聖經，基督的山中聖訓所講八端真福，第一端就是「神貧者乃真福」，有真正的幸福，當然有心中的喜樂。

「真、全、常」座右銘，表現雷鳴遠神父的聖德生活，證實他是一位完全的司鐸。天主聖神指導他開啓中國傳教工作的正常途徑，結束長久預備時期的過渡方式，建立本地教會，融會中華的文化，進入中國的生活，造成中國的聖善司鐸。

註：

㈠　J.Leclercg Vie du P.Lebbe.P.207-Casterman,1955

㈡　趙雅博　雷鳴遠神父傳　頁一一八九　自由太平洋協會出版

吳德生資政追思彌撒證道

這一段福音稱為真福八端的福音。耶穌基督降生就是為向人宣講幸福的信息，在祂宣道開始時，宣講了祂所帶給人的八端真正的幸福。但是在普通一般人看來，不是八端幸福，而是八端痛苦。《書經》所講五福六極，不是以貧窮病痛為禍，以富貴長壽為福嗎？但是孔子的看法卻和耶穌的看法有些相同，孔子也曾說一碗白飯，一瓢清水，席地而臥，就可以找到快樂。孔子又讚顏回，說他是住在陋巷裡，喝清水、吃糙米飯，別人以為憂苦，他卻不改變他的快樂。耶穌和孔子都是看到人的真正幸福，是心靈上的幸福，而不是身體上的幸福。

今天我們所追悼的吳德生資政是基督的虔誠信徒，也是孔子的精神門生，他就信從耶穌的八端真福。

德生資政在他所著英文本「心靈的靜園」第一章就講述這八端真福。他說這八端真福結成一條梯子，一級一級上升，達到天主跟前，和天主相結合。連結這條梯子的材料就是愛。八端真福使人捨棄世物，清心寡慾，專誠愛慕天主，乃能欣賞天主的真美善，不怕世上的磨鍊。德生一生從皈依天主教以後，在著作中常講基督的愛，在生活裡常有內心的平安和悅樂。他不僅是由基督的信仰，而達到這種境地，也是因著儒家的傳統精神，而享有這種高尚的心境。

孔子曾經說：「君子憂道不憂貧」，又說：「朝聞道，夕死可矣。」孔子在陳蔡之間遭人圍困，卻絃歌不輟，就是認爲自己心中保有聖賢之道，生死都一樣安祥，建立了儒家安貧樂道的精神。孔子的聖賢之道乃是天道，保持天道，便與天地相合。保持天道的妙訣，乃孔子所說的一貫之道，即是仁愛的「仁」字。孔子以仁愛和天地相合，以贊天地之化育，如孟子所說：「仁民而愛物」。

德生資政在翻譯新經的若望福音，就用「道」字代表天主：「太初有道，與天主偕，道即天主，自始與偕。」這一段譯文是經過先總統　蔣公所修改的。德生原先用五言詩，蔣公改爲四言。孔子說：「朝聞道，夕死可矣」，德生認爲即是人能和天主相結合，生死都沒有分別。他一生的後半生常在這種境遇中生活。他的那篇題爲「中國哲學內心悅樂之源泉」開端就說，研究儒釋道三家的悅樂方式，並將他們融爲一爐，而合成一個大和諧，這個爐火就是基督的福音。他在這篇文章裡說，我們整個生命的歷程就像一個朝聖的旅程。八端真福便是朝聖旅途中的八個站，一站一站地向前，歷著所朝的天主越近，心中的喜悅也越深，更能體驗「樂道」的樂趣。現在，他走完了這條朝聖的路已經達到朝聖目標，他走到天主面前，常和天主相結合，永遠欣賞天主的真善美，在天主的愛中，享受永遠和諧的快樂，已不是「安貧樂道」，而是「圓滿樂道」的永生。

蔣復璁院長殯禮彌撒證道詞

（一九九〇年十月十三日）

孔子曾經說他自己，「其爲人也，發憤忘食，樂以忘憂，不知老之至云爾」（述而），我們也可以用這三句話，來描寫蔣復璁院長的生活。

蔣復璁，慰堂院長，一生都是發憤忘食，終生爲保全中華圖書和文物努力工作。擔任了三十一年的中央圖書館館長，而且都是開始創館，民國二十五年在南京創辦，民國四十三年在台北復館。民國五十四年在外雙溪就任故宮博物院首任院長，建設博物院的收藏和展覽各項事業。在事務的忙碌中，仍舊不忘研究史學，教授學生，慰堂院長於民國四十一年受洗信仰天主教，實踐宗教生活，參加教會佈道工作。民國七十二年慰堂院長，八十六歲，因上年患輕度中風，病好後，精力衰弱，堅辭院長職，但是慰堂院長退而不休，台灣各種文化學術會議，天主教各項宣道會議，風雨無阻，必親自參加。去世前幾天，重病稍癒，仍舊到中央圖書館參加會議。當他在館長和院任內時，我常因事去向他請教；他退休以後，則常自因事來同我商量，我雖然喜歡工作，但看到慰堂院長的發憤忘食精神，衷心表示欽佩。

「樂以忘憂」，孔子曾說：「飯疏食，飲水，曲肱而枕之，樂亦在其中矣。」（述而），慰堂院長一生清淡，不求享受，在南海路的中央圖書館後面六個榻榻米的房子，是他館長的寓所，單身一個人。白天在館裡辦公，晚間在狹小的寓所裡讀書寫稿。任博物院院長後，他的公館也是兩間層樓的小屋，屋裡陳設非常簡單。在這種清淡的生活裡，他心中常平靜安樂，以自己的宗教信仰，支持自己的精神，近年有孫兒到了比國，又有兒子來到台北，去年他還到比國，和留在大陸的家人團聚。回來後，屢次高興地向我說：「這是天主給他的安慰！天主的恩惠太大了！」

「不知老之將至」，慰堂院長不是「不知老之將至」，而是「不知老之已至」，他八十多歲時和九十多歲時，他不認為自己是老，近幾年不辦公不教書，他仍舊寫稿，作講演，參加會議。去年還到德國做了兩次學術講演。回來後，對我說：「在德國和奧國講演，身體沒有發生毛病，只是在奧國有過半小時不舒服。」今年聽說我可能去比國開會，他還說：「我陪總主教去」。最後一次來我寓所，是在國是會議開會的第一天，清早就來了，大聲向我說：「我向總統抗議，國是會議沒有天主教代表！」那種激昂的態度，就像一個青年人，我真佩服他不服老的心理，我告訴他：「我身體不太好，比國開會我不去」，他微笑，似乎笑我膽小。

慰堂院長覺老了，耗盡了自己的精力，天主就接他升天，在朋友中間和我們教會裡，留下了老而樂觀，信仰虔誠的深刻印象。給年輕的人，立下了「發憤忘食」的勤勞刻苦的芳表。